KB097164

부의 마인드

THE MIND

세대를 초월하는
부의 마인드

세렌시아 지음

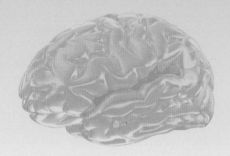

OF RICHES

Booksgo

평범한 가정이
세대를 거치면서 부를 쌓는 방법

여기 두 부모가 있다.

한 부모는 늘 돈이 없다며 전전긍긍하고 가정 내 재정 상황과 미래에 대한 불안감을 내비치곤 한다. 빈부 격차, 상승하는 집값과 물가를 보며 불평과 불만을 습관적으로 늘어놓는다. 문제는 이러한 불안이 아이에게도 전염된다는 것이다.

부모의 불안이 전염된 아이는 부모에게 무슨 일인지 물어보지만, 부모는 "너는 어리니까 이런 거 몰라도 된다. 공부나 열심히 해"라며 일축한다. 이때 아이는 '돈이란 불안한 것이고 이 사회는 부조리하다'라는 것을 배우게 된다.

부모가 아이에게 직접 가르친 것은 아니지만, 아이는 돈을 대하는 부모의 부정적인 태도를 자연스럽게 흡수한다. 그뿐만 아니라 돈에 대한 자연스러운 호기심도 함께 무시되면서 왜곡된 경제적 가치관을 바로잡을 기회마저 사라지게 된다.

그래서 성인이 된 아이는 부모의 모습을 그대로 답습한다. 그들은 자기 부모와 똑같이 자본주의 시스템과 부자에 대해 적개심과 열등감을 가진다. 입으로는 사회에 대한 불평을 늘어놓고 평생을 돈 때문에 괴로워한다.

때로는 그러한 현실을 견디지 못하고 회피해 버리기도 한다. 애써 돈에 대해서 초연하거나 무관심한 태도를 보이며 '행복은 돈으로 살 수 없다', '세상에는 돈보다 중요한 것들이 훨씬 많다'라면서 자신을 이해시킨다.

또 다른 부모는 돈에 대해서 늘 시혜적 태도를 보인다. 이들은 아이를 더할 나위 없이 사랑하지만, 이러한 사랑을 물질로 한없이 베푸는 왜곡된 방법으로 표현한다. 본인들의 재정 상황은 고려하지 않고 오직 내 아이를 위해 최고의 재화와 서비스를 제공하고자 노력한다. 그것을 아이를 향한 부모의 사랑이라고 여기며 말이다.

문제는 이런 사랑을 받고 자란 아이는 부모의 생각과 달리 그것을 사랑이라고 생각하지 않는다. 부모는 내가 우리 아이를 사랑하는 만큼 이것저것 해 주고 싶어 하지만, 정작 아이는 부모의 사랑이 아닌 우리집의 돈이라고 여긴다. 그러면서 아이는 '우리집은 그리고 나는 이 정도의 돈을 얼마든지 쓰고 살아도 되는구나'라는 것을 배운다. 이러한 생각과 행동이 무의식적으로 부모가 아이에게 가르친 경제 교육인 셈이다.

성인이 된 아이는 현실적인 금전 감각이 명확하지 않아 자주 헤매기 일쑤다. 사회 초년생 대부분은 박봉에도 '내가 이 정도는 살 수 있지!'라는 자신감에 명품이나 고급 레스토랑 등 분수에 맞지 않는 소비를 한다. 뒤늦게 정신 차리고 돈을 모으려 해도 이미 어릴 때부터 돈의 기준이 제대로 서 있지 않아서 돈을 모을 수 없거나 돈을 모으더라도 그 과정 자체가 극도로 고통스럽다.

경제적으로 여유 있는 집안에서 자라더라도 마찬가지다. 시혜적인 부모가 아이에게 쓰는 돈은 자산 규모와 상관없이 자신의 형편에 비해 과도한 돈을 쓰기 일쑤다. 그것이 아이를 향한 사랑이라고 여기기 때문에 절대적 금액이 아닌 내가 해 줄 수 있는 최대한의 돈을 아낌없이 쓴다. 그래서 경제적으로 여유가 있더라도 아이는 자신에게 맞는 씀씀이를 가지기 어렵다.

우리나라의 부모는 대부분 이 두 가지 유형이라고 할 수 있다. 50~60대는 첫 번째 유형이 많고, 30~40대는 두 번째 유형을 답습하면서 우리 아이 세대까지 망가진 경우가 종종 있다.

50~60대 부모 세대는 어려운 시기에 젊은 날을 보냈고, 먹고살기 바빠서 늘 돈 앞에 전전긍긍할 수밖에 없었다. 아이가 돈에 관심을 보이기라도 하면 어린 애들은 몰라도 된다고 나무라며, 공부만 열심히 하라고 말했다. 오직 좋은 대학을 가서 좋은 직업을 가지는 것이 성공하는 길이라고 믿었기 때문이다.

그렇게 자란 우리 세대는 자신이 받지 못했던 것에 대한 보상 심리 때문인지 자신의 아이가 하고 싶고 갖고 싶은 일들에 금전적 지원을 아끼지 않았다. 가장 좋은 것들로 아이를 치장했고, 원하는 모든 것을 최대한 들어주려고 노력했다. 정작 아이를 망치고 있는 줄도 모르면서 말이다.

주식 시장에는 죽음의 소용돌이Death Spiral라는 용어가 있다. 어떤 특정한 자산에 악재가 생기면 이것과 연결된 다른 자산에도 악재가 생기면서 소용돌이가 끝날 때까지 모든 자산에 파괴적인 피해가 남는 현상을 말한다.

가난의 대물림 역시 마찬가지다. 한 번 시작된 가난은 어느 세대에서는 반드시 끊어 내야 그다음 세대가 돈에서 자유로울 수 있다. 부모 세대에서 제대로 된 가르침을 받지 못했다고 해도 내 아이에게 똑같이 해서는 안 된다. 그래야 돈에 지배되는 것이 아니라 돈을 지배할 수 있는 아이로 자랄 수 있을 것이다.

부자는 3대를 유지하기 힘들다는 말이 있다. 1대가 자수성가를 하면 2대는 큰 성공은 못하더라도 유지할 수 있지만, 3대쯤 와서는 1대가 집안을 일으켰던 것을 배우지 못했기 때문에 자산을 유지할 수 없다는 말이다. 서양에서는 '첫 세대는 부를 쌓고, 두 번째 세대는 부를 향유하고, 세 번째 세대는 부를 파괴한다'라는 말이 있는 것을 보니 동서양이 비슷한 모양이다.

돈은 버는 것보다 지키는 것이 훨씬 어렵다. 큰돈에는 큰 책임이 따르기 때문이다. 그래서 부자들은 자산을 지키고 후대에 물려주기 위해 노력한다. 이 노력에는 물질적인 것뿐만 아니라 무형의 가르침도 존재하는데 그것이 바로 경제 교육이다. 부모 세대가 아무리 돈을 많이 벌어 놓더라도 우리 아이의 세대가 지킬 능력이 되지 않는다면, 그 부는 3대를 가지 못하고 허물어지기 마련이다.

세계적인 부자들은 자신의 아이에게 어릴 때부터 돈을 관리하는 방법을 철저하게 가르친다. 적은 돈을 관리하지 못하는 사람은 큰돈을 다룰 수 없기에 최저임금을 받는 허드렛일부터 시작하면서 땀 흘려 버는 돈의 소중함을 깨닫게 하고, 자산을 관리하며 불리는 방법까지 돈에 대한 다양한 가르침을 전수하고 있다.

반대로 말하면 평범한 가정이더라도 제대로 된 경제 교육으로 인해 부를 쌓을 수 있다는 말이 된다. 우리집도 평범했지만, 특출난 부모님 덕분에 어릴 때부터 경제 교육을 받을 수 있었다. 3대를 걸쳐서 경제 교육이 이루어졌기에 세대가 지나면서 계속 자산을 쌓아 나가고 있다.

우리처럼 어릴 때부터 경제 교육을 하는 집은 그다지 많지 않다. 하지만 부모에게 경제 교육을 받지 못했다고 슬퍼할 필요는 없다. 부모에게 배우지 못했더라도 수많은 매체를 통해 이 길을 먼저 걸어간 선배들의 노하우를 얼마든지 배울 수 있기 때문이다. 지금부터라도 배우고 실행한다면 절대 늦지 않다. 내가 먼저 경제에 대한 개념을 확립하고 아이에게 가르친다면 적어도 내 아이는 나보다 더 좋은 출발점에서 시작할 수 있다. 그래서 나는 부모님에게 배운 가르침과 경제 교육들을 많은 이들과 나누고 싶다. 제대로 된 경제 교육을 받지 못해 아쉬움이 많았던 부모에게도 반드시 도움이 될 거라 믿는다. 지금부터라도 내 아이에게 제대로 된 경제 교육을 물려준다면 아이의 삶은 분명 나와 달라질 것이다.

이 책을 통해서 올바른 경제적 가치관을 가지고 더 나은 삶을 살 수 있기를 바란다.

세렌시아

CHAPTER 1

돈을 바라보는 시선을 바꿔라

CHAPTER 3

품격 있는 부의 마인드를 가르쳐라

THE MIND
OF RICHES

돈을 바라보는
시선을 바꿔라

우리는 돈을 이용하는 사람이 되어야 한다. 돈이 나를 위해 일하게 하고, 그런 돈을 하인이나 도구로 삼으면 인생을 좀 더 편안하게 살거나 적극적으로 개척할 수 있게 된다.

아이는
부모의 등을 보고 자란다

신혼 초, 남편과 돈에 대한 이야기를 많이 나눴다. 둘 다 가정 내에서 경제 교육을 받고 자란 터라 부부 사이에 불편할 수도 있는 돈 이야기를 거부감 없이 가볍게 나누었다.

우리 둘은 돈을 대하는 태도가 놀랍도록 닮아 있었다. 이쪽 방면으로 재능이 타고난 것은 아니지만, 어릴 때부터 각자의 부모님에게 배워서 자리 잡게 된 가치관이 같았던 것이다.

신기한 마음에 어떤 식으로 경제 교육이 이루어졌는지 남편에게도 물어보고 시어머니에게도 여쭤보았다. 시어머니는 젊을 때 남편을 앉혀 놓고 가르칠 시간은 없었다고 한다. 대신 부모가 돈 관리하는 모습을 어깨너머로 관찰할 수 있도록 했고, 틈이 날 때마다 돈 다루는 방법에 대한 지혜를 나눠 주었다고 한다.

그 이야기를 듣고 '아, 역시 그렇구나'라는 생각이 들었다. 친정 엄마 또한 나를 붙잡고 가르칠 시간이 없었다. 대신 엄마를 따라다니면서 어떻게 돈을 아끼고 불리는지 어깨너머로 관찰할 수 있었고, 궁금한 점이 있으면 물어보고 배우는 과정을 나 또한 거쳤다.

어릴 때부터 결혼 전까지 친정에서 배웠던 가르침과 결혼 후 시댁에서 배웠던 가르침의 세부 내용은 차이가 나더라도 큰 가지에 해당하는 내용은 놀라울 정도로 똑같았다. 돈에 대한 본질적 가르침은 결국 하나로 통하기 때문에 그것을 배운 자녀 세대는 비슷한 가치관을 지닐 수밖에 없었고, 그로 인해 나와 남편은 서로 닮아 있었던 것이다.

부모 세대의 몇몇은 아이가 돈에 궁금한 점이 생겼을 때 "너는 어리니까 이런 거 몰라도 된다. 공부나 열심히 해"라고 대처하곤 한다. 본인도 이런 교육을 받아본 적이 없는 데다 예상치 못한 질문을 받으니 낯설고 불편하여 자신도 모르게 아이의 호기심을 일축해 버리는 것이다.

그동안 우리나라는 유교의 사농공상 이념이 기저에 남아 있어 돈과 관련된 대화는 터부시되었다. 이런 이야기를 수면 위로 끌어올리는 사람은 물질만능주의에 찌든 속물로 보기도 했다. 중상주의와 산업혁명 등 몇백 년에 걸쳐서 서서히 자본주의가 자리 잡았던 서양과 달리, 우리나라의 자본주의는 도입된 역사가 짧아 미성숙한 단계였기 때문에 부모가 아이에게 별도로 돈을 가르친다는 개념 자체를 생각할 수 없었던 것이다.

한국 전쟁으로 우리나라 국토 전체가 폐허가 되고 전 국민이 가난과 빈곤에 시달리는 상황에서 나의 외할아버지와 외할머니는 여섯 남매에게 돈을 아끼고 모아 불리는 법을 가르쳤다.

남편의 외할머니는 1·4후퇴 때 이북에서 부산까지 피난을 내려온 후 사업을 크게 일구고 자식을 사업가이자 투자자로 키웠다고 한다.

엄마는 외할머니와 외할아버지의 어깨너머로 돈 관리를 배웠고, 그것을 내가 다시 엄마의 어깨너머로 배웠다. 시어머니 또한 시외할머니의 어깨너머로 돈 관리를 배웠고, 남편이 다시 시어머니의 어깨너머로 배웠다. 이렇게 3대를 이어온 가르침으로 지금의 우리 부부가 되었고, 이제 우리 아이가 나에게 배우면서 4대로 이어지고 있다.

어깨너머로 배운다는 것의 의미를 다시 생각해 보자. 윗세대는 치열하게 살면서 경제 활동을 하느라 아이에게 하나부터 열까지 경제 지식을 주입해 줄 여유가 없었을 것이다. 그럼에도 돈을 가르치는 게 중요하다 생각했던 윗세대는 올바른 경제 활동은 어떻게 하는지 몸소 보여 줬다. 부모를 롤모델 삼아 아이가 따라 할 수 있도록 했고, 돈을 향한 호기심을 묵살하지 않고 아이의 눈높이에서 이해하기 쉽도록 설명해 줬다.

부모의 경제적 가치관과 삶의 태도는 아이에게 대물림된다. 돈 공부는 국어나 수학처럼 부모가 아이를 붙잡고 가르칠 수 있는 과목이 아니다. 아이는 부모가 가르쳐 준 것을 학습해서 행동하는 것이 아니라 자신의 눈앞에서 행하는 부모의 행동을 무의식적으로 따라 한다. 부모가 아이에게 경제 교육을 하기 위해서는 부모가 먼저 돈을 다루는 방법을 머리로 배우고 몸으로 익혀 생활 속에서 자연스럽게 실천해야 한다. 그래야 우리의 아이도 어릴 때부터 부모의 모습을 보고 자연스레 배울 수 있다.

돈을 대하는
세 가지 유형

재테크를 시작한 어릴 적부터 한 아이를 기르는 부모가 된 지금까지 다양한 사람이 돈을 어떻게 관리하는지 관찰했다. 부모님을 통해서 50~60대 어른을 유심히 관찰할 수 있었는데, 그들이 돈을 대하는 태도가 인생을 어떻게 바꾸어 놓았는지 지켜보면서 배운 것들이 많다.

중요한 점은 그들은 모두 어떤 아이의 부모이고, 아이는 그런 부모의 경제생활을 어릴 때부터 보고 배울 수밖에 없다는 것이다. 돈을 탁월하게 다루는 어른의 자녀는 부모의 가치관을 이어받아 숨 쉬듯 자연스럽게 돈을 모을 수 있지만, 어설프게 돈을 다루는 어른의 자녀는 두 가지 유형으로 나뉜다.

대다수는 부모의 인생을 그대로 답습하여 산다. 부모가 평생을 그리 살아왔고 아이는 보고 배운 것이 그것뿐이니 다른 방식으로 살 수 있다는 생각도 하지 못한 채 살던 대로 사는 것이다.

그 중 소수는 부모 외의 자신만의 롤모델을 만들고, 불굴의 의지로 돈을 모은다. 하지만 그 과정 자체는 순탄치 않아 이를 극복하기 위한 많은 노력을 하게 된다.

부모가 올바른 가치관을 가져야 아이도 그것을 보고 배운다. 내가 가진 경제적 관념 그대로 우리 아이에게 간다고 생각하자. 내가 나아지고 달라지지 않는다면 아이의 삶 또한 나와 별반 다르지 않을 거라고 생각하면 된다. 그런 생각이 들면 부모로서 정신이 바짝 들 수밖에 없으며, 자신이 돈을 다룰 때 어떤 가치관을 가지고 있는지 점검해 볼 필요가 있다.

내가 관찰한 금전적 가치관은 세 가지 유형으로 나뉜다.

첫째는 돈에 지배당하는 사람이다. 수동적인 태도를 취하여 자유를 뺏기고 돈에 의해 부려지는 사람을 뜻한다. 이런 사람은 자신의 주관을 가지고 삶을 사는 것이 아니라 돈이 먼저 길을 가고 그에 따라 허겁지겁 쫓아가거나 목줄이 채워진 것처럼 수동적으로 끌려가는 태도를 취한다.

아무 생각 없이 아침에 일어나서 일터로 출근하고, 자아를 빼앗긴 좀비처럼 누군가 일을 지시하면 그 일을 억지로 하다가 일이 다 끝나면 다시 행동을 멈추고 멍한 상태로 있다. 보다 못한 상사가 다시 일을 지시하면 입으로는 온갖 불평을 늘어놓으며 도살장에 끌려가는 소처럼 억지로 발걸음을 뗀다. 그렇게 하루의 대부분을 수동적인 태도로 일관 하다가, 퇴근하고 집에 와서는 방바닥과 한 몸이 되어 별다른 생산적인 일을 하지 못한 채 시간을 흘려 보낸다. 이런 날이 하루, 일주일, 한 달 이 되어 월급날이 되면 반짝 생기를 찾는다. 이렇게 삶의 태도가 수동 적인 사람은 돈 관리의 태도도 수동적이기에 관리가 제대로 되지 않는 경우가 많다. 이 때문에 월급은 통장을 스칠 뿐 남는 돈은 거의 없다. 남 는 돈이 없으니 어떡하겠는가. 다시 아침에 일어나 일터로 출근하여 아 무 생각 없이 누군가가 시킨 일을 억지로 한다. 그렇게 또 한 달을 기다 리지만 월급은 다시 통장을 스치고 남는 돈이 없는 악순환이 반복된다.

공노비(공무원, 교사 등)나 사노비(일반 직장인)라는 자학 개그를 좋아 하지 않는다. 말에는 힘이 있어서 특정한 프레임에 나를 가두게 되면 그 말 그대로 이루어지기 때문이다. 나 자신을 자꾸 노비라 부르면서 자학하면 계속 노비의 삶을 살게 된다. 지금은 비록 상황이 마음에 들 지 않더라도 부정적인 말을 삼가고 상황을 개선하기 위한 노력을 해야 하는 이유기도 하다.

우리는 회사에서 주체적인 인간으로 일해야 한다. 회사와 나는 계 약으로 맺어진 관계이기에 회사가 나의 노동력을 이용한다면, 나는 월 급이라는 금전적 이익을 취하면서 최대한 열심히 일해야 한다. 회사를 위해서가 아닌 나를 위해서 하는 일이다. 직장 내에서 배울 수 있는 노 하우를 최대한 열심히 익혀서 나를 업그레이드해야 한다.

업그레이드라는 것은 승진일 수도 있고, 더 좋은 회사로의 이직 또는 퇴사 후 창업일 수도 있다. 세 가지 모두 자신의 수준을 올리는 과정이다. 20대에는 회사 생활을 했고, 30대부터는 사업을 했다. 업종이 전혀 다른 일을 하고 있음에도 20대에 규모가 큰 회사에서 일하면서 배운 지식과 노하우는 사업을 할 때 도움이 되었다.

가난한 사람은 반드시 돈에 지배당한다고 생각하기 쉽다. 하지만 실상은 그렇지 않다. 돈이 없다는 것은 현 상태를 설명하는 수식어에 불과할 뿐, 그 사람 전체를 정의하는 것은 아니기 때문이다.

평범한 가정에서 자란 엄마가 아빠에게 시집왔을 때 우리집은 무척이나 가난했지만, 엄마는 외할머니로부터 경제 교육을 받은 사람이었고, 아빠는 돈에 지배당하지 않는 사람이었기에 열심히 일하고 모으면서 돈을 불렸다. 우리집은 점차 평범한 서민 가정이 되었고, 자식들을 모두 결혼시키고 은퇴하신 지금은 자산가가 되어 편안한 노후를 즐기고 계신다.

반대로 사회에 나와서 만난 한 어른은 비교적 유복한 집안에서 태어났지만, 돈에 수동적인 태도를 취하여 가지고 있던 자산이 불어나기는커녕 점점 쪼그라들었고, 이제는 자식에게 남겨 줄 자산이 하나도 남지 않았다. 도리어 아이는 어릴 때 돈 걱정 없이 살다가, 커서는 집안에 돈이 남아 있지 않아 정신적으로 고통을 받게 되었다. 원래 돈이 없었던 것보다 누리고 있던 경제적 여유를 잃어버리는 것이 훨씬 고통스럽기 마련이다.

두 번째는 돈을 숭배하는 사람이다. 성경에는 황금만능주의를 형상화한 금송아지라는 메타포가 나온다. 금송아지는 사람들이 스스로 만들어 낸 존재인데, 자신들이 만든 금송아지를 신격화하며 이를 둘러싸고 춤추고 경배하는 장면이 있다. 고대에는 금이 화폐의 역할을 대신했던 것을 생각하면 자신들이 만들어 낸 돈을 도리어 숭배의 대상으로 여기는 사람들의 모습을 직관적으로 표현한 장면이라 할 수 있겠다.

이렇듯 숭배자는 돈이라는 대상에 본인 스스로 권위와 가치를 부여하여 이를 떠받들고, 인생의 전부이자 지향점으로 생각하며 이를 인정하지 않는 사람에게 배타적인 모습을 보인다.

세상에는 수많은 가치가 있고 어떤 가치도 다른 가치보다 우월할수 없다. 이런 가치를 중시하는 사람이 있다면 저런 가치를 더 중시하는 사람이 있을 뿐이다. 오해하지 말아야 할 것은 돈 이야기를 즐기는 사람이 모두 돈을 숭배하는 것은 아니다. 돈을 숭배하는 사람은 다른 무엇보다도 돈이 최고라고 여기는 사람이다.

예전에는 이런 사람이 비교적 소수였으나 최근 몇 년간 재테크 붐이 불면서 급속도로 늘어났다. 극과 극은 통한다고 했던가? 예전에는 돈 이야기를 속물 취급하는 경우가 많았다면, 이제는 돈 이외의 가치는 우습게 보는 극단적인 사람이 많아진 것이다. 돈이 최고의 가치이며 그중에서 최고는 주식과 부동산 투자이고, 그것을 하고 있지 않다면 어리석다는 식으로 남을 무시하는 사람이 많아진 것이 문제다.

돈의 숭배자에게 상처받은 사람이 꽤 많다. 숭배자는 기본적으로 배타성과 우월감을 지니고 있어서 뜻이 맞지 않는 사람을 공격하는 특성이 있기 때문이다. 그들의 눈에는 일터에서 열심히 일하고 있는 평범한 사람이 월급에 얽매여 투자의 진리를 깨닫지 못한 어리석은 사람이기에 이들이 소중하게 여기는 가치들을 비웃고 부탁하지도 않은 주제넘은 훈수를 둔다.

재테크를 오래 하다 보니 이런 사람과 만날 일이 많은데, 우습게도 누구보다 돈에 진심인 것처럼 보이는 이 사람들이 실제로는 그다지 투자 성과가 좋지 않았다. 왜냐하면 돈이라는 것은 신기하게도 돈 자체를 좇으면 멀리 달아나 버리지만, 좋은 환경을 조성하고 자기가 하는 일에 충실하다 보면 어느새 내 옆에 슬쩍 다가오는 존재기 때문이다. 이건 재테크나 사업을 오래 해온 사람이라면 누구나 공감하는 돈의 속성이다. 그래서 돈을 좇는 숭배자는 아이러니하게도 큰돈을 벌 수 없게 된다.

인생을 사는 데 있어서 돈은 반드시 필요한 것이지만 돈 자체가 목적이 되어서는 안 된다. 돈은 나의 최종점을 위한 수단이어야 한다. 숭배자는 이런 돈을 수단으로 부리지 못하고 돈 자체를 숭배하게 된 사람이다.

마지막은 돈을 이용하는 사람이다. 이런 사람에게 돈은 삽이나 곡괭이와 같은 도구에 불과하다. 길을 개척하기 위해서는 그 길을 닦기 위한 삽이나 곡괭이 등이 반드시 필요하다. 그런 도구를 제대로 갖추기 위해 노력은 하지만, 인생의 목표가 좋은 삽과 곡괭이를 사기 위한 것은 아니다. 또한 돈을 이용하는 사람은 돈에 끌려다니거나 숭배하지 않고 오히려 돈을 하인처럼 부린다. 본업에 매진하면서도 일정 규모의 돈을 뚝 떼어다가 일을 시킨다. 그럼 그 돈은 주인을 위해 열심히 일하면서 또 다른 돈을 벌어 온다. 그렇게 첫 번째 돈이 벌어 온 돈에 본업에서 나온 돈을 더하여 이번에는 두 번째 돈에게 일을 시킨다.

이 과정을 계속 반복하게 되면 주인을 따르는 하인의 숫자는 셀 수 없이 불어나게 되고 그들이 벌어 오는 돈이 주머니에 계속 쌓이게 된다.

수동적인 태도로 끌려다니거나, 지나치게 숭배하는 등 자신의 주도권을 뺏긴 사람들과 달리 돈을 이용하는 사람은 내키는 대로 돈을 부릴 수 있다. 자신의 손에서 돈을 떠나보낼 때도 있지만, 언제든지 다시 데려올 수 있다는 자신감이 있기에 거침없는 태도를 보이며 승승장구할 수밖에 없다. 돈은 이런 사람을 따르기에 돈이 저절로 모이는 것이다. 우리는 돈을 이용하는 사람이 되어야 한다. 돈이 나를 위해 일하게 하며, 그런 돈들을 하인이나 도구로 삼게 되면 인생을 좀 더 편안하게 살거나 적극적으로 개척할 수 있게 된다.

나는 이 셋 중 어떤 모습에 가까울까? 그리고 나의 아이는 어떤 모습이 되었으면 하는가? 아이가 되었으면 하는 이상적인 롤모델이 있다면, 부모는 아이보다 먼저 롤모델이 되기 위해 노력해야 한다. 그래야 아이가 나의 모습을 보고 따라 하며 배우게 될 것이다.

부부가
같은 가치관으로 가르쳐라

아이를 키우면서 자녀 교육을 열심히 하진 못했다. 우리 아이는 태어나면서부터 여러 가지 건강상의 문제로 아팠고, 서울 시내에 있는 종합병원을 안 다녀본 곳이 없을 정도라서 교육에 중점을 두기보다 건강하게 성장하는 것을 우선으로 두었기 때문이다.

그럼에도 가장 중요하게 생각한 양육방침이 있다면 교육의 일관성이었다. 이 일관성이라는 것은 여러 가지 의미에서 해당하는데, 1차적으로는 때와 장소에 상관없이 안 되는 것은 안 되는 거라고 가르치는 것이다.

이를 위해서는 부모부터 행동이 일관적이어야 한다. 아이에게 가르치는 것뿐 아니라 부모 또한 일정한 규칙이나 가치관에 따라 정해진 행동을 해야 하며, 그래야 아이는 부모를 롤모델로 배우기 용이하다. 부모의 기분이나 장소, 혹은 타이밍에 따라서 똑같은 행동을 하더라도 수용이 되었다가 안 되었다가 하면 아이는 크게 혼란을 겪기 때문이다.

특히나 예절 교육은 타협이 없었다. 우리 아이가 귀하기 때문에 남들에게도 귀한 대접을 받았으면 했고, 그러기 위해서는 어릴 때부터 배워야 할 사소한 예절이 매우 많았다. 다행히 우리 부부는 물론이고 시댁이나 친정에서도 이 부분은 봐주는 것 없이 훈육했기에 일관적 교육이 이루어졌다. 어른들의 기분이 어떻든 어느 장소 어느 때이든, 되는 행동은 용납했고 안 되는 행동은 훈육했기 때문에 아이는 뭐가 옳고 뭐가 그른지 조금씩 배울 수 있었다.

경제 교육도 마찬가지다. 돈을 다루는 방법 또한 일관적이어야 한다. 돈 모을 때도 당연히 중요한 개념이지만, 소비에 있어서는 더욱 중요한 기준이다. 제대로 정립하지 못하면 성인이 되어서도 충동구매를 하게 되고 지출을 통제하는 것이 힘들어진다.

동물 실험에서 이런 테스트를 진행한 적이 있다. 원숭이에게 시간에 맞춰 먹이를 주면 원숭이는 다른 일을 하며 정해진 식사 시간을 기다린다. 그러나 명확한 기준 없이 어떤 버튼을 누를 때 일정한 확률로 먹이가 나오면 원숭이는 그 버튼에 집착하며 먹이가 나올 때까지 그 버튼을 반복적으로 눌러 대느라 다른 일을 못 하게 된다.

비슷하게 아이가 무언가를 사 달라고 조를 때 부모가 어느 때는 안 된다고 선을 긋는데, 또 어느 때는 못 이기는 척 사 주면 아이는 어떤 반응을 보일까? 나의 주장이 받아들여질 수도 있다는 일말의 기대감 때문에 보상이 주어질 때까지 계속 부모를 조르게 된다. 그러다 부모가 지쳐서 보상을 주게 되면 다시 한번 행동 강화가 이루어져 다음에는 더 강하게 조르게 되는 악순환에 빠지게 되는 것이다.

'이상하다. 나는 일관되게 가르치고 있는 것 같은데 우리 아이는 왜 이렇게 혼란스러워 할까?'라는 의문이 들 수도 있다. 고개를 들어 자신의 배우자를 봐라. 안타깝게도 아이에게 부모는 두 명이기에 내가 일관적이더라도 배우자가 일관적이지 않은 방식으로 아이에게 행동 강화를 할 수도 있다.

부모가 둘 다 일관적이더라도 아이가 혼란스러워하는 가정도 있다. 이런 가정의 경우 엄마와 아빠가 각자의 기준은 일관적일지 몰라도, 두 사람의 기준이 서로 달라서 아이 입장은 두 개의 기준이 존재하기에 일관적이지 않다고 느끼는 경우다.

아이가 태어나기 전인 신혼 기간에 부부가 서로의 경제관념에 대해 많은 이야기를 나눠 보길 바란다. 보통 부부 사이에 돈 이야기라고 하면 내 돈과 네 돈을 합쳐서 생활비를 어떻게 쓸 것인가를 생각하는 사람이 많다. 그건 상당히 지엽적인 부분이다. 돈을 모으고 쓰는 방법을 말하는 것이 아니라 금전적 가치관이 어떤지 충분히 대화하는 것이 좋다.

이미 아이가 있다면 지금이라도 부부 단둘이 있을 때 배우자와 이런 이야기를 많이 나누도록 하자. 부부가 경제관이 일치하다 보면 아이의 경제 교육도 비교적 일관적으로 이루어지게 된다.

어떤 가정에서는 아이가 아빠에게 무언가를 사 달라고 했을 때 "엄마에게 물어봐"라며 답변을 미루는 경우가 있다. 매우 좋지 못한 행동인데, 이 대답을 반복하면 아이는 집안의 재정적 권한이 모두 엄마에게 있고, 아빠에게는 돈을 통제할 수 있는 능력이 없다고 여겨 아빠의 권위에 손상이 오게 된다.

반대로 엄마는 아이의 요청을 허락하지 않았는데 아빠가 허락해 준다면 이 또한 부정적인 방향으로 행동 강화가 이루어진다. 아이는 부모의 생각보다 눈치가 빠르기 때문에 아빠가 상대적으로 쉽다고 생각하면 아빠를 공략하여 원하는 것을 얻어낸다. 이런 일이 반복되면 아빠는 이용당하는 한편, 엄마의 발언은 무시당하게 되어 엄마의 권위에 손상이 온다.

아이에게 보여지는 부모는 가정을 떠받치는 두 개의 기둥이어야 한다. 두 개의 기둥은 책임도 권한도 동등하며 일관된 목소리를 내야 한다. 한쪽이 길거나 짧으면 다른 쪽이 무너지게 되며 아이를 제대로 보호하고 양육할 수 없다.

우리 부부는 아이가 무언가를 원할 때 아이 몰래 서로 눈빛을 교환한다. 아니면 아이가 알아듣지 못하도록 영어를 섞어서 암호처럼 주고받으며 의견을 조율했다. 평소 많은 대화를 했기에 서로의 생각을 알고 있고, 어떤 부분에서 되고 안 되고의 기준이 명확하기 때문에 말하지 않아도 대강 정답을 알았다.

아이가 부부 중 누구에게 물어보더라도 일관된 대답이 나오는데, 아이 입장에서 엄마에게 물어봐도 아빠에게 물어봐도 동등한 답변을 받게 되면 의외로 순순히 납득한다. 지금까지 계속 일관된 기준을 적용했기 때문에 '이게 맞구나' 하고 받아들이게 되는 것이다.

돈 이야기가
자연스러운 가족

대부분 가정에서 돈 이야기는 금기이자 역린이었다. 돈이라는 건 늘 부족한 것이기에 누구에게나 필요한 것이지만, 정작 그 돈을 입에 올리는 사람은 천박하다며 손가락질을 받았다. 미디어에서 그려지는 부자는 항상 악역이었고, 가난한 사람은 착한데 부자에게 괴롭힘을 받는 포지션이었다. 이건 집주인과 세입자 관계도 마찬가지여서 드라마에서 가난한 세입자에게 찾아와 못살게 구는 집주인이 악역으로 그려지곤 했다.

돈은 너무나도 필요한 것이지만 돈을 갖고 싶어하는 사람은 나쁜 사람이라는 이율배반적 태도가 우리나라 국민의 평균 인식이었던 것이다. 그렇기에 아이가 처음으로 돈에 호기심이 생겼을 때 부모가 아이에게 보여 주는 첫 반응은 대체로 부정적이었다.

온건한 부모는 그런 거 신경 쓸 필요 없으니 공부만 열심히 하면 된다고 했으며, 과격한 부모는 열등감과 자격지심 때문에 아이가 자신의 재정적 능력을 무시한다고 생각하여 화를 내기도 한다. 또한 가정 내에서 부부간이나 친지들끼리 싸움이 벌어지면 높은 확률로 돈과 관련된 이야기였기에 그것을 보고 자란 아이도 부정적 선입견을 가질 수밖에 없었다.

어릴 때부터 돈이 궁금했던 나는 엄마에게 많은 질문을 했다. 그때마다 엄마는 나의 호기심과 질문을 묵살하지 않고 그에 합당한 현명한 답을 되돌려 줬다. 책도 읽고, 경제 신문도 보고, 뉴스도 보고, 엄마에게 물어보면서 돈을 향한 호기심이 무럭무럭 자라났다.

대화 상대가 엄마만 있었던 것은 아니었다. 엄마를 가르친 것이 외할머니였기에 엄마의 자매들인 이모들 또한 경제 사정에 밝고 재테크에 재능이 있었다. 이모들과도 돈과 관련된 이야기를 거부감 없이 나누거나 엄마를 통해서 이야기를 전해 듣기도 했다. 이모들은 초등학생인 나에게 물건이나 돈을 절약하는 방법이나 돈을 어떻게 모으면 좋은지 알려 주곤 했다.

성인이 되어서는 좀 더 본격적으로 변했다. 근로 소득과 펀드 투자를 통해서 종잣돈을 어느 정도 마련하자 큰이모는 나에게 아파트 매수를 권했다. 당시 사촌 중에 사회인이 사촌 오빠 두 명과 나까지 세 사람이었는데, 나중에 결혼할 것을 대비해서 각자의 이름으로 아파트에 투자 하는 것이 어떻겠냐고 한 것이다.

그 당시에 나는 서울에서만 살아서 경기도를 잘 몰랐던데다가 금융 쪽 지식은 있어도 부동산은 전혀 몰랐기에 대출을 끼지 않았음에도 투자가 무서워서 주저했다. 그런 나를 위해 큰이모가 같이 임장을 가 주었다. 그 당시에 큰이모가 나에게 투자를 권했던 아파트는 경기도의 한 지역이었다. 얼마 뒤 전철과 KTX 정거장이 5분 거리에 들어서면서 초역세권 아파트가 되었지만, 당시에는 저평가받았던 지역이기도 하다.

서울역에서 통근 열차를 타고 간이역에서 내린 후에 큰이모와 함께 투자할 아파트 쪽으로 걸어가며 부동산 투자에 대한 여러 가지 이야기를 나누었다. 큰이모는 이곳이 얼마나 역세권인지, 서울에서 여기까지의 거리가 얼마인지, 이 지역에 현재 서울로 출퇴근하는 젊은 사람들과 신혼부부가 모이고 있다는 것과 앞으로 교통이 좋아질 수밖에 없는 이유를 설명해 줬다. 해당 아파트를 구매한 이후 큰이모의 말대로 해당 지역의 입지는 급격히 좋아졌고, 수도권 부동산 상승장을 만나면서 신혼부부가 선호하는 평수였던 내 아파트 시세가 가파르게 올랐다.

엄마와 이모들을 거쳐, 결혼 후 나는 시어머니라는 또 다른 멘토와 만나게 되었다. 세상을 떠나신 남편의 외할머니는 대단한 사업가였고, 시어머니 또한 사업과 부동산 투자를 오랫동안 해 오신 투자자이기도 했기에 며느리인 내가 배울 점이 많았다. 시댁 또한 가족끼리 돈 이야기를 거부감 없이 하는 분위기였기에 가족 모임을 하면서 사업이나 투자 이야기를 자연스럽게 나누고 문제가 있으면 해결책을 모색하기도 한다.

사업과 부동산 쪽에 있어서 시어머니의 조언을 귀담아듣는 편이다. 나는 이쪽 분야에 한참 경험치가 모자라지만 시어머니는 평생 해 왔기에 누구에게도 배울 수 없는 지혜를 나눠 주셨다. 직접 가르쳐 주실 때도 있고 좋은 영상이나 글을 보내 주시기도 한다.

반대로 내가 시어머니에게 도움이 되는 경우도 있다. 주식이나 코인 혹은 거시 경제에 대한 해외 트렌드를 조언해 드리거나 제공해 드릴 수 있는 정보가 많아 생각날 때마다 말씀드리곤 한다. 그래서 고부간의 문자 내역에 이런 내용이 가득 차 있다 보니 친구들은 시어머니와 며느리 간의 대화가 아니라 재테크 스터디 모임 같다고 웃었던 기억이 난다.

이런 분위기에서 자란 두 사람이 결혼을 했기에 우리 부부는 돈과 관련된 이야기를 편하게 나눈다. 돈 이야기를 서로 예민하게 받아들여서 오해하거나 마음 상하는 일은 한 번도 없었다.

결혼정보업체에서 조사한 결과에 따르면 배우자와 가장 말다툼이 빈번했던 때를 묻는 질문에 남성은 부부의 생활비를 조율할 때(27.5%)를 꼽았고, 여성은 쇼핑을 같이할 때(28.6%)를 꼽았다. 모두 금전과 관련된 문제인 것을 생각하면 돈과 관련된 이야기를 오해 없이 자연스럽게 나눌 수 있는 환경이 결혼 생활의 윤활유 중 하나라는 것은 부정할 수 없다.

우리 부부는 서로에게 금전적 비밀을 전혀 만들지 않는다. 살림을 하기에 생활비를 내가 관리하고 있고 재테크도 내가 주도하지만, 나는 모든 투자와 소비 내역을 남편에게 투명하게 공개하고 있다. 애초에 엄마가 그러했듯 나도 아이에게 보여 줄 수 있을 만한 명확한 가계부를 쓰고 있기에 남편에게 말하지 못할 이유가 없는 것이다. 또한 큰돈이 쓰일 일이 있으면 반드시 사전에 남편과 상의한다. 남편 또한 마찬가지라서 돈과 관련해 부부끼리 서로를 믿을 수 있는 신뢰 관계가 형성되어 있다.

이런 분위기를 만든다는 것은 결코 쉽지 않지만, 이것을 보고 자랄 아이 때문이라도 가정 내의 좋은 분위기를 형성하는 것이 중요하다. 돈 이야기를 할때 너무 부정적이거나 예민하게 받아들이는 것도 문제지만 호들갑 떠는 분위기 또한 지양한다.

엄마와 아빠가 돈에 대해 긍정적이고 부드러운 분위기를 형성하고, 아이가 어떠한 질문을 해도 거부감 없이 받아들인다면 아이 또한 그런 부모를 보고 성장하여 진취적이고 긍정적인 사고방식을 가지고 돈을 잘 활용하는 어른이 된다.

타인과 비교는
금물

친정과 시댁 모두 가족끼리 돈 이야기를 편안하게 나누는 분위기가 형성되어 있어 나와 남편도 그런 환경이 익숙하다. 현재 우리 가족도 부부끼리나 아이와 함께 돈 이야기를 일상 속에서 가볍게 자주 나누고 있다. 어릴 때 나는 어른들과 나누는 돈과 관련된 이야기가 즐거웠는데 그 덕분에 성인이 되어서도 재테크를 놓치 않고 꾸준히 해 나갈 수 있었다. 그래서 우리 아이에게도 돈에 대한 긍정적 이미지와 현명한 관리 방법을 체득하게 해 주는 것이 목표다.

가족끼리 돈 이야기를 허심탄회하게 하는 분위기는 아이의 경제 교육을 위해 꼭 필요한 기반이다. 그러나 어디까지나 긍정적이고 생산적인 방향의 의견 나눔이어야 하는데 간혹 그렇지 못한 사람이 있다. 대표적으로 주위에 흔하게 볼 수 있는 유형 중에 습관적으로 타인을 평가하고 지적하는 것을 즐기는 사람이다. 이 사람은 가족과 돈 이야기를 나눌 때도 가족 구성원을 평가하면서 집안 분위기를 흐린다.

요새는 맞벌이 가정이 보편적이고 남편과 아내 모두 소득 활동도 하고 소비도 같이 하는 집이 많다. 그렇다 보니 배우자의 연봉이나 소비 씀씀이 등이 많다 또는 적다 평가하는 사람이 있는 것 같다. 평가의 의도가 어떻든 간에 받아들이는 입장에서는 나의 능력이나 노력을 폄하하는 것으로 느껴져서 상당히 자존심이 상하게 된다.

남편과 10여 년의 결혼 생활을 하면서 나름 굴곡이 많았다. 우리 부부는 직장에 다니는 것이 아니라 같이 사업을 하다 보니 어떨 때는 돈을 많이 벌 때도 있었고 어떨 때는 일반 직장인보다도 소득이 적어서 아이 병원비 대기도 빠듯할 때가 있었다. 그러나 남편이 돈을 가장 적게 벌어 왔을 때도 "버는 돈이 너무 적다"라는 말을 해 본 적이 없다.

애초에 돈은 혼자 버는 것이 아니다. 맞벌이 부부는 당연히 두 명의 소득 합이 가정의 전체 소득이 되는 것이며, 외벌이 가정이더라도 서포트를 해 주는 쪽에서 시너지 효과를 일으켜 소득을 증대시킬 수 있다. 그래서 남편이 벌어 온 돈, 아내가 벌어 온 돈으로 나눠서 많네, 적네라고 생각할 것이 아니라 우리 가족 전체의 소득이라고 생각해야 한다.

별거 아니라고 생각할지 몰라도 마음가짐을 어떻게 먹느냐에 따라 배우자에게도 그 마음이 느껴진다. 버는 돈이 적다면 누구보다도 당사자가 가장 스트레스를 받게 되는데, 거기다 대고 배우자마저 "버는 돈이 너무 적다"라고 타박한다면 잘해 보려고 하는 마음조차 꺾인다. 배우자를 평가하는 것은 나의 남편이나 아내를 무시하고 존중하지 못하는 행동이기 때문이다.

남편이 돈을 가장 적게 벌었을 때 한겨울에 출근하는데 손이 너무 시려워 카페에서 따뜻한 커피 한 잔을 테이크아웃 할까 생각했다고 한다. 하지만 소득이 적었던 시기라 커피 한 잔 마시는 몇천원이 아까워서 편의점에서 캔 커피를 사서 손난로 대신 주머니에 넣었다고 한다. 그 이야기를 오히려 그 당시에 하지 못했고 한참 세월이 지나고 마음이 여유로워졌을 때가 되어서야 털어놓아 알게 되었다. 아마 소득이 적기 때문에 부담이 되어 당시에는 말을 못 하다가 일이 잘 풀리고 나서야 말한 것 같다. 그 당시 남편이 얼마나 마음이 힘들었을지 짐작이 돼서 마음이 아팠다.

그 기간에 나는 아이를 병원에 데리고 다녔기에 하던 일을 다 내려놓고 남편의 소득에 의지해야 했다. 오히려 남편과 달리 나는 마음이 힘들지 않았던 것 같다. 소득이 적어지니 당연히 생활은 팍팍했지만, 원래도 돈을 잘 쓰지 않는 스타일이니 생활비는 쪼들리지 않았다. 매달 저축이나 투자하는 돈이 확 줄어들었지만, 그거야 나의 투자 실력을 믿었기 때문에 걱정하지 않았다. 남편에게도 버는 돈이 적어도 내가 재테크로 불릴 수 있으니 걱정하지 말라고 말하기도 했는데, 아마 그 말에 남편이 부담을 좀 덜었던 것 같다. 주변에서 뭐라 하지 않더라도 당사자가 가장 힘든 법이다. 돈을 적게 벌고 싶은 사람은 없기 때문이다.

소비도 마찬가지다. 대다수 가정이 맞벌이더라도 아내가 육아와 살림을 주도하기 때문에 가정 전체의 소비를 주관한다. 그러나 돈 아끼는 것을 꼭 아내가 잘하고 남편이 못하는 것은 아니다. 어떤 가정은 남편이 알뜰하고 아내가 그보다 못한 경우가 있다. 남편 눈에는 아내에게 살림을 맡겼는데 생활비 쓰는 것이 탐탁지 않다며 나도 모르게 아내의 소비 생활을 평가하는 것이다.

소비라는 것은 원래 두 사람이 완벽하게 일치할 수는 없는 부분이다. 어떤 것에 소비해도 되고 어떤 것은 소비해서는 안 되는가는 경제적 가치관의 문제이기 때문에 사람마다 다를 수밖에 없다. 경제 교육을 받고 자란 우리 부부조차도 함부로 돈을 쓰지 않는다는 점에서는 일치하지만, 세부적인 내용을 들여다 보면 분명 나보다 남편이 절약에 서툴다. 아끼지 못하는 부분을 지적하고자 하면 끝도 없지만, 일일이 지적할 수도 없고 지적해서도 안 된다고 생각한다.

지적했을 때 얻을 수 있는 득보다 실이 더 크다. 이런 경우 오히려 잘하고 있는 부분을 칭찬해 주고, 부족한 부분을 조언해 주는 것이 좋다. 경제 교육이 솔선수범에서 시작한다는 것은 비단 아이를 가르칠 때만 해당하는 것은 아니다. 배우자가 자신의 기준보다 좀 미흡하다면 배우자의 소비를 말로써 평가하기보다는 절약을 더 잘하는 내가 솔선수범하고 이건 이렇게 하는 거라고 배우자에게 조언한다는 개념으로 접근하면 좋다.

아이는 부모를 보면서 절약하는 습관을 배우게 되는데, 부부 중 한

쪽이 부족하다면 소비의 기준이 일치하지 않기 때문에 아이의 경제 교육도 불완전하게 된다. 한 쪽이 다른 쪽에게 모범이 되어 부부가 모두 올바른 소비 생활을 한다면, 크게 힘들이지 않고 아이에게 절약을 가르쳐 줄 수 있다. 부모는 아이의 거울이기 때문이다.

다만 아무리 편하게 이야기하더라도 돈 이야기는 분명 예민한 주제다. 경제생활과 관련되어 상대가 마음에 안 드는 부분이 당연히 있을 수 있지만 이 부분을 언급하고자 한다면 배우자가 오해하거나 마음이 상하지 않도록 상당히 조심스럽게 접근하고 표현해야 한다.

이렇게 평가 자체도 문제인데 여기서 한술 더 떠서 가족을 타인과 비교하는 경우도 있다. "어느 집 남편은 연봉이 얼마라던데 당신 연봉은 왜 이러냐"라던가 "어느 집 아내는 살림을 알뜰살뜰 잘해서 생활비를 아껴 쓴다는데 우리집은 왜 이러냐"라는 식으로 비교가 들어가면 한도 끝도 없다. 그럼 그런 사람이랑 결혼하지 왜 나랑 결혼했냐면서 감정이 격해지고 부부싸움을 하게 되는 건 당연한 수순이 된다.

이러한 비교는 비단 부부 사이에만 벌어지는 것이 아니다. 아이에게 용돈을 주면서 "옆집 누구는 용돈 받으면 꼬박꼬박 저축한다더라"라거나 아이가 성인이 되어서는 들어간 대학, 직장, 연봉을 비교하며 아이의 기를 죽이고 주눅들게 한다. 그 집 아이는 그 집 아이이고, 우리 아이는 우리 아이다. 다른 집 아이와의 비교는 득은 없고 실만 많은 행위다. 타인에게는 우리 아이가 기죽지 않게 배려해 달라고 하면서 정작 부모인 자신이 비교를 통해 아이의 기를 죽이고 있는 것은 아닌지 생각해 볼 필요가 있다. 가정 내에서 비교가 일상화되면 그런 가정에서 자란 아이도 뭐든지 남들과 비교하게 된다.

남편을 닮아 자동차를 좋아하는 우리 아이는 엄마 차와 아빠 차의 브랜드를 알아도 타인의 차와 비교한 적은 없다. "이 차는 예쁘고 이 차는 못생겼다"거나 "아빠 차보다 엄마 차가 더 좋다"는 식으로 말한다. 개인적 감상만 이야기할 뿐, 가격으로 등급을 매기며 비교하지 않는 것이다. 남편이 아이 앞에서 자동차를 말할 때 가격과 브랜드에 따른 레벨을 나눈 게 아니라 어떤 차는 디자인이 좋고, 어떤 차는 속도가 빠르고 하는 식으로 특징에 집중해서 말했기 때문이다.

이러한 비교는 비단 자동차 이야기에만 그치지 않을 것이다. 부모가 아무렇지도 않게 거주 지역이나 주거 공간을 비교하기 때문에 그것을 보고 듣고 자란 아이도 등급을 매기고 사는 곳에 따라 친구들을 차별하게 된다.

아이 앞에서 이런 이야기를 아예 하지 말라는 것이 아니다. 다만 그 방법을 세련되게 하는 부모도 있고 천박하게 하는 부모도 있는 것이다. 나는 어릴 때 부모님을 통해서 어느 동네가 살기 좋고 부동산 가격의 상승 가능성이 있는지 듣고 자랐다. 어릴 때 낙후된 지역이라고 들었던 곳이 세월이 지나 개발되면서 부동산 가격이 상승하는 것을 보면서 격세지감을 느끼고 그 발전 과정을 통해서 부동산 보는 눈을 어떻게 기르면 좋은지 배우게 되었다. 다만 이는 투자에 연결되기 위한 기본 지식을 배우는 선에서 끝나는 것이지 그곳에 사는 사람들이나 그 사람들의 자산을 비교하며 누가 낫네, 못 낫네를 비교하는 부모가 되어서는 안된다.

비교하는 부모 밑에서 자란 아이는 그대로 부모를 닮아간다. 성인이 되어서도 끊임없이 자신의 연봉과 자산을 타인과 비교하며 자신이 설계한 마음의 지옥에 스스로 가두게 된다. 평생을 비교하며 살았기 때문에 고소득자나 부자들을 보면 자존감이 떨어지고, 그만큼 벌어 오지 못하는 배우자를 탓하거나 그만한 유산을 물려주지 못하는 부모를 탓하며 흙수저 타령을 하게 되는 것이다. 문제는 나의 마음가짐에 있다.

비교하는 아이는 자신만 비교하는 것이 아니라 부모까지 비교하게 된다. 다른 집 부모는 유학도 보내 주고 결혼할 때 얼마를 지원했다는데 왜 엄마, 아빠는 이것밖에 못해 주냐고 원망하게 된다. 키워 주신 부모님에 감사하기보다는 부모가 나에게 못해 준 것만 원망하는 아이로 자라는 것이다. 그야말로 스스로 불러온 재앙이 아닐 수 없다.

흔히 유튜브나 인스타그램 같은 SNS를 자존감 낮추는 도구라고 한다. 그러나 비교하지 않는 가정에서 자란 아이는 SNS를 해도 자존감에 전혀 타격을 받지 않는다. 나는 재테크 때문에 블로그와 인스타그램을 하는데, 새 글이나 피드에 뜬 다른 사람의 모습을 보면서 우월감이나 열등감, 혹은 자존감이 손상되는 경험을 한 적이 없다.

자라면서 배운 것은 투자하기 위한 안목을 기르는 가르침이었기에 성인이 되어서도 그런 시선으로 세상을 바라본다. SNS를 보면서 남과 비교해서 속이 상하는 것이 아니라 거기에서 투자 아이디어를 연구한다. 다른 사람의 소비를 보면서 어떤 산업이 유망할 것인가 눈을 빛내는 것이다. 실제로 나는 SNS에서 고가의 명품 화장품 사진을 올리는 사람들을 보면서 화장품 섹터에 대한 투자 아이디어를 떠올렸고, 코로나 기간에 중저가 색조 화장품 전문 기업에 투자하여 높은 수익률을 올릴 수 있었다.

마지막으로 비교도 평가도 나쁘지만, 그보다 더 최악은 그런 행동을 아이가 보는 앞에서 하는 것이다. 부부끼리만 있을 때에도 이런 발언은 오해를 살 수 있는 예민한 내용인데, 더구나 아이 앞에서 한다는 것은 더 심각한 문제로 번지게 된다. 자칫 잘못하면 남편이 아내를, 아내가 남편을 무시하는 것으로 볼 수 있고, 이렇게 내가 배우자를 존중하지 않으면 나의 아이도 부모를 존경하지 못하게 된다.

속으로 아쉬운 점이나 맘에 안 드는 것이 있을 수 있어도 겉으로 표현하고 아니고는 천지 차이다. 다른 사람과 비교하고 가족에게 불평할 시간에 우리 가족의 미래가 지금보다 나아질 수 있도록 서로 머리를 맞대고 고민해 보는 것이 중요하다.

이 물건 없는 사람은
나밖에 없어요

여러 소비 유형 중에서도 일그러진 형태의 소비 욕구가 있으니, 바로 타인과의 비교에 의한 소비다. 어떤 사람은 소비할 때 필요한 물건도 아니고, 가지고 싶은 물건도 아니지만, 남들이 가지고 있기에 나도 가져야 한다는, 혹은 나만 안 가지고 있으면 소외될 것만 같다는 생각에 지갑을 연다.

예전에는 소비에 유행은 있었지만 따르는 사람만 따랐던 기억이 있다. 그러나 최근 들어서는 SNS의 영향으로 타인의 삶을 엿볼 기회가 늘어났으며, 그로 인해 비교 소비 문제가 심화되고 있다. 따르는 사람만 따르는 유행이 아니라, 따르지 않으면 이상하고 독특한 사람으로 인식되는 것이다.

이미 정신적으로 성숙한 어른은 그런 분위기를 배제하며 나만의 길을 걸어갈 수 있다. 그러나 또래 친구가 중요한 청소년기에는 무리에서 소외되거나 튀는 존재가 될 수 있다는 두려움을 갖게 된다. 10대의 특성상 이런 모방과 비교 심리가 심해질 수밖에 없고, SNS상의 모습을 무비판적으로 수용하기에 왜곡된 가치관을 갖게 될 수 있다. 남자아이들도 물론 이런 현상이 생기지만, 관계성을 보다 중요시하는 여자아이들 집단에서는 더 빠르고 심한 양상을 띤다.

이 부분을 완화할 수 있는 유일한 존재는 역시 부모다. 경제 교육을 어릴 때부터 제대로 받고, 가정 내 분위기가 비교하지 않는 환경에서 자란 아이는 자존감의 뿌리가 단단해진다. 이런 아이는 가정 밖에서 이루어지는 비교에도 잘 견디거나 아예 신경 쓰지 않는 아이도 있다.

그 사람은 그 사람이고 나는 나라는 생각이 확고하기 때문이다. 기준이 나 자신이기에 소비할 때도 내가 좋아하는 것, 내가 사고 싶은 것을 고르지 누군가를 따라서 하거나 소외될지도 모른다는 생각에 소비하지 않는다.

이 부분을 더욱 악화시킬 수 있는 존재 또한 부모다. 비교가 일상인 가정에서 자란 아이는 부모에 의해서 옆집 누구, 같은 반 누구와 비교당했기 때문에 항상 타인이 어떻게 하고 있는지 신경 쓸 수밖에 없다.

나라는 존재에 긍정을 받아본 적이 없기에 기준을 나에게 둘 수 없고 늘 타인이 어떻게 하는지가 기준이 되어 따라 하기에 급급하다. 소비할 때도 마찬가지로 적용된다. 또래 집단에서 무언가 유행하면 비교되지 않고 뒤

처지지 않기 위해 지갑을 열게 되는 것이다.

특정 브랜드의 상품을 선호하는 것도 마찬가지인 이유다. 좋은 물건, 좋은 브랜드의 상품이 있어야만 친구들과 어울릴 수 있다고 왜곡된 가치관을 가진다. 어찌 보면 우리 같은 어른들 때문에 아이들이 잘못된 생각을 가지게 된 것인지도 모른다.

"나 이것 필요해요"가 아니라 "이 물건 없는 사람은 나밖에 없어요"라는 말이 나오는 이유다. 내가 필요해서, 내가 좋아해서 사는 게 아니라 나만 이 물건이 없기에 불안감을 느끼고 빈 부분을 소비로 채워 넣고자 하는 일그러진 형태의 소비 욕구인 것이다.

어릴 때부터 남들과 비교하지 않는 가정 환경에서 올바른 방법으로 경제 교육받고 성장했다면 이런 부분을 상당히 예방할 수 있다. 부모가 아이의 자존감을 올려 주며 비교 소비하지 않도록 독려하자. 타고나길 자신감이 부족한 아이라 해도 부모가 정신적으로 지지해 준다면 그런 부분을 상당히 해소할 수 있으며, 소비로 불안감을 채우려는 잘못된 방법을 택하지 않는다.

우리 아이를 예로 들어보면 자신감이 부족하여 앞으로 나서기보다 뒤로 물러나 있는 아이다. 우리 부부는 다른 아이들과 비교하지 않는 대신 아이의 단점보다 장점을 찾기 위해 노력했다. 소비 교육할 때도 자기가 원하는 것을 정확히 표현하지 못하고 선택을 자꾸만 부모에게 미루길래 스스로 무엇을 좋아하고 싫어하는지 취향을 찾아보는 연습도 같이 했다. 본인이 무엇을 좋아하는지 모른다면 커서도 우리 아이는 무언가를 선택할 때 자기 자신이 아니라 타인에게 휘둘리게 될 것이다.

아이를 비교하면서 키우게 되면 타고나길 자신감이 있는 아이라도 기가 죽고 자꾸만 타인의 모습을 신경 쓴다. 비교는 무조건 금물이며, 이미 자존감이 떨어졌거나 자기 확신이 부족한 아이는 부모가 독려하며 스스로 선택하고 소비하는 연습을 많이 하는 것이 좋다.

친구들이 다 가지고 있다며 갖고 싶어 하는 물건이 있다면 용돈이나 세뱃돈 등 자신의 이름으로 모은 돈으로 구입하라고 권하라. 아이가 조르는 대로 부모가 다 사 주면 소비를 억제할 수가 없다. 대신에 아이가 정말로 돈을 모아 구입했다면 그 부분은 간섭하지 말자. 오로지 아이의 돈이기 때문이다.

어차피 한정된 용돈에서 구매하기에 무한정 사기도 힘들고 이런 소비를 경험해 보면서 왜 이런 소비가 부질없는지 깨닫게 된다. 때로는 아닌 줄 알면서도 지켜봐 주는 것도 필요하다.

경제 교육은
입시 교육이 아니다

나와 남편은 프로야구 관람을 좋아한다. 그런데 야구장에 가 보면 남자 팬이 야구를 전혀 모르는 여자친구를 데려와서 야구 용어와 규칙을 주입식으로 가르치고 있다. 그때 여자친구의 표정을 보면 심드렁하고 지루해 하는 경우가 많다.

남자는 여자친구도 야구를 좋아하고 같이 봤으면 해서 정성스럽게 가르쳐 주는 것이지만, 문제는 본인 위주로 생각해서 행동한다는 것이다. 상대가 딱히 관심도 없고 재미있어하지도 않는데 거기다 대고 어려운 야구 룰이나 용어를 구구절절 설명하고 있다. 그래 놓고는 야구팬들이 모인 커뮤니티에 가서 여자친구가 야구 좋아하게 하는 방법이나 야구팬인 여자친구를 사귀는 방법 등을 물어보곤 한다.

그 모습이 경제 교육과 참 비슷하다는 생각이 든다. 자본주의 세계에서 돈에 무지하다면 아이 또한 자신과 같은 어려움을 겪게 될 것이 분명하기에 부모는 마음만 앞선다. 아이를 붙잡고 딱히 흥미도 재미도 없을 지루한 경제나 투자 이야기를 늘어놓으면서 말이다.

당연히 아이는 부모의 이런 이야기를 잔소리처럼 여겨 심드렁하게 되고, 그런 모습을 본 부모만 애가 탄다. 정말 중요한 거라 꼭 가르쳐야 하는데 부모 마음을 몰라주는 아이의 모습이 참 야속하기만 하다. 하지만 잘 생각해 보자. 우리나라 아이들은 어릴 때부터 고된 학업에 시달리고 있어서 학교 공부만으로도 버겁다. 그런데 부모가 또 공부해 보라며 가르치려고 하면 아이로서는 당연히 거부감을 느끼게 된다. 그렇기에 경제 교육은 자연스럽게 흥미를 유발하고 스스로 궁금해 지도록 환경을 조성해야 한다.

20대 때 야구를 잘 모르는 회사 언니들과 동생들을 데리고 야구장에 여러 번 간 적이 있다. 내가 선택한 것은 초여름 야간 경기였다. 낮 동안의 더위는 씻겨 나가고 상쾌한 바람이 불기 시작할 때 야구장에서 먹는 치맥의 시원함을 잘 알기 때문이었다. 야구장 내의 맛집에서 여러 가지 음식을 추천해 주고 나눠 먹으면서 수다를 떨다 보면 같이 간 언니 동생들은 자연스럽게 눈앞의 야구에도 관심을 가지게 된다. 이런 환경을 조성한 뒤 먼저 나서서 설명하지 않고 기다린다. 날씨도 좋고 기분도 좋고 배도 부르면 같이 간 언니 동생들은 눈 앞에 펼쳐지는 경기 상황이 궁금해져서 나에게 야구에 대한 질문을 하게 된다. 그때도 나는 물어본 질문만 답해 주고 다시 즐겁게 즐기는데, 그러다 보면 점점 흥미가 생겨나서 질문도 많아진다.

백지상태일 때 많은 것을 설명해 봤자 다 알아듣지 못하기도 하고, 소화할 수 없을 정도로 과한 설명이 들어오면 본능적 거부감을 느낀다. 하지만 환경을 조성한 뒤 궁금증이 저절로 생겨난 다음에 물어본 부분만 하나씩 쉽게 설명해 주면 흥미가 생기고 궁금한 게 더 많아지는 선순환이 생긴다. 이렇게 하루 재미있게 놀고 나면 내가 말하지 않아도 상대는 "다음에 야구장 또 오자"라며 기대감을 갖는다. 결국 흥미를 가지게 하는 것이 가장 중요하며 일단 흥미를 가지게 된다면 그 이후는 재미있게 하나씩 접하면 된다.

경제 교육은 입시 교육과 다르다. 아무리 중요한 내용이더라도 주입식으로 가르치려 든다면 받아들이는 아이는 거부감을 느낄 수밖에 없다. 그렇기에 직접적인 지식을 가르치는 것보다 부모가 보여 주는 것이 중요하다.

부모는 아이의 거울이기에 부모가 모범적인 절약과 재테크를 하게 된다면 아이는 가르치지 않더라도 부모의 행동을 자연스럽게 따라 하며 배운다. 주입식으로 경제 지식을 가르치기보다는 부모가 먼저 행하는 모습을 보여 주고, 엄마와 아빠는 왜 이렇게 행동하는지 아이의 눈높이에 맞춰 이유를 설명해 주면 아이는 '아 그렇구나~ 나도 엄마, 아빠처럼 해야지' 하면서 받아들인다.

학교 공부하듯 지식을 가르치는 것도 아니고 강요하는 것도 아니기 때문에 아이 마음에 거부감이 없으며 오히려 궁금한 것들이 많아진다. 우리집도 이런 환경이 조성되었기에 어릴 때부터 경제 활동에 관심도 질문도 많았다. 엄마와 함께 경제 신문을 읽으면서 모르는 것이 있으면 꼭 물어보기도 했다.

이때 경제를 적극적으로 공부했던 요인은 별게 아니었다. 경제 공부가 꼭 필요하거나 인생을 사는 데 중요하니까 그랬던 것이 아니다. 그저 재밌고 알고 싶으니까 자꾸 들여다보게 되었다. 지식적 접근이 아니었기에 흥미 유발이 쉬웠고, 내 주변을 둘러싸고 있는 어른들이 일관적인 교육 태도로 부담 없이 하나씩 툭툭 던져 주며 가르쳐 줬기에 더 재미있었다.

아이에게 경제 교육할 때 최악의 방식이 주입식 교육이라면 차악은 인위적 교육이다. 이 또한 입시 교육과 일맥상통하는 방식으로 "답은 정해져 있고 너는 정해진 답만하면 된다."라는 것을 은연중에 내비치는 행동이다. 잘못된 방식으로 경제 교육하는 부모가 자주 범하는 오류로 부모가 의도한 정답으로 양몰이 하듯 아이를 몰아가는 교육인데, 아이들이 모를 것 같아도 쉽게 눈치챈다.

나중에 주식 투자나 부동산 투자 단계에 가게 되면 사고력과 통찰력이 정말 중요한데, 이건 하루아침에 이뤄지는 게 아니다. 아이가 어릴 때부터 이런저런 생각을 해 보고 직접 실행하면서 생각이 자라고 배우게 되는 것이다. 그래서 부모가 정해진 답지를 강요해서는 안 되며 아이 스스로 시행착오를 겪어 보는 것이 중요하다.

엄마와 함께 경제 신문을 읽으면서 많은 질문을 했지만, 내가 물어본 모든 물음에 엄마가 답할 수 있는 것은 아니었다. 중학생 때 부동산 관련 기사를 읽다가 '과거에 펼쳤던 부동산 정책 중 토지공개념에 기반을 둔 정책이 있었다'라는 구절이 있어서 토지공개념이 무엇인지 물어본 적이 있다. 이 용어는 성인이 된 지금도 어려운 내용인데 당연히 그 당시 엄마가 바로 답을 주지 못했다.

다만 나에게 어떤 기사에서 그런 용어가 나왔는지 물어본 후, 그 기사를 엄마가 다시 읽어 본 뒤에 "앞뒤 문맥이 이런 내용이니 이 단어는 이런 뜻이 아닐까? 너는 어떤 뜻인 것 같아?" 하고 나에게 물었다. 내 나름으로 짐작하는 뜻을 엄마에게 말했고, 그럼 어떤 내용이 맞는지 다른 기사도 읽어 보자고 했다.

지금처럼 인터넷으로 바로 용어 검색을 할 수 있었던 때가 아니었다. 해당 단어를 기억해 놨다가 그 단어가 나오는 또 다른 기사가 있나 살펴보았다.

유태인의 전통적 교육법 중에 '하브루타'라는 공부법이 있다. 각자가 내용을 분석한 뒤, 짝을 이룬 상대에게 자신의 생각을 설명하고, 상대도 자신의 생각을 설명한다. 그렇게 서로 질문과 답변을 주고받으면서 하나의 정답을 찾아 나가는 과정이다. 우리 아이를 키우면서 그런 교육법이 있다는 것을 처음 알게 되었는데, 생각해 보니 엄마와 내가 경제 신문을 읽으면서 했던 과정이 이와 비슷하게 이루어졌던 것이다.

엄마가 하브루타 교육법을 알고 나에게 행했던 것은 아니다. 그러나 엄마도 책 읽는 것을 좋아했고 외할머니에게 교육받았기 때문에 정해진 정답을 강요하지 않고 내 생각을 자주 물어보며 흥미가 끊어지지 않도록 유도했던 것이다.

엄마와 딸이 같이 읽는
경제 신문

내가 중학교 1학년이 되자 초등학교 때와는 달리 배우는 과목이 많아
졌는데 그중 한 과목이 나의 발목을 잡았다. 국어도 수학도 영어도 아
닌 바로 중학교 때부터 배우는 비주류 과목인 한문이었다. 한문은 국영
수처럼 학원을 다니거나 과외를 받을 수도 없는 과목이었기에 엄마는
신문 읽기라는 한 가지 묘안을 냈다.

어릴 적의 신문은 한자와 한글이 병행 표기되어 있어서 그것을 학
습 자료로 활용한 것이다. 나는 약한 과목인 한문을 보충하기 위해 매
일 신문을 펴고 옥편에서 모르는 단어를 하나씩 찾아보며 한자에 익숙
해지기 위해 노력했다. 비록 한자 공부를 시작한 지 얼마 안 되어 병행

표기가 사라지고 전문이 한글로 발행되었지만, 그 과정에서 얻은 것이 많았던 것 같다.

어릴 적부터 시작한 신문 읽기는 여러 가지 효과를 냈다. 하나는 병행 표기된 한자에 익숙해지는 것이었고, 다른 하나는 시사 상식을 익히게 되어 논술에 대비할 수 있는 지식을 쌓을 수 있었다. 이공계 지망이었기에 문과보다는 논술 중요도가 덜했지만, 앞으로의 입시를 위해서 대비하면 좋은 부분이었기에 중학생 때부터 꾸준히 신문을 읽었다. 하지만 가뜩이나 어려운 신문을 한자 병행으로 읽었기 때문에 한 번 읽으려면 오래 걸렸던 데다가 학교 공부도 해야 해서 늘 시간이 부족했다. 그래서 자연스럽게 관심 없는 기사는 건너뛰게 되었는데, 내가 주로 읽은 쪽은 사회면과 평소에 관심이 많은 경제면이었다.

당시에 내가 읽던 신문은 중앙일보였다. 엄마는 이 신문에 대해 설명해 주면서 "중앙일보는 원래 삼성그룹에서 갈라져 나왔고 혈연관계가 있기에 이 신문에서 삼성과 관련된 기사가 나온다면 이 부분을 감안해서 읽어야 한다"라는 말을 해 줬다. 이때 나는 신문을 읽을 때 기사 내용 그대로 읽어서는 안 된다는 것을 배웠다. 그래서 비판적 사고로 행간 너머에 담긴 의미를 파악하기 위해 노력했고, 이 습관은 지금도 남아서 경제 뉴스의 이면을 해석하고 투자 통찰력을 기르는 데 큰 도움이 되었다. 이후에는 제일 관심이 많은 경제 기사를 집중적으로 읽기 위해 종합 신문에서 경제 신문으로 갈아타게 되었고, 매일 경제 신문을 읽는 이 습관이 성인이 된 지금까지 이어져 온 것이다.

엄마는 경제 신문을 나에게만 읽게 한 것은 아니었다. 본인도 관심이 많았기에 새벽에 온 경제 신문을 엄마가 가지고 가 일하면서 읽었고, 나는 엄마가 퇴근해서 돌아오시면 오늘 할 공부를 다 끝내 놓고 자기 전까지의 여유 시간에 경제 신문을 읽었다. 이 과정에서 모녀가 같은 기사를 읽었기 때문에 나는 엄마에게 이해가 안 되거나 궁금한 기사를 물어볼 수 있었고, 엄마는 어린 내가 알아듣기 쉽게 풀어서 설명해 줬다. 그 과정에서 나는 세계 경제가 어떻게 돌아가는지 이해할 수 있었다.

투자를 직접 하지 않아도 경제 신문을 읽는 것만으로도 간접 체험이 된다. 내가 어릴 때 우리나라에 IMF 외환 위기가 왔는데 그 당시에도 경제 신문을 읽고 있었기 때문에 상황이 어떻게 돌아가고 있는지 실시간으로 지켜볼 수 있었다. 가장 인상적이었던 것은 850원 정도로 거의 고정되었던 원 달러 환율(당시 우리나라는 외환 시장을 개방하지 않고 정부에서 환율을 통제했다)이 1,000원이 넘더니 2,000원이 넘어가는 변화를 경제 신문을 통해 보았던 것이다.

사업을 하던 우리집도 어려움이 왔고 학교에서는 수학여행이 취소되었다. 내가 다니던 학교는 의무적으로 가던 수학여행 외에도 지원자에 한해서 자매결연을 맺은 일본의 한 학교와 방학 때 방문 교류를 할 수 있었는데 그것마저 취소되어 일본에 갈 수 없었다.

반면에 자매결연한 일본 학생들이 우리나라에 와서 우리 학교를 방문하는 것을 보고 '왜 우리는 일본에 못 가고 저 아이들은 한국에 올 수 있지?'라는 의문이 생겼다. 그 과정에서 환율이 실생활에 미치는 영향과 현재 우리나라가 얼마나 심각한 상황인지 어렴풋이 이해할 수 있었다.

이때의 경험은 또렷하게 기억에 남아 2008년 글로벌 금융 위기가 왔을 때 환율 변동을 보고 상황이 어떻게 된 것인지 금세 이해할 수 있었다. 코스피 지수 900포인트였던 주식 시장의 바닥에서 자신 있게 투자를 결정할 수 있었고 펀드 투자로 큰 수익을 낼 수 있었다. 1997년에 직접 투자를 하지 못하는 어린애였어도 경제 신문으로 간접 경험을 했기 때문에 성인이 된 2008년에는 무엇을 해야 할지 본능적으로 깨달았던 것이다.

2020년 코로나 폭락도 마찬가지였다. 반도체 사이클을 따라 투자하고 있던 나는 2017년 슈퍼사이클이 끝나고 침체기가 온 2018~2019년에 걸쳐서 국내와 해외의 관련 주식을 분할 매수했다. 2019년 여름, 일본 반도체 소재 수출 금지 사건 때 주가가 바닥을 찍자 포트폴리오에서 반도체 비중을 더욱 확대하여 대량 매수했고, 2020년 2월 초에 삼성전자가 60,000원으로 올라서면서 평단 30,000~40,000원에 형성되어 있던 나의 주식을 모두 수익 실현했다.

모든 투자 자산을 현금으로 들고 있던 그 상황에서 2월 말 코로나 폭락장이 왔고 이번에도 금세 상황을 이해할 수 있었다. IMF나 글로벌 금융 위기처럼 금융 시스템 자체의 위기는 아니지만, 그렇다고 해서 질병으로 인한 변수가 존재하던 사스(2003년)나 메르스(2013년) 때와는 또 다른 분위기였다.

사스와 메르스 등 기존의 질병들은 치사율이 높은 대신 특정 지역에만 확산되었고 치료제나 백신이 존재했다. 그러나 코로나는 확산 속도도 빠르고 치료제나 백신이 없다는 점에서 그때와는 다르다는 것을 느꼈다. 결정적으로 경제 신문에서 나오는 뉴스 기사의 분위기가 사스와 메르스 때 읽었던 뉴스와 달랐기에 다른 판단을 할 수 있었다.

개인적으로는 세 번째 위기였고 투자자로서는 두 번째 위기 겸 기회였기에 간접 체험했던 IMF나 처음으로 직접 뛰어든 글로벌 금융 위기때보다 코로나 폭락장에서 좀 더 세밀하게 대처할 수 있었다. 그렇게 대처할 수 있었던 것은 이전의 직·간접적 경험이 있었던 덕분이었다. IMF 때 코스피 300포인트, 글로벌 금융 위기 때 코스피 900포인트를 봤기 때문에 코스피 1,400포인트였던 코로나 폭락장이 전혀 무섭지 않았다.

위기가 기회라는 것을 보통 사람들은 알아도 두려움 때문에 들어갈 수 없지만, 어릴 때부터 경제 신문을 읽은 사람은 더 최악이었던 상황도 경험해 봤고, 주식 시장이 반등하는 것을 지켜봤기에 지금 당장 눈앞에서 세상이 무너질 것 같아도 자신감 있게 투자할 수 있었다. 어릴 때부터 읽은 경제 신문 덕에 최대 20년의 간접적 경험이 더 쌓인 셈이다.

세밀한 사건은 달라도 경제 사이클은 일정한 주기로 반복한다. 과거에 직접적으로 경험했거나 간접적으로 경제 신문에서 봤던 비슷한 상황을 바탕으로 투자 판단을 내릴 수 있는 것이다. 이런 내 모습을 보며 주변 지인들은 환생해서 인생을 여러 번 사는 사람이 투자하는 것 같다고 농담하곤 한다. 인기리에 방영되었던 드라마 〈재벌집 막내아들〉의 주인공처럼 말이다. 오랫동안 경제 신문을 보면서 시장을 경험했던 사람은 완벽하게 그 상황을 맞출 수는 없어도, 비슷한 상황에서 힌트를 얻을 수 있는 것이다.

여기까지 이야기하면 대부분 부모는 '우리 아이도 일찍 주식을 가르쳐야겠어요!'라고 생각한다. 이렇게 생각했다면 표면적인 부분만 이해한 것이다. 정작 나는 부모님에게 주식을 직접 배워 본 적이 없으며 가족 중에 주식 투자자는 나 혼자다. 그럼에도 10대에는 예적금, 20대에는 펀드, 30대부터 주식에 투자했고, 투자 실패 없이 계속 큰 기회를 잡고 좋은 수익률을 거둘 수 있었다.

어떤 자산을 일찍 접했느냐, 혹은 직접 투자를 얼마나 빨리 했느냐가 중요한 것이 아니다. 부모님에게 물려받은 무형의 자산은 경제 신문을 통해 오랜 기간 동안 시장 상황을 관심 있게 지켜본 경험과 엄마와의 질답을 통해 깊이 사색하고 공부할 수 있는 환경 그 자체였다. 이것이 구축되어 있다면 언제 어떤 자산으로 투자를 시작하게 될지는 아이가 자신의 속도에 맞춰서 스스로 결정할 수 있다.

부모는 토양을 비옥하게 가꿔 줄 뿐 자녀라는 나무를 직접 자라게 할 수 없다. 이것을 이해하지 못하고 억지로 나무가 자라도록 채근한다면 그 나무는 실속 없이 웃자라거나 자라나더라도 힘이 없어 비바람이라는 위기가 오면 견뎌내지 못하고 꺾일 위험이 있다.

주식이나 부동산 등 투자 그 자체를 어릴 때 가르치려고 하지 말자.

재테크 수단 자체는 내가 대학생 때 엄마에게 펀드 투자를 배웠듯이 성인이 되어서 가르쳐도 충분하고, 직접 가르치지 않더라도 아이가 나중에 관심을 가지고 스스로 공부해도 충분히 익힐 수 있다.

대신 성숙한 어른의 지식과 통찰을 얻을 수 있는 기회는 아이 혼자서는 불가능하다. 부모는 그런 것을 아이에게 나눠 줘야 하며 가르치기 위해서는 부모 또한 공부하고 노력해야 한다.

학업, 독서, 경제 신문으로
투자 기본 소양을 기르자

10대 때, 부모님에게 예적금 외의 투자 교육을 받아본 적이 없다. 그러나 투자하는 방법을 직접 배우지 않았던 것뿐이지 지금까지 서술한 것처럼 다양한 방식으로 재테크에 대한 기본적인 배움을 쌓았고, 20살 이후부터 본격적으로 투자하기 시작했다.

어떤 사람들은 1살이라도 어릴 때 아이가 투자를 배워야 한다는 사람도 있다. 그러나 내가 성장하며 주변에 재테크하는 사람들을 보니, 투자를 일찍 시작한 사람이 돈을 버는 것이 아니라, 투자를 제대로 배운 사람이 돈을 버는 것을 더 많이 보았다. 투자라는 것은 한 번의 실수로도 큰돈을 잃을 수 있는 것이기에 기반이 닦이지 않은 상태에서 시작하는 것이 더 위험하기 때문이다.

10대에는 가장 기본적인 배경지식을 쌓아나가는 것이 중요하다. 학생의 본분인 학업 또한 그러한 배경지식 중 하나다. 실제로 나는 학생 때 배운 지식 덕분에 현재의 투자에도 많은 도움을 받고 있다.

주식 계좌에서 반복적으로 꾸준한 수익률을 올리고 있고, 종잣돈이 불어나는데 가장 큰 공헌을 한 분야가 있다. 바로 반도체 관련 종목이다. 가능했던 이유는 중고등학생 때 이공계를 지망했고, 대학생 때는 전공이었기 때문이다. 수능 공부를 위해서 그리고 학점을 따기 위해서 했던 공부가 어느덧 투자에 가장 많은 도움을 주고 있다.

반도체를 아예 모르는 사람이 투자하려면 공부해야 할 것이 많고, 용어나 개념이 어려워서 이해하는 데 상당한 어려움이 따른다. 반면에 나 같은 사람은 해당 산업에 대한 리포트가 나오면 남들보다 좀 더 쉽게 이해할 수 있다. 고등학생 때 선생님이, 대학생 때 교수님이 말해 줬던 이야기나 전공 과목에서 공부했던 부분을 기억해서 참고할 수 있기 때문이다.

10대의 나는 학교 공부가 투자로 연결될 수 있으리라고는 생각하지 못했다. 그래서 미래에 주식 투자자를 꿈꾸는 10대들에게 나의 경험을 꼭 들려 주고 있다. 주식 투자로 성공하고 싶다면 당장 매수·매도를 어떻게 하는지를 배우는 것보다 투자의 근간이 되는 산업을 이해하는 게 훨씬 중요하다. 그런 산업을 이해하기 위해 먼저 학업에 충실해야 한다.

물론 학업이라는 게 꼭 수능 공부를 말하는 것만은 아니다. 좋은 학교가 반드시 많은 돈을 보장하지는 않지만, 학교에서 배운 지식은 나중에 재테크를 할 때도 보탬이 된다. 그래서 학생일 때 다방면에서 배움을 쌓아 놓으면 본격적으로 투자해야 하는 시기가 되었을 때, 과거에 배웠던 것을 바탕으로 투자에 활용할 수 있을 것이다. 다양한 분야에서 깊게 공부할수록 투자하는 데 있어서 남들보다 더 많은 무기를 지니게 된다.

또한 간과하기 쉬운 것은 투자 소득만이 소득이 아니라는 점이다. 근로 소득이나 사업 소득처럼 몸으로 벌 수 있는 소득도 투자만큼이나 중요한데, 이것이야말로 공부가 뒷받침되어야 한다. 그렇기에 10대의 본분인 학업에 충실한 게 무엇보다 중요한 것이다.

학업이 1차적 배경지식이라면, 2차적 배경지식은 독서라 할 수 있다. 대학교 전공은 하나지만 주식 투자를 하다 보면 딱 한 분야만 투자할 수는 없다. 유망한 산업이나 저평가된 산업이 있다면 그쪽에도 투자해야 하는데 잘 모르는 분야에 투자할 수는 없는 노릇이다. 그렇다면 이 분야를 공부해야 하는데, 가장 손쉬운 방법이 독서다.

주식 투자를 오랫동안 해 본 사람은 동의하겠지만 특정 산업을 깊게 이해하려면 정치, 경제, 역사, 국가 간 외교 관계, 지리적 배경 등 다방면의 지식이 다양하게 활용된다. 주식 투자와 전혀 관계없어 보이는 지식도 필요할 때가 오기 때문에 투자를 위한 독서에는 제한이 없다. 잡학다식한 사람일수록 투자하는 데 있어서 선택의 폭이 넓어지는 것이다.

자산의 종류가 다를 뿐 부동산도 기반을 닦는 부분에 있어서 학업과 독서는 필수 불가결하다. 어떤 지역의 입지라는 것은 지리적 위치와 같은 고정된 요소도 있고, 사회 문화적으로 변동하는 요소도 있는데, 과거의 문헌이나 기록에서 이런 것들을 참고할 수 있기 때문이다.

관련 기록을 공부하다가 느낀 것은, 예전에도 좋았던 지역은 그 지역이 가진 특유의 장점이 있어 지금도 좋을 수밖에 없다. 주식으로 말하면 이것은 기업의 내재 가치와 비슷한데, 이런 것을 공부하다 보면 부동산에서 왜 1급지와 그 외 급지의 격차가 많이 날 수밖에 없는지 알게 된다.

어린 시절 글자로 된 것은 뭐든지 읽었다. 문학, 비문학, 잡지, 경제신문, 심지어 만화책도 많이 봤다. 보통 학업에 도움이 되는 책은 권장해도 그렇지 못한 책은 배제하기도 하는데, 우리집은 어떤 책이든 존중했다.

어릴 때부터 책 읽는 습관이 자리 잡은 이유는 특별할 것이 없다. 부모가 책을 좋아하고 많이 읽으면 아이도 자연스럽게 그 모습을 따라 하게 된다. 또한 책을 매개로 부모와 아이 사이에 대화의 물꼬를 자연스럽게 틀 수 있어서 흥미가 끊어지지 않는다.

중학교에 입학할 때쯤 엄마는 본인이 가장 좋아하는 작품인 앙드레지드의 《좁은 문》과 샬럿 브론테의 《제인 에어》를 추천했다. 엄마의 취향이라던 고전 소설들은 내게도 정말 좋은 작품이었던 터라 이 책을 읽고 주인공에 대해 엄마와 이런저런 이야기를 나누었던 기억이 있다.

이건 경제 신문을 읽을 때도 마찬가지였다. 경제 신문은 어른들에게도 어려운 내용이 많아 아이가 혼자 습관을 유지하기 힘들다. 그러나 당시 중학생이던 내가 이 습관을 유지할 수 있었던 이유는 엄마와 함께 경제 신문을 읽었기 때문이다.

마라톤에서 선수가 더 좋은 기록을 낼 수 있도록 옆에서 같이 뛰어주는 존재를 '페이스메이커'라고 한다. 나는 이 단어가 부모의 역할을 가장 잘 설명하는 단어라고 생각한다. 같은 책을, 혹은 같은 날짜의 신문을 모녀가 같이 읽었기 때문에 궁금한 부분은 언제든지 물어볼 수 있고, 어렵고 힘들더라도 포기하지 않고 꾸준히 할 수 있었던 것이다.

우리집은 독서량 자체에 집착하지 않았다. 몇 권을 읽었는지 세지 않았던 이유는 그게 중요하지 않았기 때문이다. 별로인 책은 한 번 읽고 잊어버리지만 정말 좋아하는 책은 열 번 이상 반복해서 읽기도 했는데, 거듭해서 읽는 과정에서 읽을 때마다 느껴지는 것이 달랐다.

독서는 사실 읽는 행위 자체가 중요한 것이 아니다. 글을 읽고 그것을 바탕으로 사고를 확장해 나가는 과정이 뒤따르지 않는다면 그 책에 담긴 정수를 온전히 받아들일 수 없다. 그래서 단 한 권의 책을 읽더라도 내용을 곱씹어보고 나에게 맞춰서 지식을 소화하는 과정이 필요하다.

재테크 책 100권 읽기 등을 도전하는 사람을 안타깝게 보는 이유도 여기에 있다. 부자들이 책을 통해 인생을 배우고 투자의 지혜를 얻었다는 말에 많은 책을 읽으면 자신의 인생도 드라마틱하게 변할 것이라 생각하기 때문이다. 실상 독서의 본질은 몇 권의 책을 읽었는지가 아니라 그 책을 읽고 얼마나 자신의 몫으로 소화했고, 폭넓게 사고를 확장했느냐가 중요한 것이다.

경제 신문도 읽는 것 자체가 중요한 것이 아니라는 말을 늘 하곤 한다. 담긴 내용을 입시 공부하듯 밑줄 치면서 읽는다고 투자를 잘할 수 있는 것이 아니기 때문이다. 특히나 10대 청소년이 경제 신문을 읽으면 공부하던 습관 때문에 그렇게 하기 쉬운데, 당장 내용을 다 이해하지 못해도 괜찮으니 부담 갖지 않고 가볍게 읽는 습관을 갖게 하면 좋다. 지금은 이해하지 못하더라도 거듭해서 읽는 과정에서 자연스럽게 스며드는 것이 중요한 것이다. 물방울이 오랜 시간 떨어지면 크고 단단한 바위도 뚫는 법이다.

경제 신문을 가볍게 읽되, 생각은 무겁게 해야한다. 읽는 시간이 1이라면 생각을 10만큼 하는 것이다. 그래서 신문은 한 번 읽고 치워버리더라도 읽고 떠오른 여러 가지 생각을 투자 노트에 반드시 메모한다. 순간적으로 지나가는 생각은 휘발성이 강해서 그 당시에 메모하지 않으면 금방 잊어버리기 때문에 수첩을 가지고 다니면서 메모하거나 스마트폰 메모장을 이용하곤 한다.

여전히 나는 시간이 나는 대로 책을 자주 읽고 경제 신문도 꾸준히 보고 있다. 투자와 직접적 연관이 있는 책에서는 투자 아이디어를 얻을 수 있기에 당연히 읽지만, 투자와 직접적 연관이 없는 인문학이나 사회과학도 읽는다. 투자는 세상에 존재하는 모든 것들이 대상이 되기 때문이다.

은행은
즐거워

어릴 적 우리집 근처에는 조흥은행(2006년 이후 신한은행에 합병)이 있었다. 은행 출입이 잦은 엄마를 따라 꼬맹이 때부터 이곳에 자주 드나들었던지라 나에게 은행은 너무나 친숙한 공간이었다.

중학생 때부터는 사업하느라 바쁜 부모님 대신 심부름으로 간단한 은행 업무를 보러 가기도 했고, 때로는 내 이름으로 된 통장에 돈을 넣기 위해 스스로 방문하기도 했다. 특히 설날에 세뱃돈을 받으면 정말 갖고 싶었던 물건을 산 뒤 남은 돈은 연휴가 끝나길 기다렸다가 엄마에게 내 이름으로 된 통장을 받아서 은행으로 향하곤 했다.

어린 나이부터 은행에 익숙해지면 어떤 일이 생길까? 경험자로서 말하자면 금융 기관과 투자에 대한 심리적 장벽이 허물어진다. 초등학생 때까지는 엄마에게 부탁해서 돈을 입금했고, 중학생부터는 혼자 은행에 드나들곤 했는데 그 당시에 보호자 없이 은행에 와서 일을 보는 중학생은 오직 나 혼자였다.

그때는 못 올 곳에 온 것마냥 긴장해서 뻣뻣하게 앉아 있다가 통장에 세뱃돈을 입금하고 집으로 돌아오곤 했다. 그러나 자주 은행에 드나들면서 그 공간 자체가 친숙해지자 내 차례를 기다리며 은행에 있는 사람들과 사물을 하나씩 관찰하기 시작했다.

한쪽 벽에 꽂힌 금융 상품 책자도 처음에는 손대도 되는지 몰라서 어린 마음에 눈치만 봤는데, 다른 어른들이 자유롭게 가져가는 것을 보면서 나도 하나씩 꺼내서 그 안에 담긴 금융 상품에 대한 설명을 읽기 시작했다.

처음에는 심심해서 대기 시간에 읽기 시작한 거였지만 나중에는 내용이 궁금해져서 더 알고 싶어졌다. 이후에는 은행 직원에게 궁금한 부분을 물어봤는데, 어리다고 무시하지 않고 설명을 잘해 주서서 어떤 종류의 금융 상품이 있고 특성은 무엇인지 공부해 볼 수 있었다.

이러한 습관은 성인이 되어도 마찬가지였다. 어릴 때부터 은행에 드나드는 게 일상이었기에 약속 장소에 너무 일찍 나왔거나 중간에 시간이 붕 뜨면 근처에 서점이나 아니면 은행에 가서 시간을 보내는 게 자연스러웠다. 은행 직원도 아닌데 새로 나온 금융 상품에 관심을 가졌고, 궁금한 게 생기면 바로 물어보았다.

결혼해서는 신혼 생활을 온갖 금융 기관이 모인 여의도에서 시작했기 때문에 투자자인 나에겐 천국과 같은 환경이었다. 당시에 주식 투자 경험이 없었고, 펀드 투자만 할 줄 알았기에 종잣돈을 펀드에 투자해 놓은 채 한참 주식을 공부하고 있었다.

어차피 펀드 투자를 하면 증권사를 드나들 수밖에 없기에 펀드 업무로 증권사 객장에 방문하면서 겸사겸사 주식도 물어보는 식이었다. 경제 신문이나 재테크 서적이 주된 학습 자료였지만, 실전에서 생기는 여러 가지 궁금한 부분을 가르쳐 준 것은 증권사 직원들이었다.

신혼 시기는 글로벌 금융 위기 이후 주식 시장이 폭락한 상황이라 여의도역 사거리를 걷는 증권맨의 얼굴에 온통 수심이 가득 차 있었다. 아무도 주식 투자를 하는 사람이 없었고, 증권사 객장은 고객보다 직원이 더 많을 정도로 파리 날리던 시기였다.

더구나 당시에는 증권사에 드나드는 사람 중에 나와 같은 20대 여성은 눈 씻고 찾아볼 수가 없어서 나는 꽤 튀는 존재였다. 그럼에도 어릴 때부터 금융 기관을 내 집 드나들 듯 갔기에 증권사 또한 눈치 보지 않고 자신있게 다닐 수 있었다.

내 입장에서는 공부하기 좋은 시기였고, 증권사 직원들 입장에서는 얼마 안 되는 고객 중 하나였기에 나의 질문에 시간을 들여 정성껏 대답해 주곤 했다. 객장에 손님 자체가 없어서 이것저것 물어보기에도 눈치 보이지 않아 부담이 없었다. 당시에 20대가 주식에 관심을 가지고 찾아온 것 자체가 드물어서 그런지 초보자의 질문에도 증권사 직원들이 친절하게 가르쳐 주었다.

부지런히 금융 기관을 다니며 주식 투자를 공부하던 이때, 나는 우연한 기회에 금융 기관 PB센터에서 잠깐 서비스를 받아 볼 수 있었다. 그 당시 자산이 PB센터에 들어갈 조건은 아니었으나, 20대가 투자 공부하는 모습을 좋게 본 것인지 아니면 시간이 나서 그랬는지는 모르겠지만 잠깐이나마 이용해 볼 수 있었고, 이 경험이 나에게 큰 동기부여가 되었다.

물욕이 적어 백화점 VIP 같은 건 부러워해 본 적은 없었지만, 금융 기관에서 받는 특별 대우는 내 마음을 흔들었다. 어릴 때부터 은행은 나에게 즐거움을 주는 친숙한 공간이었고, 돈을 모으고 불리는 것을 잘하기 때문에 내가 30대, 40대가 되면 저 PB센터에 정식으로 들어가도록 성과를 내야겠다는 결심을 하게 되었다.

좋아하면 잘하게 되고, 잘하면 더 좋아하게 된다. 이런 경험을 해 봤기에 나는 내 아이도 금융 기관에서 즐거움을 찾을 수 있도록 가르치고 있다.

은행과
친해지는 법

우리 아이를 아기 띠에 데리고 다닐 때부터 반드시 같이 간 곳이 두 군데가 있다. 하나는 마트와 시장이었고, 다른 하나는 은행과 증권사이다.

마트에서의 나는 아이에게 수다쟁이가 된다. 아무 말도 하지 못하는 갓난아이일 때부터 마트의 이런저런 물건을 아이에게 보여 주고 이야기를 들려 줬다. 마트의 물건은 눈에 보이는 것들이기에 아이의 주의를 끌기 쉽고, 마트에서 할 수 있는 이야기는 아이도 알아듣기 쉬웠다. 반대로 은행에서는 아이에게 아무런 말도 해 주지 않았다. 이건 두 장소의 성격이 다르기 때문이다.

마트나 시장은 아이가 평소에 좋아하는 시장 놀이의 연장선상에서 이루어진다. 어떤 물건을 사는 게 좋은지, 가격은 얼마인지 다양한 정보가 아이의 귀에 익숙해지고, 이를 통해 소비를 배울 수 있게 된다. 그러나 은행과 증권사는 아이 기준으로 내용이 어렵기에 자칫 잘못하면 학습으로 받아들여질 수 있어서 보다 신중한 접근이 필요하다.

내가 어릴 때 금융 기관에서 즐거움을 느꼈듯이, 아이에게 가르쳐 주고자 한 것은 딱딱한 금융 지식이 아니라 은행은 즐거운 곳으로, 좋은 일이 생기는 장소라는 기억을 심어 주고 싶었다. 은행을 데려갔을 때 무언가를 가르치기보다는 엄마가 은행에서 즐겁게 돈을 모으고 투자로 수익을 내는 모습을 보여 주고, 어깨너머로 어떻게 돈을 모으고 불리고 있는지 지켜볼 수 있는 기회를 줬다.

아기 띠에 매달려서 은행에 왔던 아이는 엄마의 손을 잡고 아장아장 걷다가 어린이집 가방을 들고 왔고 이제는 학교 책가방을 메고 온다. 아이가 은행에 와서 딱히 할 일은 없지만 공간 자체를 친숙하게 느끼길 바랐다. 한참 코로나로 인해 은행에 가지 못할 때 아이는 자신의 분홍색 저금통을 가져와서 "은행에 언제 가요? 이거 저금하러 가야 하는데"라는 말을 꺼냈다. 그동안 은행에 별다른 말을 하지 않았던 아이가 코로나로 인해 은행에 놀러 가지 못하게 되면서 애착과 아쉬움을 드러냈다. 아이도 나처럼 금융 기관을 좋아하게 된 것이다.

은행에서 순번을 기다릴 때, 아이는 심심해하며 창구에 비치된 사탕 하나를 입에 물고 오물거리다 무슨 내용인지도 모르고 은행에 비치된 책자를 보기 시작했다. 한글을 모르는 어린애일 때는 알록달록한 그림을 봤고, 한글을 배우면서부터는 그 안에 자신이 아는 글자가 있는지 찾아보기 시작한다.

어릴 때 내가 은행에서 했던 행동을 비슷하게 따라 하는 아이를 보면 여러 가지 생각이 든다. 금융 기관에 대한 좋은 기억이 어릴 때부터 반복되면 아이가 은행과 친숙해지고 금융 상품과 투자 대상에 점차 관심을 가지게 되는 것이다.

어릴 때 저축하라는 말을 들어 본 적이 없다. 저축은 내가 하고 싶을 때 돈이 모이면 하는 것이었기 때문이다. 그럼에도 경제 교육을 통해 소비를 절제했기에 돈은 자연스럽게 모였다. 마찬가지로 우리 아이에게도 저축하라는 말을 해 본 적이 없다. 다만 현명한 소비를 하는 방법을 가르치고 어릴 때의 나처럼 금융 기관을 좋아할 수 있는 환경을 조성해 줬다.

저축이 중요하지 않다거나 경제 교육할 때 저축을 가르치지 말라는 것이 아니다. 통장에 어떻게 돈을 넣는지 돈은 어떻게 모으는 것인지 방법 자체는 가르쳐 주되, 저축하라며 아이에게 권유를 가장한 은근한 지시를 하지 말라는 것이다.

요새는 우리 때처럼 빨간 돼지 저금통이 아니라 동전을 넣으면 다양한 소리나 리액션을 볼 수 있는 전자 저금통이 많다. 우리 아이는 은행을 좋아하는 것만큼이나 저금통에 동전을 넣는 것을 좋아했다. 돈의 가치를 조금씩 깨닫게 되면서 집안에 굴러다니는 동전이 보이면 자신의 저금통에 넣기 시작했다.

남편은 동전을 아무 데나 두는 버릇이 있었다. 아이가 어릴 때는 동전을 삼킬까 봐 주의를 줘도 잘 고쳐지지 않던 버릇이 아이가 어느 정도 커서 집 안에 있는 동전을 모두 모아다가 자신의 저금통에 넣기 시작하자 남편 또한 동전 관리에 신경 쓰기 시작했다.

아이가 저금하는 행위 자체를 좋아하는 게 눈에 보여서 가끔은 모른 척 집안 곳곳에 동전을 일부러 놔두기도 한다. 그러면 아이는 마치 보물찾기를 하는 것처럼 더 열심히 찾아서 저금통에 넣는다. 그리고 이렇게 모인 동전들이 저금통을 어느 정도 채우면 마치 전리품처럼 저금통에 있는 돈을 챙겨서 은행으로 가는 것이다.

군이 부모가 저축을 강조하지 않더라도 절제하는 방법을 알고, 금융 기관에 친밀함을 느끼며, 저금통에 동전을 모으는 재미를 알게 될 때, 아이는 자발적으로 재테크를 시작하는 것이다.

최고의 놀이터,
시장과 마트

아이가 처음 나와 함께 시장이나 마트에 간 것은 아기 띠에 안겨 있을 때부터였다. 내가 어릴 때 엄마를 따라 시장에 가서 이것저것 사고 흥정하는 것을 보면서 간접적으로 배운 게 많았기 때문이다. 아이는 학습보다 경험에서 더 많은 것을 배우기에 부모인 내가 장 보는 모습을 꾸준히 노출하면서 아이가 따라 하길 바랐다.

장 볼 때 반드시 사전에 필요한 것을 메모한다. 메모지에 할 때도 있고, 생각날 때마다 휴대폰 메모장에 적을 때도 있다. 장을 보기 전에 구입 리스트를 확정하고, 가서는 메모한 리스트 내의 품목만 구입을 하기에 아무리 할인을 하더라도 충동구매를 거의 하지 않는다.

지금 당장 할인 품목을 사는 것보다 할인을 하지 않더라도 그 물건이 필요해졌을 때 사는 게 결과적으로는 돈을 덜 쓰게 된다. 그런 논리에서 나는 1+1, 2+1 상품도 거의 사지 않는다. 내가 지금 필요한 게 한 개라면 한 개만 사는 게 돈을 더 절약하는 일이다.

장을 다 보고 나면 계산대로 향하기 전에 다시 한번 장바구니나 카트를 전체적으로 확인한다. 분명 순간적으로는 필요할 것 같아서 카트에 담았지만, 최종적으로 계산하기 전에 한 번 더 살펴볼 시간을 가지는 것이다. 그러면 놀랍게도 이건 안 사도 될 것 같다 싶은 품목이 한두 개쯤은 꼭 나온다. 그런 것들을 제자리에 돌려놓은 뒤 계산하러 간다.

계산한 후에는 그 자리에서 반드시 영수증을 확인한다. 사람이 하는 일이기 때문에 바코드를 한 번 찍을 것을 두 번 찍는다거나 엉뚱한 바코드를 찍는다거나 하는 등의 실수가 있기 때문이다. 영수증을 확인했다면 혹시 모를 환불을 생각해서 일정 기간 동안 영수증은 지갑에 잘 보관해 둔다. 여기까지가 나의 장 보기 루틴이다.

나와 함께한 아이는 엄마의 이런 모습을 옆에서 계속 지켜본다. 아기 띠에 안겨 무슨 상황인지 아예 이해하지 못하는 나이부터 시작하여 카트를 유모차처럼 타고, 그 후에는 엄마의 손을 잡고 걸어 다니다가 나중에는 함께 카트를 민다.

아무 말도 하지 못하는 갓난아이일 때부터 마트의 여러 가지 물건을 아이에게 보여 주고 이야기를 들려 줬다. 평소에 말이 많은 편은 아니지만 아이를 데리고 다닐 때는 의도적으로 수다쟁이가 되기 위해 노력했다. 마트의 물건들은 눈에 보이는 것들이기에 아이의 주의를 끌기 쉽고, 이곳에서 부모가 해 주는 이야기들은 아이도 알아듣기 쉬운 내용이라 기억에 오래 남는다.

이런 믿음이 있었기에 우리 아이가 아직 말을 못 하던 어린아이일 때도 장을 보면서 별별 이야기를 다 했던 것 같다. 똑같은 제품인데 그램당 가격이 다른 두 가지 상품을 보여 주면서 "이 소스가 이 소스보다 싸니까 엄마는 이것을 살 거야"라거나 "햄은 돼지고기 비율이 높은 게 더 맛있으니까 비싸도 이것을 사야 해"라는 식으로 내가 이 물건을 사는 이유를 일일이 설명해 줬다.

이 과정에서 스스로 납득할 수 있는 소비를 했고, 아이도 반복적으로 들으면서 자연스럽게 현명한 소비를 배워 나갔다. 엄마나 시어머니와 함께 장을 보면서 소비 교육을 이렇게 받았기에 나 또한 우리 아이에게 그대로 가르친 것이다.

한번은 마트에 같이 장을 보러 갔을 때 아이가 어떤 물건을 가리키며 "엄마, 이게 더 싸"라고 말하는 것을 보고 깜짝 놀랐다. 아이가 아직 말을 하지 못하던 어린아이일 때 샀던 물건인데 말로 표현하지 못할 때에도 내가 사는 것을 지켜보았던 모양이다. 그래서 몇 년이나 지난 뒤에도 그 물건이 기억에 남아 나에게 말해 준 것이다.

아이는 부모의 언어적 행동만 기억하는 것이 아니라 비언어적 행동도 기억하고 따라 한다. 계산대에서 계산하고 있는 사이에 물건을 장바구니에 담기도 하고, 물건을 담느라 영수증 챙기는 것을 깜빡할 때는 자기가 직접 받거나 나더러 영수증을 받으라고 재촉하기도 한다. 언젠가는 영수증을 유심히 살펴면서 "뭐 빠진 게 없나?"라며 나를 흉내 내어 웃음이 터진 적도 있다.

오랫동안 부모와 소비 활동을 함께하면서 아이는 어떤 게 올바른 소비이고 어떻게 돈을 써야 하는지 자연스럽게 체득한다. 이렇게 학습된 소비 루틴은 무의식에 남아서 아이 혼자서 소비하는 상황이 오더라도 부모가 했던 행동을 그대로 따라 하게 되는 것이다.

아이와 장 보는 것을 좋아한다. 물건을 사고 돈을 소비하는 것에서 기쁨을 느낀 게 아니라 어떤 물건이 있나 구경하고 그 물건에 대해 아이와 이야기를 나누고 시세를 파악하는 것에 즐거움을 느낀다. 아이도 장 보는 것을 좋아해서 시장 간다고 하면 무조건 따라나섰는데, 마트뿐 아니라 도매 시장 가는 것도 좋아한다.

조금이라도 싸고 싱싱한 식재료를 사기 위해 농산물, 청과물, 수산물 등 신선식품은 도매 시장을 이용하고 있는데, 이곳에는 아이가 좋아하는 장난감이나 과자 같은 게 없음에도 아이는 좋아한다. 사 달라고 조르기 위해서 따라가는 것이 아니라 물건을 구경하고 가격을 지불하는 등 일련의 과정을 좋아하기 때문이다. 평소에 잘 볼 수 없는 신기한 물건들이 가득한 도매 시장은 우리 아이에게 좋은 놀이터였다.

남자아이든 여자아이든 어릴 때 반드시 하는 역할 놀이가 있는데 바로 시장 놀이다. 간단하게는 장바구니 장난감도 있고, 밀고 다닐 수 있는 쇼핑 카트에 원목 진열대나 아이 키만한 계산대를 갖춘 본격적인 놀이 도구도 많다. 이 놀이를 집에서 장난감으로만 하는 게 아니라 진짜 시장이나 마트에 가서 아이가 직접 경험해 볼 수 있는 기회를 꾸준히 준 것이다.

우리 아이는 유독 시장 놀이를 좋아해서 어릴 때 오래도록 가지고 놀았다. 아이와 이 놀이를 할 때 다양한 상황을 제시하며 경제 교육을 했다. 단순히 놀아 주는 것에서 끝나는 게 아니라 실제로 물건을 사고, 파는 과정에서 있을 법한 상황을 제시하며 아이가 어떻게 행동해야 할지 스스로 생각해 보는 기회를 종종 제시하곤 했다.

물건을 사러 왔는데 생각지 못한 물건이 할인을 해서 사고 싶다거나, 장을 보러 왔는데 지갑을 놓고 왔다거나, 계산하려는데 가져온 돈이 모자란다거나 하는 등 소비자로서 겪을 수 있는 상황을 아이의 눈높이에서 제시해 보는 것은 기본이다. 물론 상황을 너무 억지스럽게 설정하면 거부감을 줄 수 있기 때문에 적당한 선에서 해야 한다. 그래서 실제로 아이와 같이 장을 봤을 때 겪었던 내용을 각색해서 놀이 상황에 적용해 보면 좋다.

아이는 분명 마트에서 부모의 대처를 눈으로 보아서 기억하고 있을 것이다. 따라서 시장 놀이할 때 동일한 상황이 제시된다면 부모의 행동을 기억해서 그대로 따라 할 것이다. 이를 통해 한 번 더 복습하는 효과를 주자. 만약에 적절한 대답이나 행동을 하지 못하더라도 채근하지 말

자. 적절한 대답을 똑 부러지게 하는 것이 중요한 게 아니라 이런 상황에서 어떤 게 올바른 행동인지 한 번 더 생각해 볼 수 있는 기회를 주는 것이 중요하기 때문이다.

더 나아가서 판매자의 입장에서도 상황을 제시하곤 한다. 내가 손님이고 아이가 판매원이 되었을 때 물건을 팔아야 하는데 재고가 떨어진 물건을 손님이 요구한다거나, 우리 가게에서 500원에 파는 물건을 옆 가게에서 300원에 판다거나 하는 상황을 설정해 보는 것도 재밌다.

판매자의 입장이 되어 보는 것은 짧게 보면 기업의 마케팅에 속지 않기 위해 그들의 입장이 되어 보는 것이기도 하지만, 멀리 보면 사업가나 기업의 주주 입장에서 상황을 바라보는 연습을 해 보는 것도 중요하기 때문이다.

나는 장 보는 것을 좋아하고, 해외여행에서도 그 나라의 시장과 마트를 꼭 들르는데, 이는 무언가를 구입하기 위함이 아니다. 주식 투자하는 개인 투자자이며 사업을 하는 사람이기에 그런 시선으로 시장과 마트를 바라보면 흥미로운 공부 거리가 잔뜩이다. 실제로 이런 탐색 과정을 통해서 좋은 종목을 잡아 투자 수익을 거뒀던 경우도 있었다.

사람은 서 있는 위치에 따라 하는 생각도 달라진다. 단순히 소비자로서 어떤 물건을 살지 고민하는 것에서 벗어나 어떤 물건이 유행하거나 각광을 받고 있는지 분석해 보는 사람은 사업가의 눈을 가질 수 있다. 또한 어떤 기업의 매출이 늘어나고 소비재 산업 구조가 어떻게 변하는지 읽는 노력을 하는 사람은 기업의 주주로서 성공적인 주식 투자를 할 수 있게 될 것이다.

　마찬가지로 아이에게도 마트와 시장은 좋은 놀이터이자 경제 교육의 첫걸음이 되는 장소다. 부디 첫 단추를 잘 꿰어서 아이가 기업의 마케팅 전략에 속지 않는 현명한 소비를 할 수 있도록 가르치자. 또한 성인이 되었을 때 마트와 시장에서도 투자 기회를 엿볼 수 있는 투자자나 사업가가 될 수 있었으면 한다.

남의 일을 해 주고
돈을 받아올 때

대학교에 들어간 나는 전공 과목 공부량이 많았기에 대부분 시간을 학업에 할애했다. 다행히 대학교 학비는 부모님이 대줬지만, 용돈은 스스로 해결하고자 과외 아르바이트나 방학 때 단기 아르바이트 등으로 내노동의 대가를 제공하고 돈을 받는 일을 시작했다.

처음 아르바이트를 했을 때 엄마는 나에게 여러 가지를 당부했다. 약속된 시간을 잘 지키고, 일할 때 성실히 최선을 다하며 어지간한 일이 아닌 이상 쉽게 그만두지 말라고 했다. 부모님이 사업을 하시고 직원을 고용하고 있었기에 고용주 눈에 좋은 점수를 줄 수 있는 직원의 요건을 말씀해 주신 거였다.

취업을 했을 때도 마찬가지였다. 엄마는 최소 1년은 한 회사에서 버틸 것을 요구했는데, 회사를 위해서가 아니라 나 자신을 위해서였다. 그 정도의 기간은 한 회사에 머물러야 커리어로 인정받을 수 있다는 거였다.

내가 다녔던 업종은 IT 계열이었기에 이직이 잦을 수밖에 없었고 아무도 그것을 이상하게 생각하는 사람이 없었다. 하지만 엄마의 말을 듣고 나는 어떤 회사에서 일하든 최소 1년은 채우기 위해 노력했다. 그리고 해당 회사의 문화나 그 회사 내에서 나의 일을 완전히 익힌 뒤에 그 커리어를 바탕으로 연봉을 올려 다른 회사로 이직했다.

경력자 면접을 하다 보면 반드시 이전 회사에 대한 이야기와 이직 사유에 대한 이야기가 나오게 된다. 그때 이런 생각을 내비치며 회사와 내가 맞지 않는 부분이 있더라도 1년 이상 부딪치며 일을 배우고 안 맞는 부분을 개선하기 위해 노력한 부분을 강조했다. 그 덕분에 성실한 사람으로 인식되었는지 비교적 수월하게 이직을 할 수 있었고, 이전 회사의 연봉과 그 회사에서 어려운 상황에서도 열심히 일한 게 참작되어 몸값을 계속 올렸다.

사실 이것이 근로 소득을 올릴 수 있는 아주 기본적인 메커니즘 중에 하나다. 당연히 실력이 뒷받침되어야 하지만 탁월하게 뛰어난 실력자가 아닌 이상 고용주 입장에서는 일을 배울 자세가 있는 사람을 뽑을 수밖에 없다. 사실 '어떤 상황이 주어지더라도 도망치거나 회피하지 않고 적어도 1년 정도는 버텨 낸다'면 실력은 어느 정도 따라온다.

20대에 이렇게 행동하긴 했지만 부모님의 조언을 받아들인 것뿐, 이 말의 진정한 의미를 당시에는 깨닫지 못했다. 그러나 남편과 함께 사업을 하면서 왜 그런 사람을 뽑아야 하는지 확신을 가지게 되었다. 그래서 사람을 뽑을 때 경력에 비해 자주 이직한 사람은 서류에서 거르게 되고, 실력은 있는데 이직이 잦다면 면접에서 합당한 사유가 있는지 꼭 물어보게 되었다.

엄마는 입버릇처럼 "남의 돈을 벌기란 결코 쉬운 일이 아니다"라는 말을 했고, 시어머니도 "남의 주머니에서 돈을 가져오는 건 어렵다"라는 말을 했다. 근로자도 마찬가지지만 사업자라면 더욱 뼈저리게 느끼게 되기에 사업을 하시는 양가 어머님들이 저렇게 말씀했던 것 같다.

사업자는 고객이나 거래처에서 돈을 받아오기 위해 노력해야 하고 직원들에게는 능력에 합당한 돈을 지급하기 위해서 노력해야 한다. 필연적으로 돈을 받는 쪽과 지불 하는 쪽 두 가지 입장에서 생각해 보게 되기에 시야가 보다 넓어질 수밖에 없다. 누군가가 자발적으로 자신의 돈을 나에게 근로 소득이나 사업 소득으로 내 주길 바란다면 나 또한 남들과는 다른 빼어난 노력을 해야 한다.

최근 사회 초년생들이 한 쪽에서는 취업난에 어려움을 겪고 있는 반면, 다른 한 쪽에서는 힘들게 취업한 회사를 금세 그만둔다고 한다. 그만두지 않더라도 회사에서는 영혼 없이 대강 일하다가 집에 와서는 투자 공부하면서 재테크를 통해 부자가 되는 것을 꿈꾼다. 아니면 언젠간 퇴사 후 하고 싶은 사업을 하면서 부자가 되는 꿈을 꾸기도 한다.

회사를 다니면서 열심히 일했던 것이 나중에 사업을 할 때 다방면에 도움이 되었던 경험이 있다. 업종이 전혀 다른 데도 도움이 되었던 이유는 일정 규모 이상의 회사 내부 시스템은 업종과 상관없이 비슷하기도 하고 회사 일을 처리하는 과정에서 어려움이 생겼을 때 버텨 낼 수 있는 정신력과 문제가 발생했을 때 최대한 스스로 해결할 수 있는 문제 해결력을 길러 주기 때문이다.

역설적이지만 평생 회사 생활을 하려는 사람은 오히려 대충 일해도 된다. 시키는 일만 영혼 없이 하면서 매달 월급만 받아 가면 되기 때문이다. 그러나 언젠가는 회사를 퇴사하고 내가 하고 싶은 일을 하려고 준비하는 사람이라면 회사에 있을 때 최대한 열심히 일하면서 뽑아 먹을 수 있을 만한 노하우는 몸으로 익혀서 다 빼 오는 것이 좋다.

회사는 그런 것을 다 배우면서 돈도 받을 수 있는 곳이기 때문이다. 반대로 회사에 나와서 사업을 하거나 프리랜서가 되고 나서 무언가를 배우려면 나의 시간과 돈을 모두 써야 한다. 회사에 있을 때 회사 일을 열심히 일하면서 미래를 준비하는 게 더 현명하다. 이러한 행동은 회사를 위해서가 아니라 나 자신을 위해서라는 것을 잊지 말자.

게다가 회사와 재테크를 병행할 때 왜 꼭 하나만 선택해야 한다고 생각하는 건지 모르겠다. 나는 어릴 때부터 계속 재테크를 했고, IT 회사였기에 야근, 철야, 주말 출근이 잦았다. 그러나 회사 생활을 하느라 재테크를 하지 못한 적은 없었다. 그 둘은 원래 함께 들고 가는 것이다.

일은 일대로 열심히 해서 몸값을 올리고 재테크는 재테크대로 하는 것이 맞다. 투자가 힘든 시기에는 매달 고정적으로 들어오는 근로 소득이 힘이 되어 주고, 회사가 힘들 때는 크게 불어나는 투자 소득이 내 어깨를 가볍게 해 주는 상호 보완적 관계이기 때문이다.

2022년 버크서 해서웨이 주주 총회에서 한 소녀가 워런 버핏에게 이런 질문을 했다. "만약에 딱 한 종목만 선택해서 투자한다고 하면 어떤 종목을 선택하겠는가?"라는 질문이었다. 그 질문에 워런 버핏은 "당신이 최고가 된다면 사람들이 당신에게 앞다투어 돈을 지불하려고 할 것이다. 당신 스스로 갈고 닦은 능력은 누가 빼앗을 수도 없고 사라지지도 않는다"라면서 최고의 투자는 자신을 성장시키는 것이라고 말했다.

모든 재테크의 기본은 근로 소득에서 출발한다. 회사를 들어갔는데 정말 이상하다면 빨리 다른 대안을 모색해야 하겠지만, 고르는 회사마다 마음에 안 들거나 도망치고 싶다면, 나 자신에게는 문제가 없는지도 생각해 봐야 한다. 힘들다고 도망친 곳에 낙원은 없기 때문이다.

남들만큼 해서는
남들처럼 살게 된다

남편이 어떤 자영업자 사장님 이야기를 해 준 적이 있다. 이 사장님은 테이크아웃 전문 프랜차이즈 카페를 운영하고 있는데, 네임 밸류가 떨어지는 프랜차이즈이다 보니 가맹점에 걸리는 제약이 크지 않았다.

이 카페 사장님이 처음에는 다른 사람들과 비슷하게 카페를 운영하다가 점차 카페를 남들보다 일찍 열고 또 남들보다 늦게 닫기 시작했다. 그러더니 지금은 새벽까지 장사한다고 한다. 무인 카페가 판치는 요즘 시대에 일반 테이크아웃 카페가 새벽까지 하다니 처음에는 다들 그게 되겠냐고 했다.

그런데 밤 10시가 넘어가면 주변의 모든 카페가 문을 닫기 때문에 모두 이 카페로 온다. 언제 와도 카페가 열려 있다는 게 입소문이 나서 멀리서도 차를 몰고 와, 이 가게 앞에는 잠깐 들른 차들이 많다. 사장은 젊은 남자로 아주 성실해서 사장임에도 새벽 2시까지 근무한다. 알바생을 두긴 하지만 기본적으로 사장님과 사장님의 사촌 동생이 번갈아가며 늘 상주하고 있다.

프랜차이즈라 맛이 특별한 것도 아니고 입지가 좋은 것도 아니지만 이들이 성공한 이유는 단 한 가지다. 남들이 놀 때 일을 했기에 그 시간대에 승자 독식을 했던 거고, 소문이 나서 멀리서도 오는 손님들이 생긴 것이다.

이 이야기를 엄마에게 해 드렸는데 엄마가 옛날 생각이 난다며 이야기를 꺼냈다. 젊을 적 사업을 할 때, 모든 경쟁자가 9시에 일을 시작했지만, 엄마는 새벽 다섯 시에 나가서 일을 시작했다. 한여름에도 동이 트지 않아 새벽녘의 희뿌연 공기를 헤치고 출근하여 일을 시작했는데, 그 새벽에 누가 찾아온다고? 생각하는 사람이 많겠지만, 그렇지 않았다고 한다. 점차 입소문이 나더니 경쟁업체로 갈 사람들이 그 시간에 모두 엄마에게 왔다고 한다.

한 달이 지나자 엄마 손에 600만원이 쥐어졌다. 말이 600만원이지 지금 가치로 말하면 월 2천만원 이상 번 것이나 마찬가지 아니었을까? 그 돈에 눈이 번쩍한 엄마는 주말도 휴가도 없이 365일 그 시간에 나가서 일을 했다고 한다.

이와 비슷한 이야기는 시댁에서도 들을 수 있었다. 시어머니의 어머니, 즉 나의 시외할머니는 대단한 사업가였다. 이북이 고향이었는데 6·25전쟁 때 부산까지 피난을 내려왔고 거기서 사업을 시작했다. 영화 〈국제시장〉에서 극중의 황정민네 가족처럼 부산으로 피난 온 후 국제 시장에서 피혁 사업을 하며 가족을 먹여 살렸다고 한다.

시외할머니는 항상 직원이 출근하기 1시간 전에 먼저 나와 문을 열었고, 직원이 퇴근하고 1시간 뒤에 문을 닫았다. 직원과 똑같이 출근하거나 직원에게 맡겨 놓고 느지막이 나오는 다른 사장들과는 달랐던 것이다. 나라가 어려운 시기였기에 배움은 짧지만 머리는 비상했고, 배포가 큰 여장부인데다가 남다른 노력까지 더해지니 사업은 승승장구했고 많은 직공을 거느리며 사업을 크게 성공시켰다.

카페 사장님, 엄마, 시외할머니의 사업 성공이 단지 오랜 시간 일했기 때문은 아닐 것이다. 그러나 분명한 것은 사업은 지독한 경쟁이며 경쟁자와의 차이를 만들어 내는 것은 의외로 작은 차이라는 점이다.

시외할머니에게 교육을 받고 사업과 투자로 성공하신 시어머니는 이런 가르침을 줬다. 요즘 사람들은 뭐든 너무 급해서 일, 사업, 투자에서 바로 좋은 결과가 나오길 바라고, 조금 해 보고 안 될 것 같으면 업종도 마구 바꾸곤 하는데 그래서는 성공할 수 없다고 말이다. 이것 아니면 안 된다는 마음가짐으로 죽기 살기로 해야 하는 것은 기본이고, 그렇게 노력해도 최소 6개월은 돈과 시간과 노력이 보답 없고 무조건 손해가 날 수밖에 없다. 6개월이 고통의 기간이라면 그 이후 최소 3년까지는 정체기로서 아무리 노력해도 결과가 나오지 않는다. 그러나 그 시간을 견뎌

내야만 이후에 성과가 나오게 된다. 3년 동안 최선을 다하고도 길이 안 보인다면 모를까 그 이전에 포기하거나 다른 길을 간다면 어떤 방향으로 가든 완주할 수 없게 된다.

이 가르침은 우리 부부가 처음 사업을 할 때도 말씀해 주셔서 마음에 깊게 새겼다. 직접 해 보고 또 다른 사람들의 사업을 보면서 좀 더 피부에 와닿았던 것 같다. 사람들은 자신이 열심히 하고 있다고 말하지만 대부분 매너리즘에 젖어서 남들 하는 만큼만 하고서는 '이 정도면 열심히 했다'라며 쉽게 만족한다. 남들만큼 하면 결과도 남들처럼 나오는 것이 당연하지만, 자신은 열심히 했다고 생각하기에 왜 바뀌는 것이 없냐며 한탄하곤 한다.

정말 열심히 하는 사람은 애초에 노력의 정도를 한계 짓지 않는다. 남다른 성과를 원한다면 남들과는 완전히 다르게 살아야 한다. 그래서 성공한 사람이나 앞으로 성공할 사람은 외로운 것이다. 남들에게 이해받기 힘든 과정을 거쳐야 비로소 남들이 부러워하는 성과를 거둘 수 있다.

요즘은 노력에 거부감이 극심한 시대다. 노력을 강조하는 사람에게 '꼰대'라고 칭하며 냉소적으로 비웃는 사람이 많다. 물론 나도 무조건 노력하라는 꼰대 마인드는 좋아하지 않는다. 태생적으로 주어진 격차는 분명히 존재하기에 부자는 돈으로 앞서 나가며 재능 있는 천재들은 크게 노력하지 않더라도 성과를 거머쥐는 게 세상의 이치다. 그리고 그런 사람들을 보며 대중은 상대적 박탈감에 괴로워하고 있다.

냉정하게 말하면 이런 상황에서 평범한 사람이 그나마의 노력도 하지 않으면 어떻게 특출난 결과를 만들어 내겠는가? 도리어 가진 자본이 부족하고 평범한 재능을 가졌기에 남들과는 다른 노력을 죽기 살기로 해야 한다. 상대적 박탈감의 시대이기에 아이러니하게도 노력이 더 중요해진 것이다.

남들과 똑같이 살면서 남들과는 다른 대단한 성과나 대박을 바란다면 그건 도둑 심보에 불과하다. 가슴에 손을 얹고 생각해 보자. 나는 지금 남들과 비교해서 어떻게 살고 있는가?

돈이 노동의 대가임을
간접 체험시키자

어릴 때 부모님이 일하시는 곳에 몇 번 가 본 적이 있다. 거기서 내가 할 수 있는 것은 없었지만 바쁘게 일하는 부모님이나 직원의 모습 등을 볼 수 있었다.

정말 열심히 일하고 고생하신다는 것은 알았지만 머리로 아는 것과 실제 내가 눈으로 봤을 때의 느낌은 많이 달랐다. 눈으로 그 모습을 보니 '어른들은 이렇게 열심히 일해서 돈을 버는 거구나'가 좀 더 피부에 와닿았던 것 같다

부모님이 열심히 일하는 것을 보고 자란 아이는 부모님이 고생해서 벌어 온 돈을 함부로 쓰지 못한다. 이것저것 사 달라고 조르지 못하며, 누가 뭐라 하지 않더라도 돈을 아끼게 된다. 나 또한 그랬기에 우리 아이에게 열심히 일하는 모습을 보여 주려 하는 편이다. 성실하게 일하고

돈을 버는 모습을 부모가 솔선수범해서 보여 주는 것이야말로 살아 있는 경제 교육이기 때문이다.

아이가 몇 번 사업장에 방문한 적이 있다. 아이에게 굳이 감상을 물어보지는 않았고, 그 대신 엄마와 아빠가 이렇게 일하고 있다는 것을 은연중에 보여 주려 했다. "엄마, 아빠가 열심히 일해서 돈을 벌어 오면 우리 가족이 생활하는 돈이 생긴다"라는 것을 알려 주고 싶었던 것이다.

컴퓨터로 하는 문서 작업도 많아 사업장에서 하던 일을 집에 가져와서 하는 경우가 많았는데, 우리 아이는 어릴 때부터 그것을 보고 자랐다. 저녁을 먹고 자기가 자러 들어갈 때쯤 되면 엄마는 서재로 가서 일한다는 것을 알았다. "나는 자러 가니까 엄마는 일 열심히 하세요"라거나 "엄마 고생이 많아요"라는 말을 처음 들었을 때 너무 뿌듯했다. 내가 말하지 않더라도 아이는 내 뒷모습을 보고 있다는 것을 새삼 깨달을 수 있었다.

노동의 대가로 돈을 번다는 관념을 심어 주기 위해 어떤 가정에서는 아이에게 심부름을 시키고 돈을 준다. 그러나 그런 방법보다는 부모가 열심히 일하는 것을 보여 주는 것을 선호한다. 롤모델이 되는 부모의 답안지를 보여 주어야 아이는 자연스럽게 부모를 따라 하며 배우게 되는 것이다.

요새 상당수의 대기업이나 중견기업에는 임직원 가족 견학 프로그램을 다양하게 운영하고 있으니 자신이 속한 회사에서 혹시 이런 프로그램이 있는지 알아보자. 만약에 방문이 가능하다면 방학을 이용해 아이가 아빠나 엄마가 다니는 회사를 견학하는 경험을 꼭 한 번 해 보길 추천한다. 아이에게는 색다른 경험이 되고, 일하는 아빠, 엄마에게 감사하는 마음도 갖게 될 것이다.

이런 프로그램이 없다면, 회사에 견학의 취지를 전하고 허락받아 출근할 때나 퇴근할 때 잠깐 시간을 할당받아 아이를 구경시켜줘도 된다. (실제로 이렇게 실행한 사람이 있다) 그것조차 여의치 않다면 점심시간에 아이를 회사 근처로 불러내어 같이 밥을 먹으면서 부모가 일하는 회사 근처의 모습을 보여 주는 것도 충분한 동기 부여가 될 것이다.

일하는 부모 이야기를 하다 보니 자연스럽게 워킹맘 이야기도 해야 할 것 같다. 맞벌이가 보편화된 요즘은 부부가 모두 일을 하는 가정이 많다. 나 또한 워킹맘으로 임신한 상태에서 업무와 관련된 교육을 들으러 다녔고, 출산 후 백일 만에 새로운 일을 시작했었다.

양가 어머님들은 모두 평생 일하신 워킹맘이고 나 또한 일을 손에 놓지 않고 있는데, 일을 해야 하는 엄마로서 아이와 같이 시간을 보내지 못하는 것에 죄책감을 가질 수도 있다. 그러나 워킹맘의 딸이자 며느리가 워킹맘으로 살면서 느낀 것은, 부모가 열심히 일하는 모습이 아이들에게 상당한 귀감이 된다는 것이다.

자식으로서 뒷모습을 바라보며 걸어갈 수 있는 평생의 이정표가 있다는 게 얼마나 힘이 되는지 모른다. '이럴 땐 어떻게 해야 할까?' 하는 생각이 들 때마다 부모님이 하던 것을 생각해 보고 자연스럽게 따라 하거나 부모님에게 지혜를 구하며 문제를 해결하고 있다. 아직 배워야 할 것이 많아서 열심히 따라가고 있는데, 그 덕에 내가 지금처럼 투자와 사업을 동시에 하면서 열심히 재테크를 할 수 있었던 게 아닌가 싶다. 부모가 직접 가르치는 절약과 투자도 경제 교육이지만 롤모델로 삼을 수 있는 부모의 경제 활동 또한 아이가 평생을 살아가는데 정말 큰 배움이 된다.

'월급은 마약이다. 투자가 답이다'라는 분위기가 만연해 있다. 요즘 세상에서 돈은 노동으로 버는 게 아니라 투자로 버는 것이라며 월급 받으며 성실히 일하는 사람을 어리석게 여긴다. 문제는 이런 분위기가 아직 세상 물정을 잘 모르는 10대 아이들에게도 진리인 양 점차 퍼지고 있는 추세다. 초등학생이 장래 희망으로 건물주를 말하는 시대가 되어 버린 것이다.

투자를 오랫동안 해온 나는 이 말에 동의하지 않는다. 나의 첫 종잣돈은 20대 초반의 알바비와 회사에서 일해서 매달 모은 월급이었다. 종잣돈을 크게 불려준 것은 펀드와 부동산 투자였지만 열심히 일해서 매달 모은 월급이 없었다면 애초에 성립할 수 없는 이야기이기도 하다. 양가 부모님도 투자 소득으로 자산을 일궜지만 그럼에도 늦은 나이까지 평생 일을 했다. 근로 소득이 가지는 위력을 알았기 때문이다. 월급은 하락장에서 큰 힘을 발휘한다. 안정적으로 매달 들어오기에 일종의 안전 자산 역할을 하며, 자산의 가치가 하락할 때 그 자산을 지켜낼 수 있는 힘을 준다. 혹은 더 매력적인 저렴한 가격에 자산을 사들일 수 있는 여력을 제공한다. 투자 수익에 비해 땀 흘려 일해서 버는 돈을 하찮게 보는 사람들은 받을 수 없는 결정적 도움이다.

재테크를 하면서 다양한 사람을 접했지만, 투자 경력이 오래되신 분 중 어느 누구도 투자가 답이라며 근로 소득을 하찮게 보는 사람이 없었다. 태도는 습관이기에 상황이 달라져도 관성적으로 이어진다. 그래서 본업을 열심히 하는 사람이 투자도 잘 풀리는 것이다. 반대로 월급의 가치를 하찮게 보고 본업은 소홀히 하면서 투자에서 대박을 내서 부자가 되길 꿈꾸는 사람은 성공하지 못한다. 이 모든 것들이 이어져 있기 때문이다.

아이에게 근로 소득과 투자 소득의 관계를 말할 때, 자전거를 타는 것에 비유하면 좋다. 기어 변속기가 달려 있지 않은 자전거는 딱 페달을 밟은 만큼만 앞으로 나아간다. 반면에 기어 변속기가 달려 있는 자전거는 페달을 밟은 힘에 기어 변속기의 위력이 더해져서 더 빠른 속도로 멀리 나아간다.

여기서 페달을 밟는 발은 열심히 일해서 버는 돈이고 기어 변속기는 투자로 볼 수 있는데, 열심히 일해서 버는 돈을 가져오면 몇 배로 불려 주는 게 투자의 힘인 것이다. 그러나 아무리 좋은 기어 변속기가 달려 있더라도 자전거를 탄 사람이 페달을 밟지 않으면 자전거는 앞으로 나아갈 수 없다.

　노동과 투자는 양자택일의 대상이 아니라 함께해야 더 빨리 더 많은 자산을 모을 수 있다. 특히 나이가 어릴수록 보유한 자산이 없기에 투자를 잘하더라도 종잣돈이 불어나는 데에는 분명한 한계가 존재한다. 애초에 불릴 자산이 없는데 아무리 수익률이 높더라도 얼마나 불어나겠는가?

　수많은 재테크 서적에서 1억 모으기를 강조하는 이유도 여기에 있다. 1억을 모을 때까지는 난이도가 점점 올라간다. 1천보다는 3천이, 3천보다는 5천이, 5천보다는 1억까지 모으는 게 당연히 힘들다. 그러나 일단 1억이 모이면 그때부터는 상황이 달라진다. 종잣돈으로서 유의미한 금액이기에 1억부터는 투자가 굴러가며 모아들이는 돈으로 자산의 변동이 커지게 된다. 1억 이하에서 모을 때보다 난이도가 상당히 내려가고 모이는 금액도 그전보다 훨씬 빨리 많이 불어나게 된다.

　반대로 말하면 1억을 모을 때까지는 투자 수익률을 올리는 것보다 본업으로 모이는 돈의 위력이 훨씬 크다는 소리다. 그런데 이 상황에서 본업을 등한시하고 투자로 성공하고자 한다면 종잣돈을 모으는 기간도 길어지고, 난이도가 급격히 올라가게 된다. 들어오는 돈이 부족하니 그 부족한 돈을 굴려서 큰 종잣돈을 만들고자 한다면 비현실적인 수익률을 노려야 하기 때문이다.

　역설적이게도 부모는 아이의 나이가 어릴수록 본업의 중요성을 더 강조해야 한다. 본업이 자리가 잡혀서 안정적 소득이 들어와야 투자로 벌어들이는 수익금이 유의미한 금액으로 불어나기 때문이다.

나는 나를 시급 얼마에
고용할 것인가

임신했을 때도 일을 했고, 아이를 낳고 나서 백일 만에 다시 일을 시작했다. 내가 일을 하게 되면 아이를 돌봐 줄 사람이 필요했기에 온갖 수단을 다 동원했다. 아이가 태어나서 1년 정도는 엄마의 도움을 받았고, 그 이후로는 어린이집에 가기 전까지 베이비 시터를 고용해야만 했다.

워킹맘으로 사업과 투자와 육아를 병행하다 보니 습관적으로 양자택일을 해야 하는 경우가 많아졌다. 시간은 한정되어 있는데 그 시간에 무엇을 해야 하는지 우선순위를 정해야 했다. 한정된 시간에 우선순위를 매기는 것은 '같은 시간에 내가 어떤 일을 선택하는 게 금전적으로 더 이득이 되는가?'를 끊임없이 계산하는 습관으로 이어졌다.

예를 들어 주말에 아이 책가방을 손빨래할 일이 있다고 해 보자. 평소에 아이 가방은 내가 빠는 편이다. 그런데 여기서 생각해 봐야 한다. 아이의 책가방을 손빨래할 것인가 아니면 그 시간에 내가 다른 일을 하고 책가방은 세탁소에 맡길 것인가 하는 것이다.

시간 여유가 되고 책가방의 오염 정도가 심하지 않다면 손빨래를 하는 게 맞다. 하지만 만약에 추가적인 소득 활동으로 돈을 벌 수 있다면 그 시간에 일을 하고 책가방은 세탁소에 맡기는 것이 합리적일 것이다. 동 시간대에 벌어들이는 소득이 세탁 비용보다 비싸기 때문이다. 반대로 말하면 내가 그 시간에 일해서 버는 돈보다 세탁 비용이 비싸다면 바쁘더라도 내가 직접 하는 게 현명한 선택이다.

블로그에서 다양한 기업과 협업을 하여 글을 쓰는 일을 하고 있는데, 되도록 일이 몰리지 않게 배분하는 편이다. 그러나 일을 하다 보면 특정한 날짜에 마감이 여러 건이 몰려서 하루 종일 그 일에 매달려야 하는 경우도 생긴다. 이럴 때도 선택의 순간이 온다. 평소에는 하루 세 끼 모두 집밥을 하지만, 피치 못할 상황에는 당연히 외식을 할 수밖에 없다. 집밥으로 아낄 수 있는 돈이나 외식 비용보다 내가 그 시간에 글을 써서 협업으로 벌어들이는 돈이 훨씬 크기 때문이다. 반대로 말하면 그 시간에 할만한 소득 활동이 없다면 무조건 집밥을 선택한다. 그게 돈을 아끼고 더 모을 수 있는 길이기 때문이다.

내가 1시간을 일했을 때 벌어들일 수 있는 돈, 즉 내가 나를 셀프 고용했을 때 시급이 어느 정도인지 판단해야 한다. 그런 뒤 시간을 잡아먹는 일이 내가 벌어들이는 돈보다 적을 때만 지갑을 여는 것이 합리적 소비이다. 반대로 말하면 그 시간에 별다른 생산적인 일을 하지 않을 거라면 나의 노동력을 최대한 써서 조금이라도 돈을 아끼는 것이 좋다.

엄마와 함께 사업을 할 때는 일주일에 한 번 가사도우미를 불렀다. 사업 초기였기에 친정 부모님도 우리 부부도 모두 사업장에 매달려야 했다. 가사도우미의 시급보다 우리가 그 시간에 사업에서 벌어들이는 돈이 높아서 청소할 시간에 사업에 전념했다. 그러나 엄마가 은퇴하시고 아이가 커서 육아에 쓰는 시간이 줄어든 지금은 가사도우미를 쓰지 않고 집안일은 스스로 하고 있다. 이전보다 시간 여유가 생겼는데 당연히 내가 직접 하는 게 돈을 아낄 수 있는 길이기 때문이다.

무조건적인 절약도 무조건적인 소비도 상황에 따라서는 손해일 수 있다. 항상 나의 시간에 나를 셀프 고용한다고 생각하고 시급을 가늠해 보는 것이 좋다. 이 기준을 적용하면 고민되는 상황일 때 의외로 쉽게 해결책이 나온다. 모든 사람에게 하루는 동등하게 24시간이 주어지기에 그 시간에 어떤 선택이 자산을 쌓는 게 유리할 것인가 생각해 보고 행동하는 것이 좋다.

이 사고방식을 인생 전반에 걸쳐서 생각해 보면 아이에게 여러 가지 이야기를 들려줄 수 있다. 예를 들어 10대와 20대는 젊음은 있지만 돈이 없어 시간으로 돈을 사야 한다. 자산도 없어 돈이 돈을 벌어 오는 자본 소득이 존재하지 않으며, 근무 숙련도도 낮고 커리어도 없어 근로소득 또한 한정되어 있다.

20대까지는 기반이 전혀 없기에 삶이 힘든 것이 당연하다. 하지만 이 시기를 독하게 보낸다면 그것을 기반으로 30대 이후에는 미래가 달라진다는 것을 잊지 말아야 한다. 우리 부모님 세대도 그랬고, 내가 20대 때 주변인들도 그랬지만, 20대에는 동등한 출발점에 서 있던 사람들이 각자의 삶의 태도에 따라 10년, 20년이 지났을 때 서로의 위치가 달라져 있었다.

20대까지는 돈을 벌기 위해서는 무조건 시간을 들여야 한다. 그리고 시간을 들이는데도 초반에는 당장 효과가 거의 나지 않기 때문에 밑빠진 독에 물 붓는 기분이 든다. 돈의 속성 자체가 초반에 종잣돈을 일정 이상 모으기가 힘들지만 종잣돈이 모일수록 다음 종잣돈으로 가는 속도가 점점 빨라지기에 초반에 일찍 고비가 찾아오는 것이다. 그래서 인내심이 부족하면 금세 포기하고 정체될 수밖에 없다.

이 시기를 현명하게 넘기기 위해 먼저 이 길을 걸어간 부모의 조언이 아이에게 필요하다. 돈이 모이는 속도는 시간에 비례하지 않고 바로 성과가 나지 않는다는 것, 그리고 당장 성과가 보이지 않더라도 인내심을 가지고 하기 싫더라도 일단 이것저것 해 보는 게 중요하다는 것을 말이다. 다만 그렇게 하면서도 동등한 시간을 소모해서 최대한의 돈을 벌어올 수 있는 방법이 무엇인가를 치열하게 고민해 봐야 한다.

그 과정을 지나 30대로 오면 내 시간의 가치가 점점 올라간다. 20대를 제대로 보냈다면 20대 때 갖춰 놓은 종잣돈과 시스템 덕분에 자산과 소득 증가에 탄력이 붙기 시작하는 시기이며, 돈이 불어나면서 시간이 부족해지기에 20대 때처럼 돈이 된다고 모든 일을 덥석 하지 않게 된다.

나의 시간은 한정되어 있기에 그 시간에 최대한 많은 돈을 벌 수 있는 일을 선택할 수 있다. 이 시기부터 나는 무언가 일을 해 주고 금전적 대가를 받을 때, 내가 만족할 만한 시급 가치가 나오지 않는다면 거절했다. 이 일을 거절해도 또 다른 돈 되는 일이 들어왔기 때문에 동등하게 1시간을 쓸 때 더 많은 대가를 주는 일을 골랐던 것이다.

부모님을 보니 40대 이후에는 심리적 여유가 생기는 것 같다. 20대와 30대에 열심히 노력했다면 자산이 본격적으로 퀀텀 점프하는 시기이다. 당장 이 일을 하고 돈을 받지 않더라도 다른 돈벌이 수단에서 돈이 들어오기 때문에 더 좋은 선택지가 제공될 때까지 느긋하게 기다릴 수 있게 된다. 사업을 해 본 사람들은 더 잘 알지만 이러한 심리적 여유는 업무상 태도에도 드러나서 다급한 사람에 비해 느긋한 사람이 사업에서 심리적 우위를 점한다. 그리고 이런 행동으로 장기적으로 벌어들이는 돈의 액수가 더 커지게 되고 스스로 책정하는 나의 시급도 올라간다.

전 생애에 걸친 재테크라는 것은 결국 나의 몸값을 올리는 행위이다. 그게 직장으로만 한정하면 연봉이고, 한 인간 전체로 보면 동일 시간에 더 많은 소득을 올릴 수 있는 가치를 지닌 사람이 되는 것이다. 그러나 이것은 단기간에 이루어지지 않으며 오랜 시간 준비가 필요하다.

문제는 이것을 20대, 30대일 때 스스로 깨닫기는 힘들다. 나 또한 부모님에게 배우지 않았다면 깨닫지 못했을 것이며, 많이 혼란스럽고 방황했을 것 같다. 갖춰진 게 없기에 20대는 원래 힘들고 한 번쯤 넘어가야 하는 시기임을 알고 맞이하는 사람과 왜 힘든지 모르겠는데 다른 세대는 안 힘들어 보이니 그저 우리 세대는 망한 세대라며 회의적으로 생각하는 사람은 삶을 대하는 태도가 다를 것이다.

우리는 부모로서 아이에게 이런 부분을 가르쳐야 한다. 나는 20대 때 열심히 일하면서 투자도 병행했고, 다시 돌아가고 싶지 않을 정도로 힘들었다. 그러나 그 노력의 결과로 자산이 어떻게 불어났는지 체감했기 때문에 20대로 돌아간다면 또다시 그렇게 노력할 것이다. 당시에는 앞이 보이지 않았지만, 그 노력이 결코 헛되지 않았다는 것을 이제는 안다.

아무도 나를 모르고
돈이 많았으면 좋겠어요

배우 류승수가 TV 프로그램인 〈라디오스타〉에 나와서 '아무도 나를 모르고 돈이 많았으면 좋겠어요'라는 소망을 내비쳤는데, 이게 인터넷 밈이 되어 큰 인기를 끌었다. 처음 이 밈을 접하고 깜짝 놀랄 수밖에 없었다. 내가 원래 추구하는 삶의 목표여서 나의 마음을 잘 꼬집었다고 생각했기 때문이다.

아마 어릴 때부터 받아온 경제 교육 때문이 아닐까 싶다. 사업을 하면서 별별 인간 군상을 겪은 부모님이 가진 돈을 드러내지 않는 삶을 살았기 때문에 나 또한 자연스럽게 보고 배운 것 같다. 소비를 절제하고 소박하게 살면서 자산의 대부분은 주식과 부동산, 혹은 사업 자금으로 사용되고 있어 겉으로만 봐서는 알 수 없기도 하고 말이다.

최대한 드러내지 않으려고 노력하기 때문에 본의 아니게 보여 주고 싶지 않은 부분을 보여 주면 당황한다. 예를 들어 예전에 살던 집의 전자키가 휴대폰 스트랩 형태로 나와서 휴대폰에 달고 다녔는데, 그저 우리집 열쇠라고 생각해서 대수롭지 않게 생각했다. 그런데 별로 친하지 않은 사람이 휴대폰에 달린 전자키를 보고 "○○ 아파트에 사시나 봐요? 거기 엄청 비싸지 않나?" 하면서 묘한 눈으로 보길래 머리가 복잡해졌고, 그날로 당장 휴대폰에서 전자키를 빼서 지갑에 따로 보관했던 적이 있다.

물질적으로 보이는 것 외에도 말도 조심하는 편이다. 돈 이야기를 함부로 하지 않으며 재테크 멘토인 엄마나 이모들, 결혼해서는 남편과 시어머니까지만 편하게 이야기를 하고 있다. 그랬기에 20년 지기 친구나 심지어 친동생도 내가 주식 투자를 한다는 것을 최근에서야 알게 되었을 정도다. 타인에게는 같이 재테크 공부를 하는 머니 메이트에게만 일부 털어놓았고, 몇 년 전에 처음으로 블로그를 개설하면서 익명에 기대어 돈 이야기를 겨우 꺼내게 된 것이다.

결혼하고 나서 보니 시댁도 비슷한 분위기였다. 시어머니도 본인이 가진 자산이 드러나는 것을 꺼리시는 분인데, 그 이유를 말해 주셨다.

인간관계가 좁은 나와 달리 시어머니는 외향적이고 인맥이 넓은데, 어떤 모임에 가더라도 똑같은 상황이 벌어진다. 동등하게 돈을 나눠서 내는 게 아니라 시어머니가 다른 사람들 대신 돈을 내야하는 상황이 벌어진다. 그 사람들에게 무언가를 부탁하며 아쉬운 소리를 해야 하는 자리도 아니고, 즐겁게 놀기 위해 모인 자리 임에도 '네가 나보다 돈이 많으니 밥값은 네가 내야 한다'라는 분위기가 조성되는 것이다.

두 번째 단점은 돈을 빌려 달라는 이야기를 자주 듣게 된다. 시어머니께서 구체적인 이야기는 해 주지 않았지만 얼마나 자주 이런 이야기를 들었을지 알 것 같았다. 애초에 돈을 빌리는 대상은 사람이 아니라 금융 기관이어야 한다. 그럼에도 사람에게 돈을 빌려 달라는 사람은 두 가지의 경우다. 은행에서 대출을 받을 만한 능력이 안 되거나 은행 대출보다 사람에게 돈을 빌리는 것을 더 쉽게 보는 사람이다.

먼저 은행에서 대출을 받을 만한 능력이 안 돼서 주변인에게 돈을 빌리는 사람을 보자. 이 사람은 필연적으로 이미 금융 기관에 대출이 많아서 추가 대출이 나오지 않거나 과거의 잘못된 금융 생활로 신용이 엉망이라 금융 기관에서 대출을 거부하는 경우다. 즉 상환할 능력이 안 되는 사람이기에 금융 기관에 거부를 당하는 것이다. 그래서 주변에 금전적 여유가 있어 보이는 사람들에게 돈을 빌려 달라는 요청을 하는 것이다. 당연히 돈을 갚을 능력 자체가 안 되기에 제때 상환할 수 있을 리가 없다.

반면에 은행 대출보다 사람에게 돈을 빌리는 것을 더 쉽게 보는 사람은 돈을 갚을 의지가 없는 사람이다. 본인이 은행 가서 돈을 빌릴 수 있음에도 사람에게 돈을 빌려 달라고 하는 것은, 은행처럼 적절한 이자를 쳐서 제날짜에 갚는 것을 하지 않으려는 사람이기 때문이다. 아는 사람의 돈, 그것도 여유가 좀 있어 보이는 사람에게 돈을 빌려 달라는 것은 이 돈을 제때 안 갚아도 되고, 이자도 안 줘도 되고, 극단적으로는 돈이 많으니 떼먹어도 된다고 생각한다.

세 번째 단점은 시기 질투를 받으며 남들이 내가 망하기를 바라기 때문에 감춰야 한다. 재테크 하는 사람들 사이에서는 크랩 이론Crab theory라는 유명한 용어가 있다. 커다란 양동이에 게들을 가득 담아 놓으면 어떤 게는 밖으로 탈출하기 위해 양동이 내부를 타고 기어오르는 시도를 한다. 그러나 다른 게들이 그 게가 성공하지 못하도록 집게발로 잡아당기기 때문에 모두 다 탈출하지 못한다는 이론이다.

이 이론에서 보여 주는 것은 집단의 한 구성원이 다른 구성원보다 더 우월할 때, 질투와 분노, 열등감 등으로 그를 훼방 놓고 어떤 시도를 하든 실패하기를 바란다는 것이다. 모든 게들이 함께 탈출을 시도하는 것이 이상적이지만, 실제로 위로 올라가려는 시도를 하는 것은 소수의 개체이며 나머지 개체들은 올라가려는 노력은 하기 싫고 소수가 성공하는 모습도 보기 두려워서 끌어내리는 데에 급급하다. 그래서 금전적 여유를 드러내게 되면 시기와 질투를 받고 내가 하는 일에 훼방을 놓거나, 적극적으로 방해하지는 않더라도 마음속으로 일이 잘 풀리지 않기를 바라는 사람들이 생겨나게 된다.

블로그를 하면서 직접 겪었는데, 처음 블로그를 하게 되었을 때 아이에게 주식을 증여하고 계좌를 운용하는 사람이 쓴 체험글이 없었다.

그래서 2019년에 아이에게 증여를 한 경험을 바탕으로 어떻게 우리 아이 계좌를 운용하고 있는지 하나하나 기록과 팁을 남긴 적이 있다. 아이의 주식 계좌를 굴려 주고 싶은데 어떻게 해야 할지 모르는 사람들이 나의 기록을 보고 도움을 받았으면 하는 선의의 의도였다.

그 모습을 본 일부는 내가 우리 아이 계좌를 굴리는 것에 사사건건 태클을 걸기 시작했다. 실제로 나는 아이에게 증여 후 바로 국세청에 신고했고, 세무사에게 물어 세법에 어긋나지 않는 방식으로 아이의 주식 계좌를 굴려 주고 있음에도 아니꼽게 보는 사람들이 있었다. 그래서 어느 순간부터는 아이가 가진 주식을 어떤 방식으로 굴리는지 구체적 이야기를 아예 올리지 않게 되었다.

다 같이 양동이를 탈출하고자 먼저 시범을 보이면 남들의 시기 질투와 훼방을 받아 끌어내려질 뿐이다. 나에게는 선의의 의도라도 그들에게는 혼자 양동이를 탈출하는 게였기 때문이다. 그래서 이런 일을 당하지 않기 위해서 내 모습을 감춰야 한다.

누군가에게 나의 돈을 드러내거나 과시하는 것은 득보다 실이 많은 행위다. 양가 부모님은 우리에게 소비를 검소하게 하고 나의 재정 상황을 남이 알지 못하게 드러내지 않는 법을 가르쳤던 것이다.

버크셔 해서웨이 부회장이었던 故 찰리 멍거는 매년 열리는 〈DJCO ANNUAL MEETING〉에서 "도대체 롤렉스가 왜 필요합니까? 강도당하려고요?"라는 발언을 한 적이 있다. 개인 자산 26억 달러(한화 3조 3천억원)의 자산가가 이렇게 말하면서 평생 검소하게 사는 것을 보면서 부모님들의 가르침이 틀리지 않았고 제대로 살고 있구나 하는 위로를 받았다.

그 이야기를 남편에게 말해 주니 자신도 옛날에 시어머니에게 찰리멍거가 한 말과 비슷한 이야기를 들었다고 한다. 비싼 물건을 갖고 싶어 하니 "그런 물건 가지고 다니면 너를 부잣집 아이라고 생각해서 납치한다"라고 겁 주면서 적당한 소비를 하도록 교육했다고 한다. 생각해 보니 우리 부모님도 남동생이 어릴 때 나이키 신발(우리가 어릴 때 나이키 신발은 10만원이 넘었는데 그 당시 물가를 생각하면 부모님 등골 브레이커였다)을 가지고 싶어 하니까 그런 비싼 신발 신고 다니면 불량한 애들한테 뺏긴다고 겁을 줬던 기억이 오버랩되었다. 우리 아이는 아직 비싼 것을 사달라고 한 적은 없지만, 만약에 앞으로 그런 일이 생긴다면 아마 나도 양가 부모님과 비슷하게 행동하지 않을까 싶다. 비싼 물건을 과시하면 안 좋은 일에 휩쓸릴 수 있다고 말이다.

양가 부모님이 그랬던 것처럼 우리 부부도 소박하게 살면서 최대한 자산을 드러내지 않으려고 하는 편이다. 더 많은 자산으로 불리기 위해 노력하느라 그런 것도 있지만, 그게 아니더라도 평생 그렇게 살았기 때문에 소박하게 살더라도 아무 불편함이 없는 것이다.

가끔 우리 부부를 보고 "왜 그런 차를 타세요?", "왜 그런 옷을 입으세요?"라며 물어보기도 한다. 정작 당사자인 우리 부부는 이렇게 사는

데 큰 불편함이나 힘듦이 없다. 이 악물고 아끼는 것이 아니라 원래 이렇게 살았기 때문이다.

'아무도 나를 모르고 돈이 많았으면 좋겠어요'라는 밈에서 나는 '아무도 모르고'에 방점을 찍는다. 뭘 사고 뭘 먹고 어딜 가더라도 가족과 조용히 행복하면 되기 때문에 그게 무엇이든 나의 재정적 상황을 티 내면서 타인에게 과시해야 할 이유가 없다.

투자 수익 같은 것도 마찬가지다. 블로그에 투자 이야기를 쓰고 수익률을 공유하긴 하지만, 대부분 축소하거나 일부분만 드러낸다. 정확한 투자 수익금이 얼마인지, 진짜 수익률이 얼마인지는 남편에게만 말할 수 있다. 재테크에서 좋은 성과를 내면 남편에게 실컷 자랑하곤 하는데 이것을 말할 수 있는 사람이 남편뿐이기 때문이다.

남편과 나는 경제 공동체이기에 나의 투자 성과가 곧 남편의 성과이고, 순수하게 같이 기뻐해 줄 수 있는 유일한 사람이다. 남이 이런 거를 알아봤자 돈 빌려 달라는 소리를 듣거나 네 형편이 나보다 나으니 물질적 정신적으로 나에게 베풀라는 어이없는 소리나 듣게 된다.

그래서 나는 오늘도 아무도 나를 모르고 돈이 많은 삶을 꿈꾼다.

THE MIND
OF RICHES

잘 저축하는 것보다
잘 소비해야 한다

어떤 물건을 오랫동안 잘 사용하려면 정말 중요한 것 중 하나가 바로 좋은 물건을 구분할 수 있는 안목이다. 좋은 물건이라는 것은 단순히 가격이 비싼 물건을 말하는 것은 아니다. 때에 따라 가장 싼 것을 써도 상관이 없는 때가 있고, 어떤 때에는 조금 가격이 나가더라도 양질의 물건을 사서 오래 쓰는 것이 중요하기도 하다.

저축하라는
말을 하지 않는 엄마

2020년은 특별한 해였다. 코로나와 함께 일상에도 많은 변화가 왔고, 위기에 처한 상황을 타개하기 위해 FED(미국 연방준비제도), ECB(유럽 중앙은행), 한국은행 등 각국 중앙은행은 양적 완화를 통해 전례 없는 유동성을 시장에 풀어 놓았다.

화폐의 가치가 하락하면서 주식 시장은 V자 반등했고, 부동산 시장은 하늘 높은 줄 모르고 치솟기 시작했다. 자산을 가진 사람은 자산가치가 상승하면서 순식간에 부자가 된 듯한 착각을 가지게 되었으며, 자산을 보유하지 못했던 사람들은 벼락 거지가 된 듯한 절망감을 느꼈다.

상황이 이러다 보니 자연스럽게 많은 사람이 재테크에 관심을 가지게 되었고 '나는 왜 지금까지 돈에 무관심했으며 이제서야 재테크를 알게 되었을까?' 하는 때늦은 후회를 하게 되었다. 그러면서 자신과 달리 아이는 후회하는 일이 없도록 어릴 때부터 경제 교육을 해야겠다는 생각을 하게 된 것 같다.

문제는 본인이 배워 본 적이 없어 어떻게 가르쳐야 할지 모르는 사람들이 태반이라는 것이다. 자전거를 타지 못하는 사람이 아이에게 자전거 타는 방법을 가르쳐 줄 수 없듯이, 돈을 다루는 방법을 배워 본 적이 없기에 아이들에게 가르칠 때 여러 시행착오를 겪으며 그때그때 부모가 옳다고 생각하는 것을 주먹구구식으로 가르치고 있다.

최근 몇 년 사이 재테크 붐이 불면서 경제 교육을 시작한 학부모들이 늘어났다. 그러나 그들은 경제 교육을 단순히 재테크에 한정해서만 생각하기에 돈을 어떻게 모을 것인가만 집착한다. 주식이나 부동산 등 투자하는 방법을 가르치는 것에 열을 올리고 있는데, 이는 경제 교육이 돈 모으는 방법을 알려 주는 것이라고 단편적으로 생각했기 때문이다.

대표적인 것은 저축을 지나치게 강조하는 교육이다. 부모인 본인들이 사회에 나와서 돈이 없어 어려움을 겪기도 했고 그 소중함을 피부로 느꼈기에, 아이는 그런 경험을 하지 않았으면 해서 돈을 모으라며 저축을 끝없이 강조한다. 뭔가를 살 때마다 잔소리도 하고 돈이 조금이라도 생기면 저축하라고 은연중에 아이들에게 심리적 압박을 주게 된다.

아이의 나이가 어리다면 부모의 말이 절대적이기에 이러한 방법이 일시적으로는 통할지 모른다. 하지만 사춘기 이후에는 제대로 먹히지 않으며 심할 경우 부모와 자식 간의 관계만 악화시킬 수 있는 최악의 방법이다.

20대 중에는 10대 때 겪은 부모의 지나친 금전적 통제 때문에 성인이 되고서 오히려 더 많은 소비를 하게 된 사람들이 있다. 어릴 때 부모에 의해 억눌렸던 소비 욕구가 스스로 돈을 벌기 시작하는 20대부터는 통제 불가능할 정도로 튀어 나와 부모의 기대와는 달리 소비에 몰입하게 된다.

여기까지의 이야기를 들으며 혼란스러운 사람이 많을 것이다. 재테크의 기본은 당연히 돈을 모으는 것이고 그 첫걸음이 바로 저축인데 그걸 아이에게 강조하지 말라니 기존의 통념이 무너지는 기분일 것이다.

돈을 잘 다루기 위해서는 저축보다 우선으로 가르쳐야 할 내용이 있다. 이것을 우선으로 아이에게 가르친다면 저축은 저절로 따라오는 개념이기에 한결 수월해진다. 그러나 반대로 이것을 배우지 못하고 저축부터 가르친다면 아이는 부모의 기대를 저버리게 된다.

어릴 때부터 부모님에게 경제 교육을 받고 성장한 나의 경험을 예시로 들면 이해가 쉬울 듯하다. 내가 사용한 투자 방법 중 절반은 부모님이나 시부모님에게 배운 것이지만, 나머지 절반은 스스로 공부하고 발전시켜서 투자한 방법들이다.

이와 같이 돈을 모으는 방법을 익히는 것은 부모가 가르쳐 줄 수도 있지만 부모의 도움 없어도 아이가 나중에 얼마든지 배울 수 있다. 특히나 저축은 어린 시절 부모에게 경제 교육을 받지 못한 사람도 성인이 되면 스스로 하고 있는 것을 보면 알 수 있다.

반면에 어떻게 소비할 것인가는 내가 지금까지 경제 활동을 하면서 부모님들 외에는 누구에게도 배워 본 적이 없다. 이것은 소비 기술이라기보다는 지출 습관이나 경제적 가치관에 가깝기에 보다 근본적인 가르침이다. 부모 외에는 아이에게 가르쳐 줄 수 있는 사람이 없으며, 나 또한 어릴 때부터 가정 내에서 배운 것을 바탕으로 평생 써먹고 있다. 그러니 부모는 현명하게 소비하는 방법을 아이에게 반드시 가르쳐야 한다.

어릴 때 배우지 못했기 때문에 성인이 된 지금도 제대로 된 소비 활동을 하지 못하는 사람을 주변에서 흔하게 볼 수 있다. 주변 지인들의 재테크 상담을 많이 해 줬는데, 가계부를 보면 구멍이 뚫려 있는 경우가 부지기수다.

문제는 내 눈에는 말도 안 되는 소비가 한가득인데 정작 당사자들은 도대체 어디서 어떻게 지출을 줄여서 돈을 모을 수 있을지 감을 잡지 못하고 암담해 하는 경우가 많았다. 제대로 된 소비 가치관이 형성되어 있지 않기 때문에 평생 고통받으며 시행착오를 겪고 있는 것이다.

반면에 어릴 때부터 현명한 소비란 어떤 것인지 배운 우리 부부는 가계부에서 낭비되는 항목이 거의 없다. 돈을 절약하면서도 크게 고통스럽지 않고 그 안에서 행복을 찾는 방법을 실천하고 있다.

실제로 엄마는 나에게 저축하라는 말을 한 번도 한 적이 없다. 그럼에도 올바른 소비 습관이 잡혔기 때문에 돈은 저절로 모일 수밖에 없었고, 목돈을 그대로 들고 있을 수 없었기 때문에 현금 보관의 용도로라도 저축을 시작하게 되었다. 어릴 때부터 수중에 어느 정도 돈이 모이면 자발적으로 엄마에게 통장을 받아서 동네에 있는 은행에 보관하러 가는 것이 습관이 되었다. 너무 어려서 왜 저축을 해야 하는지는 몰랐어도, 이 돈을 그냥 들고 있으면 잃어버릴 것 같다는 위기감이 나를 움직이게 했다. 부모가 강요해서 하는 저축이 아닌 아이 스스로 시작한 저축이었기에 이는 평생을 실천할 수 있는 원동력이 되었다.

소비 가치관이 제대로 잡혀 있다면 지출을 자의적으로 통제하는 것이 그다지 힘들지 않지만 그렇지 못한 사람들이 동일한 수준의 절약을 하고자 하면 그 과정 자체가 너무나 고통스럽다. 그래서 절약을 오래 하지 못하고 자연스럽게 금방 포기하거나 현재 하고 있는 절약의 강도를 낮출 수밖에 없다.

소비 가치관이 제대로 잡힌 사람과 아닌 사람은 매달 저축할 수 있는 액수가 자연스럽게 차이가 날 수밖에 없고, 이것이 매달 누적되면 종잣돈의 크기가 달라진다. 여기에 투자까지 곁들여지면 그 차이는 도저히 따라잡을 수 없을 정도까지 벌어지게 된다.

매달 가계부 앱을 통해 나와 비슷한 소득을 가진 사람들과의 지출 비교를 블로그에 공개하고 있다. 가장 차이가 적게 났을 때가 344만원 차이였고, 가장 차이가 많이 났을 때는 435만원 차이었다. 투자 수익을 배제하고 모이는 돈을 산술적으로만 계산해 봐도 나와 비슷한 소득을 가진 사람들보다 우리 가족은 1년에 최저 4,128만원, 최고 5,220만원의 돈을 더 모을 수 있는 셈이다. 거기다 가계부 앱에 입력한 소비는 우리 가족의 전체 생활비 지출이지만, 소득은 내 소득만 입력했기 때문에 남편의 소득까지 더해지면 실질적으로 누적되는 금액의 격차는 더 벌어진다.

우리 가정의 생활비가 다른 가정과 크게 차이 나는 것을 보면서 '저 집은 얼마나 독하게 아끼는 걸까?' 하는 의구심을 가진 사람들도 많았다. 그러나 정작 우리 부부는 전혀 아등바등 살고 있지 않다. 맛있는 음식도 먹고, 여행도 가고, 아이에게 필요한 게 있으면 구입하고, 인터넷 쇼핑이 익숙하지 않은 부모님들의 물건도 우리가 대신 주문해서 사드리고 있다.

그럼에도 소비하는 액수가 적고 돈이 모이는 이유는 평생 그렇게 살아오신 부모님들의 모습을 어릴 때부터 너무도 자연스럽게 따라 하며 배웠기 때문이다. 걸음마를 걸을 때부터 숨 쉬듯 자연스럽게 해온 행동이기에 별다른 힘이 들지 않으며 원래 이런 것 아닌가? 하는 생각을 해 왔다.

재테크에 왕도란 없다. 남들보다 부자가 되고 싶다면 남들보다 더 높은 투자 수익을 올리거나 돈을 적게 써야 한다. 만약에 이 두 가지 방법을 모두 능숙하게 할 줄 안다면 비교할 수 없이 빠른 속도로 자산이 불어나게 된다. 그런데 이 두 가지 방법 중 한 가지를 부모가 아이에게 물려줄 수 있다면 어떻게 될까?

이것이 바로 소비 습관의 대물림이며 부모에게 물려받으면 평생토록 아주 손쉽게 실천할 수 있는 무형의 자산이다. 지출이 줄어드니 돈이 모여서 저절로 저축을 하게 된 어린 날의 나처럼 돈이 저절로 쌓이는 선순환 구조를 부모가 아이에게 만들어 줄 수 있다. 그래서 아이에게 경제 교육을 시작할 때 저축보다 우선해서 소비를 교육해야 하는 것이다.

용돈은
탕진하기 위해 존재한다

여기까지 읽은 독자라면 이제 소비 교육이 경제 감각을 익히기 위해 얼마나 중요한지 이해했을 거라 믿는다. 그렇다면 아이에게 소비 교육을 처음 시작할 수 있는 매개체는 무엇일까? 짐작했겠지만 당연히 용돈부터 시작한다.

초등학교에 입학하던 해부터 부모님에게 용돈을 받았다. 일주일에 한 번 받는 용돈으로 학교 앞에서 친구와 떡볶이를 사 먹거나 문구점에서 사고 싶은 것들을 살 수 있었다. 부모님이 사 주는 것과 달리 스스로 무언가를 살지 결정하고 돈을 내고 사는 것은 짜릿한 경험이었다.

문제는 그게 너무나도 짜릿했다는 점이다. 모든 것이 미숙한 나이였기에 부모님이 주신 용돈을 제대로 관리하지 못하고 하루 이틀 사이에 다 써 버린 것이다. 차마 다 썼다고 더 달라는 말을 하지 못했고, 다음 용돈 날까지 많이 남은 시점에서 고통이 시작되었다. 아는 맛이 무섭다고 학교 앞 떡볶이가 그날따라 더 맛있어 보였고, 문구점에서 다른 아이들이 다 장난감이나 먹을 것을 살 때 나는 뒤에서 손가락을 빨면서 지켜볼 수밖에 없었다.

간신히 견뎌서 다음 용돈 날이 되었다. 한번 호되게 당했기 때문에 조심해야겠다 생각하지만 8살의 아이에게 인내심이 있을 리가 없다. 다시 한번 짧은 환희의 날들과 긴 고통의 날들이 지나간다. 이렇게 고통받지 않으려면 어떻게 해야 할까? 어릴 때 나는 고민했다. '아! 일주일 용돈을 7일로 나눠서 하루에 쓸 수 있는 돈을 정하는 것이 좋겠다'라는 생각을 하게 되었다.

한 번 해 보니 확실히 주 초반에 용돈이 다 떨어지는 일은 막을 수 있었다. 하지만 정해진 금액 내에서 써야 한다는 것이 확실히 쉽지 않은 일이었다. 그렇게 일주일, 한 달, 1년이 지날수록 용돈을 탕진하면서 소비 경험이 쌓였다.

이렇게 6년의 시간 동안 시행착오를 반복한 뒤 중학생이 되었다. 중학생이 되니 버스를 타고 학교를 다녀야 했기에 초등학교 때와는 달리 용돈의 액수가 커졌다. 용돈을 받는 기간도 일주일에서 한 달로 늘어나게 된다. 이렇게 되니 초등학교 6년간 시행착오를 겪으면서 잡아 놓았던 나의 소비 패턴이 다시금 흔들리게 되었다.

어른들이 보기엔 별것 아닌 거 같아도 어린 나이에는 일주일 단위로 관리하던 용돈과 한 달 단위로 관리하는 용돈의 차이가 참 컸다. 액수와 기간만 늘어난 것인데도 용돈을 어찌 관리해야 할지 다시금 혼란이 왔다.

게다가 초등학생 때랑 달라진 것이 바로 용돈에서 버스비를 내야 한다는 것이었다. 지금 생각하면 이게 고정비였던 것인데 그 당시에는 그렇게까지 생각하지 못했다. 버스비 나가는 것을 생각지 못하고 용돈을 쓰다가 월말쯤 가니 버스비가 없어서 하루 이틀 정도는 걸어오는 날도 생기게 되었다.

이러면 안 되겠다 싶어서 작전을 바꿨다. 엄마가 용돈을 주면 그날 바로 한 달 치 회수권(교통카드가 도입되기 전에 사용하던 종이로 된 버스 승차권)을 샀다. 그러고 나서 남는 돈이 한 달 치 용돈이 되는 셈이었다. 이렇게 누가 가르쳐 주지 않았는데도 고정비를 먼저 제하고 변동비를 사용하는 방식으로 나는 용돈을 관리하게 되었다.

부모님은 내게 용돈을 주면서 딱 두 가지 원칙을 지켰다. 한번 준 용돈은 아무리 도중에 떨어지더라도 추가로 주지 않는 것과 내가 용돈으로 무엇을 사든 간섭하지 않는 것이었다. 학창시절 12년 동안 용돈을 관리하면서 내 용돈 한도 내에서 사고 싶은 것들을 눈치 안 보고 실컷 사 보고 수많은 시행착오를 겪으며 내 안에서 소비 기준을 확립해 나갈 수 있었다.

반대로 용돈을 주면서도 그 쓰임새를 사사건건 간섭하는 것은 아이가 스스로 깨달을 수 있는 기회를 박탈하는 것이며, 용돈이 떨어졌다고 또 용돈을 주는 행위는 아이가 소비를 절제하는 법을 배울 기회를 망치는 것이다.

10대에 용돈을 탕진해 가며 현명한 소비를 하기 위해 좌충우돌했던 사람은 20대부터는 능숙하게 월급을 관리할 수 있게 된다. 이미 모든 소비 흑역사는 용돈을 통해서 시행착오를 겪었기 때문에 성인이 되어서는 월급을 낭비하지 않고 자신의 계획대로 차곡차곡 돈을 모을 수 있게 되는 것이다. 반면에 10대에 제대로 된 소비 방법을 배우지 못했던 사람은 첫 월급을 타면 그때부터 고삐가 풀려 몇 년간 소비에 여념이 없게 된다. 소비란 인간의 본능과 같아서 언제든 탕진의 때가 오는데 그것을 어릴 때 할지 성인이 되어서 할지가 다른 것뿐이다.

나중에 월급으로 백화점에서 탕진하는 것보다 지금 아이가 문구점에서 용돈을 탕진하는 경험을 해 보는 것이 낫지 않을까? 지켜보는 부모는 속이 터질지 몰라도 용돈 교육은 중요한 원칙 몇 개를 제외하고 부모의 개입을 최대한 줄여야 한다.

그 대신에 부모의 올바른 소비 습관을 눈으로 보여 주며 자연스럽게 아이가 따라 할 수 있게 해야 한다. 아이가 용돈을 관리하면서 넘어지고 실수하고 어긋난 판단을 하는 기회를 충분히 주자. 머리가 아닌 몸으로 익혀야 평생을 가져갈 습관이 된다.

그런 의미에서 용돈 기입장도 반대한다. 저축하라는 말도 못하게 하고, 소비하는 것도 터치하지 못하게 하면 백이면 백 부모는 용돈 기입장을 통해서 아이를 교육하려 한다. 그러나 용돈 기입장은 철저히 부모의 시선에서 본 경제 교육 방법이다. 어릴 때부터 나는 돈 관리를 열심히 했지만 만약에 부모님이 용돈 기입장을 적으라고 했다면 도망가거나 안 적었을 것 같다.

용돈 기입장이라는 것 자체가 아이 입장에서는 부모의 감시 도구이며 부모가 이것을 본다는 생각에 거짓으로 기입하기 때문이다. 아이는 자신의 소비를 솔직하게 반성하기보다는 어떻게 하면 부모에게 들키지 않을지 궁리하게 되기에 용돈 교육의 효과가 어긋나게 된다. 만약에 아이가 자발적으로 하고 싶어서 용돈 기입장을 작성한다면 모를까, 부모가 아이에게 용돈 기입장을 쓰게 하고 그것을 검사하는 것은 추천하지 않는다.

엄마는 나에게 용돈 기입장을 적게 하는 대신 오히려 본인의 가계부를 보여 주었다. 엄마의 가계부는 늘 공개된 장소에 있었기에 누구나 마음먹으면 볼 수 있었다. 이를 통해 나는 우리집의 한 달 현금 흐름과 물건의 시세를 알 수 있었다. 재래시장 콩나물이 500원 하던 시절의 기억인데 이렇듯 내가 직접 쇼핑하지 않더라도 물가를 간접 체험할 수 있었고, 나를 둘러싼 물건 하나하나가 생각보다 얼마나 비싼 것들인지 알게 되었다. 그렇기에 물건이나 돈을 좀 더 조심스럽게 쓰게 되고, 이미 가지고 있는 물건은 새로 사지 않고 최대한 오래 사용하는 습관이 생겨나게 되었다.

아이에게 용돈 기입장을 쓰라고 하지 말고 우리 엄마처럼 본인의 가계부를 대신 보여 주라고 하면 대부분의 부모는 기겁한다. 입장을 바꿔

놓고 생각하면 아이 또한 용돈 기입장을 부모에게 보여 줄 때 그런 마음
이 든다는 것을 왜 모를까? 그리고 아이는 미숙해서 어떤 것이 올바른
소비인지 기준이 없기 때문에 용돈 기입장을 적더라도 사실 깨닫는 게
생각보다 많지 않다. 오히려 부모의 올바른 소비 습관이 담긴 가계부를
보여 주는 게 열 마디 말보다 나을 때가 많다. 적어도 나는 엄마의 가계
부를 통해 돈은 이렇게 쓰는 거구나 하고 배운 게 많기 때문이다.

엄마가 말해 준 에피소드가 있다. 어느 날 엄마가 가계부를 정리하
느라 들어온 돈과 영수증을 방바닥에 펼쳐놓고 계산하고 있었다. 그것
을 본 남동생이 "우와, 우리 엄마 돈 많다"라고 했는데, 내가 "저게 다 엄
마 돈인 줄 알아? 남의 돈이야" 하고 동생을 핀잔줬다고 한다. 아마도
엄마의 가계부를 계속 봐 왔기 때문에 어렴풋이 매출과 순이익의 차이
를 알고 그런 말을 했던 것 같다. 들어온 것만큼이나 나가는 돈이 많고,
그것을 다 제외해야 부모님의 소득이라는 것을 초등학생 때 깨달았던
것이다.

어릴 때부터 경제 교육을 받아 본 입장에서 최고의 경제 교육 지침
서는 엄마의 가계부였다. 그렇기에 나는 우리 아이에게도 엄마가 어떤
물건을 사는지, 이것의 가격은 얼마인지, 한 달에 얼만큼 돈이 나가는
지 솔직하게 말해 주는 편이다. 만약에 아이에게 모든 것을 공개하는
게 부담스럽다면 소득 부분만 가리고 지출 항목만 보여 줘도 괜찮다.

중요한 것은 우리가 한 달에 숨만 쉬어도 가정 경제를 지탱하기 위
해 얼마나 많은 돈을 쓰게 되는지 느끼게 해 주는 것이다. 어릴 때 내가

엄마의 가계부를 보면서 가장 충격을 받았던 게 그 지점이기 때문이다. 이 부분을 아이가 간접적으로 느낄 수 있게 해 주고, 용돈 관리할 때 자연스럽게 적용할 수 있도록 유도하는 것이 포인트가 된다.

용돈을 무기로
아이를 휘두르지 마라

지금 아이에게 용돈을 주고 있는 가정도 있고 아직은 아니지만 언젠가는 용돈으로 경제 교육을 시작해야겠다고 생각하는 가정도 있을 것이다. 용돈 교육은 미성년인 아이에게 경제 교육을 할 수 있는 기본적인 수단이다. 그러나 이를 잘못된 방법으로 사용하는 부모가 있다.

보통 용돈을 일주일에 한 번이나 한 달에 한 번 등으로 정기적으로 주는 경우가 많다. 반면에 정기적으로 용돈을 주는 것이 아니라 심부름을 하거나 부모의 일을 도울 때 그 대가로 아이에게 돈을 주는 가정도 있다.

이런 가정의 부모에게 물어보면 일을 하고 돈을 받는 개념을 가르쳐 주기 위해 이런 방식으로 용돈을 지급한다고 말한다. 그러나 개인적으로는 이러한 방법은 득보다 실이 많다고 생각하기에 반대하는 편이다.

간단하게 프리랜서와 봉급 생활자를 비교해 보면 좋다. 정기적으로 매달 월급을 받는 봉급 생활자는 소득이 예측되기 때문에 소비 계획 또한 세우기 쉽다. 내가 초등학생 때 매주 용돈을 받았기 때문에 받은 용돈을 7일로 나눠서 소비하려고 노력했듯이, 어린아이여도 계획은 세울 수 있고 지키려고 노력할 수 있다. 그러나 수입이 들쭉날쭉하여 언제 돈이 들어올지 알 수 없는 프리랜서는 자금 계획에 어려움을 겪게 된다. 재무 상담할 때 보면 소득이 일정하지 않은 프리랜서나 사업을 하는 사람은 봉급 생활자에 비해 소비와 저축을 어떻게 해야 할지 혼란스러워 하는 경우가 많다.

어른도 이런데 아이가 과연 용돈을 체계적으로 관리할 수 있을까? 쉬운 것부터 차근차근 배워야 하기에 굳이 아이에게 이런 어려운 상황에 노출시키는 것을 추천하지 않는다. 여러 가지 변수가 있으면 혼란을 느낄 수 있기에 용돈은 정기적으로 주면서 소비 교육을 중점적으로 가르치는 것이 좋다.

또 하나 걱정스러운 점은 심부름과 집안일을 돕는 것을 돈으로 치환하는 형태다. 집안일은 금전적 문제가 아니라 가족 구성원으로서 당연히 해야 하는 일이면서 다른 가족 구성원을 위해서 내가 선의로 할 수 있는 일이다. 그에 대한 보답은 스스로 느끼는 보람과 가족들의 감사와 칭찬 등 무형의 것이어야 하지 물질적인 것이 되어서는 안 된다.

심부름과 집안일에 보상으로 돈을 주면 아이는 오로지 돈을 모으기 위해 집안일을 하게 되며, 사소한 집안일을 해 놓고 부모에게 돈을 요구하는 일그러진 관계가 형성된다. 부모는 고용주가 아니며 아이는 피고용인이 아니다. 그런데도 가족 구성원으로서 당연히 해야 하는 집안일이 아니라 원래는 부모의 일인데 내가 노동력을 제공하여 용돈과 등가 교환하는 것으로 여기게 되는 것이다. 이런 생각이 자리 잡게 되면 이후에는 아이에게 무슨 일을 시키더라도 부모에게 대가를 요구할 수도 있다. 과연 올바른 경제 교육인지는 고민해 봐야 할 것이다.

부모와 아이 사이에 돈이 개입되면 생각하지 못한 부작용이 일어날 수 있기에 정말 조심스럽게 다루어야 한다. 어디까지나 용돈은 아이가 성인이 되었을 때 돈을 잘 관리하게 하기 위한 교육 목적으로만 접근해야 하는 것이다.

어떤 부모 중에는 아이에게 주는 돈을 무기로 아이를 휘두르는 부모도 존재한다. 가장 많이 범하는 오류가 바로 학업과 금전적 보상을 연결하는 행위다. 이번 시험에서 몇 등 또는 몇 점 이상 된다면 원하는 것을 사 주거나 돈을 준다고 미끼를 투척하는 경우가 대표적이다.

동기부여에는 외재적 요인과 내재적 요인이 있다. 외재적 요인은 금전적인 보상을 통해서 동기부여를 하는 것이며 내재적 요인은 과정에서의 열정과 도전 정신, 성취감 등이 해당한다. 그러나 미국 경제학자들의 연구 결과에 따르면 외재적 요인은 성적을 향상하는데 큰 효과가 없다. 금전적 보상과 학업 성취도 간의 상관 관계는 존재하지 않으며, 일시적으로 미세한 상승은 있을 수 있으나 오차 범위 내라서 유의미하지 않다고 한다.

애초에 입시 공부는 수능을 보는 날까지 꾸준히 해야 하는 데 이런 단기 목표로 얼마나 성적을 유지할 수 있을까? 공부는 원래 학생이라면 당연히 해야 하는 일이고, 누구도 아닌 스스로를 위해서 하는 일이다. 부모는 아이가 꾸준히 공부하기 위한 내재적 요인을 찾을 수 있도록 옆에서 도와야 한다. 물론 이런 내재적 요인을 찾는 과정이 결코 쉽지 않다. 그래서 상대적으로 쉬운 방법인 물질적 보상에 부모가 유혹당하는 것이다.

잊지 말아야 할 것은 대가를 지급하는 순간 아이를 위한 행위가 아니라 부모가 원하기에 하는 행동으로 변질된다. 가족 구성원으로서 당연히 해야 하는 집안일에 돈을 주면 돈을 받았기에 하는 일이 되며, 학생으로서 당연히 해야 하는 공부에 대가를 지급하면 그 대가 때문에 하는 일이 되는 것이다.

비슷한 의미로 부모 중에는 어린 아이에게 책 읽는 습관을 길러 주겠다며 책을 일정 권수 이상 읽으면 원하는 것을 사 주겠다고 보상을 제공하는 경우도 많이 봤다. 이런 경우도 마찬가지로 지성인이기에 책을 읽어야 하는 것이지만 보상받기 위해 책을 읽는 것으로 변질되는 것이다. 그렇게 읽은 책이 과연 의미가 있을까?

어릴 때 매주 주말마다 도서관을 갈 정도로 책을 많이 읽었다. 책을 그렇게 열심히 읽었던 이유는 부모님 덕분이었다. 책을 좋아하는 엄마의 영향을 받아 어릴 때부터 그런 환경에 많이 노출되었고, 엄마가 학생일 때 재밌게 읽었던 문학책을 나한테 추천해 주고 내가 그것을 읽기도 했다. 여러 가지 공상이나 상상을 좋아해서 책을 읽고 그 내용을 곱씹는 과정 중 많은 생각이 자랐고 나중에 투자자로서 큰 장점이 되었다.

만약에 그 당시 부모님이 책 10권을 읽으면 내가 좋아하는 물건을 사 주겠다고 제안했으면 어땠을까? 어린 나는 아마 책 한 권을 곱씹으며 읽고 즐거워하기보다는 그 책 권수를 채우는데 급급해서 빨리 읽는 것에만 집중했을 것이다. 비록 읽은 책은 10권이더라도 그 책의 내용은 내 머릿속에 남지 않았을 텐데 이런 독서에 도대체 무슨 의미가 있을까?

물질적인 보상으로 아이를 휘두르는 부모는 아이에게 상을 줄 때만 하는 것이 아니라 처벌할 때도 그것을 무기로 사용하곤 한다. 아이가 혼날 일이 있을 때 이를 질책하면서 용돈이나 물건을 압수하는 등의 행위를 말한다. 행위는 그 행위에 대한 질책과 반성으로 끝나야 한다. 부모가 아이를 혼내는 것은 그 아이의 행동을 개선하기 위함이지 아이에게 고통을 주거나 통제하기 위함이 아니다. 단순히 질책을 들었을 때는 본인의 행동에 반성하던 아이도 용돈이나 물건을 압수하게 되면 반성보다는 부모에게 반감이나 억울함 등이 생겨나기에 교육적 효과가 퇴색되므로 주의해야 한다.

돈이라는 것이 어떤 행동에 대한 상이나 벌이어서는 안 된다는 뜻이다. 우리가 아이에게 돈을 주는 것은 용돈 교육을 통해 돈이라는 물건을 현명하게 다루는 방법을 가르쳐 주기 위한 교육 목적이다. 이것을 무기로 아이를 통제하고 부모의 입맛대로 다루기 위함이 아니라는 것을 명심해야 한다.

용돈 교육
A to Z

용돈 교육이 중요하다는 것은 재테크에 관심이 많은 부모라면 아마 공감할 것이다. 그러나 막상 아이에게 용돈 교육을 하고자 하니 어디서부터 어떻게 해야 할지 막막해 하는 사람이 많다. 용돈 관련하여 많은 질문을 받았기에 하나씩 정리해 보고자 한다.

먼저 용돈 교육을 시작하는 나이는 초등학교에 입학하는 8살부터라고 답하겠다. 나부터가 8살부터 용돈을 받았는데 닭이 먼저인지 달걀이 먼저인지는 모르겠지만 딱 그때쯤부터 돈을 다루는 감각이 생겨나기 시작했다.

그 당시에 받는 세뱃돈은 아이 기준에서 액수가 컸기 때문에 정확히 어느 정도 가치를 가진 돈인지 감을 잡지 못했던 반면, 용돈은 당장 몇 개의 과자나 아이스크림으로 치환될 수 있는 현실적인 가격이었다.

그래서 그 시기부터 용돈을 사용하면서 금전 감각을 기를 수 있었다.

우리 아이를 키우면서 느낀 것은 초등학교 1학년 때부터 산수 시간에 백자리 숫자를 다루게 되는데, 이 때문에 백원 단위의 돈을 좀 더 구체적으로 다룰 수 있었다. 미취학이어도 천원, 만원, 오만원의 존재는 알지만, 그 숫자의 돈이 의미하는 구체적 개념을 느껴볼 수 있는 게 바로 초등학교 1학년이었다. 아이 입장에서도 초등학교에 들어가면 이제 더 이상 어린애가 아니라는 자부심이 생겨나기 때문에 좀 더 책임감 있게 용돈을 대할 수 있는 환경이 조성되기도 한다.

용돈 교육을 시작할 나이가 정해졌다면 이번에는 용돈을 지급하는 간격이다. 이건 부모님에게 교육받은 그대로 우리 아이에게 진행하고 있는데, 초등학교 때는 일주일 간격이며 중학생부터는 한 달 간격이다.

초등학교 때까지는 긴 기간 용돈을 관리하는 게 힘들기에 일주일에 한 번 주는 것으로 연습하는 것이 좋다. 다만 학년이 올라갈수록 써야 하는 금액이 늘어나기도 하고 작은 돈에서 시작해서 금액이 늘어갈 때마다 관리가 되는지 점검하기에도 좋기에 초등학생 때는 매주 지급하는 용돈을 한 학년 올라갈 때마다 금액을 늘려 보자.

이러한 방식은 교육적 측면에서도 좋지만, 용돈을 받는 아이 입장에서 또 하나의 긍정적 효과가 있다. 용돈이 점점 오르는 것은 내 입장에서 상당한 기쁨이었고, 학년이 바뀌면 용돈이 오른다는 것을 알기 때문에 새해가 되면 더 힘차게 한 해를 시작할 수 있었다. 마치 매년 연봉 협상을 기다리는 직장인과 비슷한 기대감을 초등학생 때 깨달았던 것이다.

초등학교 때부터 6년간 이렇게 연습하면 중학교부터는 지급하는 간격을 한 달로 늘려도 된다. 한 달에 한 번 돈을 받고 이것을 한 달 동안 신경 써서 관리한다는 게 생각보다 힘든 일이라서 이 과정에서 많은 것을 배울 수 있었다.

마지막으로 용돈 금액인데 이것은 사실 정해진 액수가 없다. 아이가 몇 살인지, 우리 가정 형편은 어떤지, 아이가 용돈으로 사야 할 게 무엇인지에 따라 천차만별이기 때문이다. 특히 용돈으로 어디까지 해결해야 되는지에 따라 소소하게 과자 정도만 사도 되는 것인지 아니면 부모가 맞벌이라 아이가 알아서 밥이나 간식을 사 먹고 학원에 가야하는지에 따라 각 가정마다 상황이 다르다.

그래서 어떤 상황에 용돈을 쓰게 되는지 아이의 생활을 잘 관찰하고 아이와 의논해 보는 것도 좋다. 처음부터 딱 알맞은 금액을 정할 수는 없기 때문에 용돈 교육 초기에는 금액을 늘이거나 줄여가면서 우리 아이에게 맞는 용돈의 금액은 어느 정도 일지 가늠해 보길 바란다.

기본적인 것들이 정해졌다면 본격적으로 용돈 교육을 진행하면서 용돈에 대한 이야기를 평소에 많이 나누되 부모의 간섭은 최소화해야 한다. 용돈 교육은 초등학교 6년과 중고등학교 6년, 도합 12년의 오랜 기간 동안 이루어진다. 그렇기에 부모의 직접적 지시보다는 아이가 다양한 소비 상황에서 몸으로 부딪쳐가며 하나씩 깨우치는 경험을 해 보는 게 정말 중요하다. 여기서 부모는 화자가 아닌 청자로서 자신이 말하기보다 아이의 이야기를 들어주고 필요할 때 조언을 보태는 역할에 충실해야 한다.

용돈을 제멋대로 쓰면서 시행착오를 겪어 보지 않으면 돈 관리의 필요성을 피부에 와닿게 느끼지 못한다. 주변에는 부모님에게 용돈을 받았던 친구들도 많았지만, 그 친구들은 돈을 다루는 방법을 익히지 못했다. 왜냐하면 부모님이 용돈에 사사건건 간섭하면서 돈을 쓸 때 눈치를 보았고, 부모님이 좋아할 만한 소비와 싫어할 만한 소비를 판단 기준으로 삼았기 때문이다.

소비의 기준이 부모여서는 안 된다. 누군가에게는 꼭 필요한 소비가 다른 누군가에게는 쓸모없는 소비가 되는 것처럼 소비에 대한 가치 판단은 사실 사람마다 모두 다르다. 당연히 부모와 아이도 다를 수밖에 없다는 것을 인정해야 한다. 부모의 기준을 강요할 게 아니라 아이가 자신의 소비 기준을 하나씩 정립해 나가는 것을 지켜봐 주는 게 바로 용돈을 받는 기간에 해야 할 일이다.

중고등학교 때 용돈을 쓰면서 기상천외한 물건이나 예쁜 쓰레기들을 사서 모은 적이 있다. 대표적으로 예쁜 그림이 그려진 엽서나 마음에 드는 디자인의 스티커 등 누군가가 보기엔 하등 쓸모가 없는 것들이었다. 과거에 내가 했던 소비지만 한 아이의 엄마가 된 지금, 중고등학생이었던 나는 왜 저런 것을 사서 모았을까? 싶다. 그러나 그 당시 내 눈에는 소중하고 예쁘고 꼭 필요한 물건이었고, 세월이 지나 소비의 기준이 바뀌었고 생각이 달라졌을 뿐이다.

만약 과거의 저런 소비를 부모님이 못하게 했다면 어찌 되었을까? 사람은 금지당할수록 미련으로 남아서 나중에 더 큰 소비로 이어진다. 중고등학생 때 용돈을 모아 옷을 사고 싶어하는 아이의 행동을 금지한다면 그 아이는 성인이 되어 백화점에서 비싼 옷을 카드로 긁으며 월급을 탕진하게 된다. 어차피 소비할 거라면 용돈으로 문구점에서 시행착오를 충분히 겪는 것이 훨씬 낫다.

용돈 교육을 받는 기간 동안 아이가 많은 실패와 시행착오를 겪어 볼 수 있도록 지켜보는 게 좋다. 하지만 무조건 방관하라는 소리는 아니다. 시행착오를 충분히 겪었음에도 아이가 전혀 감을 잡지 못하고 용돈 관리에 어려움을 겪는다면 부모가 약간의 길잡이 역할을 해 주면 좋다.

A4 용지에 세로로 정 가운데에 선을 긋고, 손익계산서와 대차대조표처럼 왼편에는 용돈으로 받는 돈의 액수를 적어 보고, 오른편에는 이번 주에 써야 할 항목들과 각각의 금액을 적어 보게 한다. 일종의 예산표인데 소비 항목과 금액은 모두 아이의 의견을 그대로 반영하여 적어보게 한 뒤 이번 주는 이렇게 써 보자고 하고 일주일을 보낸다.

일주일이 지나고 나서 아이에게 소감을 물어보고, 책정한 예산과 실제 집행한 금액을 비교해 본다. 이를 바탕으로 아이가 다시 예산표를 수정해 보게 한다. 이것을 부모가 한 달 정도 같이 해 주면 그 이후에는 아이가 스스로 예산을 설정하고 고치면서 용돈을 좀 더 계획성 있게 쓸 수 있게 된다.

아이가 옷을 산다거나 온라인 게임 과금을 한다거나 아이돌 굿즈를 구매하는 등 부모의 눈에 거슬리는 소비 항목이 있더라도 간섭해서는 안 된다. 신체적, 정신적으로 위협을 줄 수 있는 물건이나 서비스를 이용할 경우에만 제지하는 것이지 취미 생활에 쓰는 돈까지 간섭해서는 안 된다.

공부에 방해되지 않도록 적정선만 지킨다면 저런 것들이 바로 수험 생활의 기쁨과 에너지가 되기도 하고, 갖고 싶은 목표를 위해 소비를 절제하거나 돈을 모으는 방법을 배울 수 있기에 오히려 경제 교육적 측면에서는 긍정적 효과를 볼 수 있다. 무언가를 위해서 인내하며 돈을 모으는 행위는 훌륭한 장기 투자자의 덕목이기도 하고 말이다.

예산표대로 아이가 소비 생활을 잘하다가 학년이 올라가서 필요한 금액이 늘어나거나 물가의 상승으로 기존의 용돈이 모자라게 되면 아이는 용돈 인상의 필요성을 느끼게 된다. 초등학생 때까지는 매년 알아서 용돈을 부모가 올려 주었지만, 중학교 이후의 용돈은 어느 정도 고정된 금액으로 주는 게 좋다. 용돈 인상의 필요성을 아이 스스로 느낄 수 있도록 유도하기 위해서다.

아이가 용돈을 올려 달라고 부모에게 요청하면, 그때 다시 예산표를 작성해 오라고 하자. 그리고 예산표를 바탕으로 왜 용돈을 올려 줘야 하는지 당위성을 아이 스스로 입증하도록 유도한다. 부모는 아이의 설명을 충분히 들어보고 아이의 논리가 합리적이라고 생각할 때 용돈을 올려 주면 된다.

이는 나중에 성인이 되었을 때 스스로 몸값을 책정하고 연봉 협상을 하는 기술을 익히는 데 도움이 되는 과정 중 하나다. 상대에게 돈을 올려 달라고 요구할 때 무작정 요구하거나 감정에 호소해서는 안 된다. 합리적 근거(예산표)에 의거한 당위성으로 상대를 설득해야 한다는 점을 배워야 한다.

실제로 나는 이때 익힌 기술을 바탕으로 20대에 연봉 협상을 할 때 물가 인상률 표를 들고 들어간 적이 있다. 매년 이만큼 물가가 오르기 때문에 연봉이 같은 비율로 인상되더라도 물가 상승으로 인한 상쇄 효과로 결국 연봉 동결과 같은 효과를 낸다고 설명했고, 그 때문에 연봉의 하한선은 물가 인상률이 되어야 한다고 주장했다. 거기에 인사고과에 따른 알파를 더한 연봉을 제시했는데 그게 받아들여져서 연봉을 올려 받은 경험이 있다.

아이가 용돈을 쓰다 보면 절약에도 한계를 느끼고 용돈 인상에도 한계를 느낄 때가 있다. 이런 상황에 처하면 아이는 부수입을 올릴 수 있는 게 없는가 고민하게 된다. 나는 집에 모인 빈 병을 팔아서 써도 되는지 엄마에게 허락을 구했고, 슈퍼에 빈 병을 모아다 주고 받은 푼돈을 용돈에 보탰던 기억이 있다.

요새는 돈 버는 방법이 다양해져서 그런지 아이들이 소소하게 돈을 모을 수 있는 방법이 많다. 대표적으로 앱테크로 간단한 간식 정도는 교환해서 먹거나 디자인 센스가 좋은 여자아이들은 떡메모지나 도무송 스티커 같은 문구류 굿즈 등을 제작하여 중고장터에서 판매하기도 한다.

이런 것들은 공부나 다른 일상에 크게 방해가 되지 않는 선에서 부모가 취미 생활로 인정해 줘도 된다. 제작과 판매를 하는 과정을 부모가 관심 있게 지켜보면서 판매 과정에서 어려움을 겪게 될 때 조언해주면 좋다. 아이가 얼마의 돈을 버느냐는 중요하지 않으며 물건을 제작하고 팔면서 시장 논리를 익히고 소규모의 사업과 거래를 배울 수 있는 유용한 취미로 인정해 주도록 하자. 디자인에 재능을 보이는 아이들은 진로 적성과도 연결될 수 있으므로 경제 교육적인 측면 외에도 다방면으로 아이의 가능성을 탐색해 보는 게 부모의 역할이기도 하다.

부자는 좋은 물건을
오랫동안 사용한다

어릴 때부터 봐 온 우리집은 물건 하나를 살 때도 심사숙고하는 집이었다. 소재와 재질은 어떤 것으로 구성되어 있는지, 내구성은 견고한지, 다방면으로 쓸 수 있는 확장성이 있는지, 마지막으로 가격은 합리적인지까지 말이다.

그렇게 물건 하나가 우리집에 들어오기까지 거쳐야 할 관문이 많지만, 그 과정을 모두 통과하여 구매한 물건은 절대 함부로 버리지 않았다. 고장이 나거나 사용할 수 없을 정도로 망가진 경우가 아니라면 몇 년이 지나도 그 물건은 우리집에서 쓰임을 다할 때까지 사용된다.

그래서 집안에는 세월의 더께가 쌓인 물건이 참 많다. 엄마가 깨끗하게 쓸고 닦아 모양새는 깔끔했지만, 시간의 흐름으로 변색된 한 켠의 얼룩이나 오래된 디자인이 바로 그것이다. 하지만 기능상 문제가 없다면 그런 것들은 우리집에서는 전혀 문제가 되지 않았다.

낡은 물건에서 나오는 자연스러운 멋스러움도 한몫하고 말이다. 뉴트로(복고풍이 새롭게 유행하는 현상)라는 이름으로 뜨고 있는 것을 보면 오래된 물건에 내재 가치를 부여하느냐 아니냐는 개인의 몫인 것 같다.

그런 집에서 자란 나도 자연스럽게 부모님의 행동을 따라 하게 되었다. 초등학생 때도 연필을 한 번 쓰면 손에 잡히지 않을 정도로 줄어들어 몽당연필이 되어서야 버렸고, 연습장도 문구점에서 사는 것이 아니라 집에 돌아다니는 이면지 뒤에 수학 문제를 풀었다. 나이가 어렸기 때문에 돈을 아껴야 한다는 생각에 했던 것은 아니다. 다만 물건을 대하는 태도를 부모님의 모습에서 배웠기에 원래 그렇게 하는 거라고 생각했다.

물건은 귀하게 관리해야 하고 기능이 다할 때까지 완전히 사용해야 한다. 물건을 비로소 다 썼을 때, 그제서야 또 다른 물건을 사는 것이 어린 나에게는 당연했다. 주변 친구가 좋아하는 크레파스 색을 다 써서 부모님에게 새로 사 달라고 조르거나, 색종이를 맘에 드는 색만 쓰고 나머지는 버리는 것이 너무 이상하고 아깝게 느껴졌다.

결혼하고 보니 시부모님 또한 우리 부모님과 비슷했다. 시어머니는 본인을 지칭하실 때 물건을 잘 못 버리는 사람이라고 했는데, 그건 친정도 비슷해서 굉장히 익숙한 기시감이 느껴졌다. 그런 시부모님 밑에서 자란 남편도 물건을 대할 때 나와 비슷한 성향을 지녔기에 이런 부분에서 우리 부부는 이견이 별로 없었다.

우리 부부의 살림살이를 보면 부모님의 흔적이 느껴지는 것들이 참 많다. 엄마가 쓰던 김치냉장고 두 개를 물려받아 지금 내가 쓰고 있는데 하나는 00년대 중반에 생산된 것이고, 다른 하나는 무려 90년대 중반에 나온 딤채 초기 모델이다. 백색 가전은 의외로 고장이 없어서 쓰고자 하면 30년이 된 것도 작동이 잘 된다. 다만 디자인이 구형이며 하얀색이었던 김치냉장고가 노랗게 바랬을 뿐이다. 고장이 났다면 버려야겠지만 정기적으로 점검받았기에 기능상 전혀 문제가 없는데 버릴 이유가 없어 아직도 잘 사용하고 있다.

운전하는 자동차 또한 시부모님께 물려받은 것인데, 2001년식 모델이다. 오래된 자동차여도 잘 굴러간다면 새 차를 사는 것보다 훨씬 돈을 아낄 수 있기 때문에 당연히 이 차를 타는 것을 택했다. 다행히 남편이 차량 관리에 일가견이 있어서 고장이 나더라도 해외에서 자동차 부품을 주문해서 스스로 고쳐 지금까지 아껴서 잘 타고 있다. 다만 요새는 고장이 잦아지면서 수명이 다해가는 것이 보여 앞으로 이 차를 어떻게 할지 남편과 의견 조율 중이다.

사람들은 생각보다 물건을 쉽게 사고 버리며 자주 싫증을 내기 때문에 새것 같은 물건도 단순 변심 때문에 안 쓰는 경우가 부지기수다. 또한 사소한 고장을 수리하지 않고 버리고 새로 사는 경우도 많다. 그런 모습을 볼 때마다 내 물건이 아닌데도 아깝고, 기능만 정상 작동하면 오래도록 사용하는 나로서는 물건이 싫증이 나서 처분한다는 것 자체가 신기할 뿐이다.

그런 모습을 단적으로 보여 주는 것이 바로 휴대폰이다. 상당히 고가의 물건임에도 불구하고 금세 싫증을 느끼고 새로운 기종으로 자꾸 바꾸는 사람들이 많다. 이렇게 행동하면서 기존 휴대폰을 팔고 새 휴대폰을 사는 것이기에 싸게 사는 거라 합리화하기도 한다.

만약 이러한 소비를 하고 있다면, 물건의 가치는 감가상각된다는 점을 기억하자. 모든 물건은 시간이 지날수록 평가가치가 감소한다. 기존 휴대폰을 팔고 새 휴대폰을 사는 행위를 자주 반복하게 되면 싸게 사는 것이 아니라 그만큼 내 휴대폰을 할인해서 판매하는 것이기에 오히려 손해를 보는 것이다. 우리 부부는 보통 휴대폰을 한번 사면 특별한 문제가 생기지 않는 이상 적어도 5년 정도 사용한다. 나의 휴대폰은 갤럭시S2(4년), 갤럭시노트4(5년), 갤럭시노트10(4년)을 거쳐서 갤럭시노트20을 쓰고 있다.

같은 휴대폰을 5년쯤 사용하고 있으면 주변에서 여러 가지 참견을 한다. 정작 당사자인 우리는 아무 불편 없이 사용하는데 주변에서는 경악하면서 도대체 그 구형 휴대폰 언제까지 쓸 거냐고 불편하지 않냐면서 답답해하는 경우가 많다. 사진을 많이 찍지 않고, 찍는 즉시 클라우드와 연동해서 휴대폰 안의 사진을 정기적으로 지우기 때문에 용량이 큰 휴대폰이 필요 없다. 또한 정기적으로 휴대폰을 초기화하여 속도를 최적화한다. 그렇기에 같은 휴대폰을 5년 이상 사용하더라도 크게 불편함을 느끼지 못하고 잘 쓰는 것이다.

재밌는 것은 그렇게 심사숙고해서 물건을 들이고 한번 내 것이 된 물건을 아껴서 사용하다 보면 주변에서 이것저것 많이 챙겨준다. 누군가에게는 싫증이 나거나 상태가 안 좋아 보이는 물건인데 우리 부부가 보기에는 새것 같거나 조금만 고치면 되는 물건들이라 '이것을 왜 버려?' 하는 상황이 반복되다 보니 그런 물건들이 자꾸 넘어온다.

돈 한 푼 안 쓰고도 멀쩡한 물건이 굴러 들어오니 돈이 저절로 모일 수밖에 없는 것이다. 다른 물건도 많이 들어오지만 나름 고가인 휴대폰도 들어온다. 보통 사람들은 휴대폰을 2~3년마다 바꾸는 경우가 많다. 우리 부부가 같은 휴대폰을 5년간 사용할 동안 주변에서는 이미 그 기간에 휴대폰을 두 번이나 바꾸는 셈이다. 그렇게 다른 사람이 싫증 내서 양도한 휴대폰이 우리에게 오게 되는데, 기능만 멀쩡하다면 어떤 물건이든 쓰임새가 다할 때까지 사용하는지라 꽤 오래도록 쓰게 된다.

대체로 이렇게 물건 복이 넘치기 때문에 나는 중고마켓을 이용하지 않는다. 일단 우리집에서 쓰임새를 다한 물건은 누구에게도 팔 수 없는 상태가 되기도 하고, 고장이 나야만 물건을 놔 주는데 그런 물건이 갈 장소는 재활용이나 폐기물 쓰레기장밖에 없기 때문이다.

중고마켓에서 팔지 않으면 구매할 것은 있지 않겠냐 하겠지만 그마저도 이미 물건을 가지고 있거나 주변에서 챙겨 주기에 특별히 살 일도 없다. 거기다 중고 거래를 위해서 협상하는 과정 자체가 시간적, 정신적으로 에너지가 낭비되기에 꺼리는 편이다. 어차피 어지간해서는 물건을 잘 사지 않는 데다가 한 번 물건을 사면 오래도록 아껴서 쓰기 때문에 차라리 에너지 소모를 줄이고 새 제품을 산 뒤 그 시간에 더 생산적 일을 하는 것이 낫기도 하고 말이다.

이런 생활 방식은 유별나지 않다. 남편이 해 준 이야기에 따르면 놀랍게도 미국 부자 중에서도 우리 가족과 같은 라이프 스타일을 가진 사람들이 꽤 있다고 한다. 남편은 어릴 때 미국에 건너가서 결혼하기 전까지 20여 년을 살았다. 오랜 기간 그곳에서 생활했기 때문에 다양한 친구를 사귀고 그들의 가족 이야기를 보고 들을 수 있었는데, 자산가임에도 합리적인 소비를 하는 미국 사람들의 모습에서 많은 것을 배웠다고 한다.

남편이 본 미국의 자산가는 여러 가지를 꼼꼼히 따져서 물건을 구입한 뒤 그 물건을 고치거나 관리하며 오래도록 잘 사용한다고 한다. 부모님이나 조부모님이 쓰던 오래되고 가치 있는 물건을 물려받은 것을 자랑스럽게 여긴다는 점에서 양가 부모님과 일맥상통하는 점이 있기도 하다.

부자니까 당연히 명품 브랜드의 물건들도 있지만, 그 물건이 꼭 명품이라서가 아니라 어떤 물건이든 이런 태도라고 한다. 남편의 말을 듣고 미국에서 왜 홈디포라는 기업이 잘 나가는지 어렴풋이 이해가 되었다. 인건비가 비싸기 때문인 것도 있지만 기본적으로 자신의 공간이나 물건을 자기가 고치고 잘 관리한다는 개념이 보편적이기에 홈디포라는 기업도 존재하는 것이다. '만약에 홈디포가 우리나라에 들어온다면 미국만큼 잘 될 수 있을까?'라는 생각도 해 보게 된다.

어떤 물건을 오랫동안 잘 사용하려면 좋은 물건을 구분할 수 있는 안목이 있어야 한다. 좋은 물건이라는 것은 단순히 가격이 비싼 물건을 말하는 것은 아니다. 때에 따라 가장 싼 것을 써도 상관이 없는 때가 있고, 어떤 때에는 조금 가격이 나가더라도 양질의 물건을 사서 오래 쓰는 것이 중요하기도 하다. 이렇게 소비할 때 어떤 것을 보고 소비해야 할지 가치 판단의 기준이 되는 안목을 뜻한다.

이러한 안목은 먹고 입고 쓰는 모든 물건을 대상으로 하기에 결코 하루아침에 이루어지지 않으며 부모가 평생에 걸쳐서 아이에게 대물림하는 무형의 가르침 중 하나다. 해당 물건이 형성된 가격 대비 실제 어느 정도의 품질을 지니고 있는지 파악할 수 있으려면 소재나 구조에 따라서 내구성과 쓰임이 어떻게 다른지, 그래서 어떤 물건에 지갑을 열고 열지 말아야 할지 부모가 알려 줘야 한다.

예를 들면 식재료와 공산품이 있다. 식재료는 쉽게 변질이 되며 사람의 몸에 직접적 영향을 줄 수 있는 것들이기에 가격과 품질이 상당히 연계되어 있다. 그래서 지나치게 싼 식재료에는 반드시 품질 이슈가 있을 수밖에 없어 가격대가 좀 있더라도 중에서 중상 이상의 식재료를 골라야 한다.

다만 품질에 따른 가격이 아닌, 유통 과정에 따른 가격은 절약할 수 있기에 마트보다 도매 시장을 선호한다. 유통 과정이 길어지면 식재료의 신선도가 떨어지고 가격은 더 오른다. 이중으로 패널티를 받는 것이므로 더 싸고 더 신선한 식재료를 위해 번거롭더라도 정기적으로 도매 시장을 방문하곤 한다.

반면에 공산품은 대량 생산한 것이고 변질되지 않는 것이기에 가격과 품질의 연계성이 다소 떨어진다. 비싼 제품이라고 반드시 좋은 제품은 아닌 경우가 많다. 가격의 저렴함을 기본적인 기준으로 두되, 거기서 소재나 제품 성능의 차별화 등을 비교하면 좋다.

의류는 가격과 품질이 복합적으로 작용하는 물건이기에 어느 계절, 어느 장소에서 입는 옷이냐에 따라 가격에 중점을 둘지, 재질에 중점을 둘지 선택해야 한다. 다만 이 과정에서 의류는 옷감 소재가 어떤 것이냐에 따라 기능이나 내구성, 세탁과 보관 용이성에 차이가 있을 수 있어서 이 부분을 양가 어머님들께 배웠던 기억이 난다.

구입 단계에서 합리적인 소비를 하는 것뿐 아니라, 오래 사용하기 위해서는 관리·유지·보수에 대한 개념을 갖추는 것도 중요하다. 식재료의 최우선 가치는 신선도와 재고 관리에 있다. 양가 어머님들이 식재료 장기 보관 팁을 많이 알려 주셨는데 최대한 길게 보관하더라도 결국 식재료는 서서히 상하기 마련이다. 유통 기한을 고려하여 선입선출로 재고를 관리하여 낭비되는 식재료가 없게 해야 한다. 이를 위해서 구입할 때 필요한 식재료만 구입하고, 그것을 다 쓰기 전까지 추가 구매를 최대한 삼가야 한다. 싸게 사더라도 다 활용하지 못하고 썩어서 버리게 된다면 돈을 낭비한 셈이다.

컴퓨터나 자동차 같은 복잡한 전자제품·기계는 수명이 있기에 언젠가는 고장이 나는 것들이지만 평상시에 유지·보수를 잘해 주면 고장이 나는 시기를 뒤로 늦출 수 있다. 오래 사용하는 만큼 새 제품을 구입해야 하는 빈도가 줄어들기에, 평소에 조금이라도 이상이 있으면 자주 살피고 고치는 것이 장기적으로 돈을 더 아낄 수 있는 길이다.

대부분 사람들은 초반에 문제가 생길때 유지·보수 비용이 든다는 이유로 이런 문제를 방치하다가 큰 고장이 생기고 나서야 고치는 편이다. 호미로 막을 것을 가래로 막는 상황이 벌어지는 것이다. 이런 상황까지 이르게 되면 반드시 고쳐진다는 보장도 없으며, 고쳐진다 하더라도 수리비가 많이 들기에 대부분 이 단계에서 수리 대신 새 제품을 구입하려 한다.

사소한 고장 정도는 스스로 고칠 수 있도록 배워 두는 것이 좋다. 인건비가 점점 올라가는 시대에 셀프 보수를 할 수 있다면 시간적, 금전적으로 큰 보탬이 된다. 요새는 사람을 불러도 빨리 오지 않거나 오더라도 큰 비용을 요구하기 때문이다.

가정 내에서 가장 큰 유지·보수 비용이 드는 것 중 하나가 바로 자동차다. 보통 자동차 정기 검사를 받을 때 정비사가 앞으로 문제가 생길 수 있는 부분을 미리 귀띔해 준다. 남편 말로는 대부분 사람들은 운행하는 데 지장이 없는 사소한 고장은 돈이 아까워서 고치지 않고 미룬다고 한다. 그런데 그것이 도화선이 되어 차가 아예 멈추거나 중요 부품을 다 교체해야 하는 큰 고장으로 번지게 되고, 결국 수리 대신 새로운 차를 구입하게 되는 것이다.

남편은 사소한 고장에도 최대한 바로 그 문제를 해결하려 노력한다. 고장이 없더라도 자동차 유지·보수에 신경 쓰는데, 오일이나 부품 등의 소모품은 갈아 줘야 하는 기간이 딱 정해져 있기에 평소에 그런 유지·보수 스케줄만 신경 쓰더라도 발생할 수 있는 고장의 상당수를 예방할 수 있다고 한다. 그렇게 관리해도 고장이 난다면 간단한 고장은 해외에서 부품을 주문한 뒤 스스로 수리하거나, 단골 정비소에 부품을 들고 가서 공임비만 지불하고 수리해 달라고 부탁하면 된다.

더 나아가 남편은 요새 집을 유지·보수하는 것에도 관심이 많은데, 간단한 배관, 수전 등을 교체하거나 수리하는 방법은 유튜브에 다 나오기 때문에 그것을 보고 공부해서 해결하곤 한다. 자동차만큼이나 큰 비용이 들어가기에 아낄 수 있는 비용이 상당하기도 하고, 요새는 솜씨 있게 고쳐 주는 사람들의 숫자가 점점 줄어들고 있어서 차라리 스스로 해야겠다는 생각을 하게 된 것이다.

'이게 중요한 가르침이구나' 하고 느낀 것은 사업을 하면서 고용한 직원 때문이다. 사업장에 필요한 물건을 직원에게 대리 구매를 맡길 때가 있었는데 사는 것마다 품질 자체가 별로이거나 성능 대비 비싼 물건을 사거나 오래가지 못하는 내구도가 약한 물건을 화려한 겉모습에 속아 구입하곤 했다. 타인의 돈이라 성의 없이 구매한 건가 오해할 수도 있지만, 사업장에 날아오는 본인 택배도 '도대체 저런 거를 왜 사는 거지?' 싶은 물건을 구매하는 것을 보니 원래의 소비 패턴 자체가 그랬던 것이다.

문제는 소비를 이렇게 하다 보면 자연스럽게 돈을 많이 쓸 수밖에 없다. 나는 평소에 사람들이 왜 이리 물건을 자주 사고 버리고 하는지 몰랐는데 이 직원의 구매 패턴을 보고서야 알 수 있었다. 물건을 보는 안목이 없어 쉽게 낡거나 망가지거나 혹은 유행을 타는 물건을 사게 되고, 그런 물건은 금세 쓸모를 다해서 새로운 물건을 살 수밖에 없다. 이게 더 많은 물건을 팔기 위한 기업의 마케팅 트릭인데, 이것에 속아 넘어가는 소비자는 자꾸만 새로운 물건을 구매하면서 돈을 그만큼 많이 쓰게 되는 것이다.

원래 가진 것이 없어서 돈이 없는 사람도 있지만, 돈을 제대로 된 방법으로 쓰지 않아서 가지고 있던 돈이 눈처럼 녹는 사람도 있다. 반대로 원래 돈이 많은 사람도 있지만, 돈을 제대로 된 방법으로 써서 돈이 점점 쌓이는 사람도 있다. 우리가 어떤 쪽으로 가야하고 우리의 아이에게 어떤 길을 제시해야 할지 너무나 명확하다.

욕구와
필요의 함수

내가 어릴 때도 그랬고, 아이를 키우면서도 느꼈지만, 아이는 가지고 싶다 또는 하고 싶다 등 원초적 욕구를 통해 소비한다. 아직 생각이 덜 자랐고 감정의 분화가 덜 되었기에 당연한 현상이지만 어른인 부모가 정확하게 가르쳐야 할 필요가 있다.

사람은 기본적으로 물욕이 있기에 소유욕 또한 강하다. 우리가 사는 많은 물건 중에는 단지 가지고 싶어서 사고 나중에 후회하게 되는 물건도 많다.

처음 소비 욕구가 들 때 이 생각부터 해 봐야 한다. 이건 나에게 필요한 것Need인지 그저 단지 사고 싶고 가지고 싶어서Want 사려는 물건인지 말이다.

필요한 것Need은 이성적 판단의 결과로서 기능적으로 어떤 물건이 반드시 필요하고, 없으면 큰 불편을 초래하는 대상을 말한다. 반대로 갖고 싶은 것Want은 감성적인 판단의 결과로서 어떤 물건에 한눈에 반해 소유하고 싶은 욕구가 들거나 이미 같은 기능을 하는 물품이 있음에도 디자인이나 색상 등이 다르다는 이유로 수집하고 싶은 욕구가 드는 경우를 말한다.

별거 아닌 것 같아도 의외로 다 큰 어른조차 이 두 가지를 구분하지 못하고 소유욕과 쾌락을 충족하기 위한 소비에 '필요해서 샀다'라며 자기합리화를 하는 경우가 많다. 이러한 합리화는 잘못된 것을 알고도 합리화하기도 하고, 진짜로 자기가 원하는 것과 필요한 것을 구분하지 못하는 경우도 있다.

지인들의 재테크 고민을 상담해 주기 위해 그들의 가계부를 열어 보면서 알게 되었다. 내 기준으로는 납득이 안 되는 소비가 한가득인데 정작 당사자들은 여기서 더 생활비를 줄일 수 있냐고 어리둥절해 하면서 모두 필요한 소비였다고 말한다.

이들의 이야기를 들어 보면 가장 큰 착각을 하는 게 일상생활을 할 때 사게 되는 소소한 물건은 모두 필요해서 샀다고 칭한다는 것이다. 예를 들어 식재료, 주방용품, 생활용품, 잡화 등으로 분류되는 항목은 별다른 고민도 없이 '필요해서 산 거고, 사다 놓으면 다 쓰게 된다'라고 대수롭지 않게 생각한다.

비싼 물건을 구입할 때는 심리적 장벽이 있지만 물건의 단가가 싼 것은 크게 고민 없이 사고 그것 또한 필요해서 산 것이라고 합리화를 한다. 똑같이 10만원을 소비하더라도 하나에 10만원 하는 물건은 고민하면서, 만원을 열 번 쓰는 것은 전혀 고민하지 않는다. 결과적으로는 둘 다 10만원을 쓰는 것인데 말이다.

소비 의사 결정의 첫 단계로 "필요한 물건인가?", "갖고 싶은 물건인가?"라는 질문을 나 자신에게 던져 보아야 한다. 필요한 것은 어떠한 물건이 없으면 큰 불편을 초래하는 대상이어야 한다. 주방용품의 경우, 냄비는 있는데 후라이팬이 없어서 사는 거라면 모를까, 냄비도 후라이팬도 있는데 동일한 크기와 용도의 후라이팬을 또 산다면 그건 필요한 소비가 아니다.

얼마 전에 운동화 두 개를 한꺼번에 산 적이 있다. 잘 모르는 사람이 보면 운동화를 두 개나 사는 건 필요하지 않은 소비라고 여길 수 있다. 그러나 나는 신발장에 신발을 최소한으로 소유하고 있으며, 운동화는 일상용 하나, 운동용 하나 단 두 개만 사용하고 있다. 그저 기존에 신던 운동화 두 개가 한꺼번에 문제가 생겨서 두 개를 한 번에 사게 된 것이다. 운동화 두 개를 한 번에 사더라도 총 운동화 개수는 여전히 두 개이며 대체할 수 있는 신발 자체가 없어서 이런 경우는 필요한 소비가 된다.

용도에 맞는 물건이 필요한데 그런 기능을 가진 물건이 없어서 필요성이 인지된다면 구매할 수는 있다. 하지만 여기서 바로 지갑이 열려서는 안 된다. 구입 결정의 두 번째 단계인 '이미 가진 물건 중에 대용품은 없는가?'도 생각해 보아야 한다.

집 정리를 하다 보면 느끼게 된다. 똑같은 용도의 물건이 집에 여러 개 있는 경우도 다반사이며, 완벽히 똑같지 않더라도 비슷한 것들이 꽤 많다. 문제는 이런 것들을 이미 내가 소유하고 있어도 또 돈을 쓰는 경우가 많다는 것이다.

소비는 감정에 맞닿아 있으며 감정은 편리와 쾌락을 추구하기에 사람은 어떻게 해서든 소비를 하고 싶어서 구실을 만들어내곤 한다. '집에 있는 물건이랑 이 물건은 이러이러해서 달라'라며 자기합리화를 하는 식으로 말이다.

화장품을 구입할 때 '하늘 아래 같은 색조는 없다'라고 정신 승리하는 게 대표적인 자기합리화다. 없긴 왜 없는가. 돈을 쓰기 위해서 이유를 만들어내는 것뿐이다. 완전히 똑같지 않더라도 대체할 수 있는 물건을 이미 가지고 있다면 그걸로 만족하고 지갑을 닫는 훈련이 필요하다.

이렇게 정말 꼭 필요한 물건이고 이미 내가 가진 물건 중에 대체할 물건이 없다면 세 번째 단계로 더 싸게 살 방법은 없는지 생각해 보자. 꼭 사야 하는 물건이라면 최대한 싸게 사야 하기 때문이다.

운동화 두 개를 살 때 싸게 사려고 아울렛에 갔고 거기서 나이키 키즈로 구매하게 되었다. 나는 발이 작아 키즈 사이즈도 잘 맞는데 일반 운동화에 비해 키즈 라인이 상당히 저렴하다. 보통 운동화를 살 때는 키즈 라인에서 무난한 디자인으로 먼저 골라보고 마음에 드는 것이 없을 때 비로소 일반 운동화 진열 코너에서 고르곤 한다.

이렇게 구매한 운동화는 아무리 싸게 사더라도 기본 단가가 있기에 최근에 한 소비 중 가장 큰 금액대이긴 하다. 그러나 대체 불가능한 물건이 없는 꼭 필요한 물건을 합리적 가격으로 구매했기에 이런 소비는 만원짜리 열 개를 산 것보다 더 좋은 소비라 할 수 있다.

올바른 소비란 무엇이고 어떤 것에 지갑을 열고 지갑을 열지 말아야 할지 판단 기준을 아이에게 가르쳐야 하는 사람이 바로 부모다. 이건 단기간에 되지 않고 평생에 걸쳐 부모의 소비 습관을 보면서 아이가 배우게 되기 때문에 부모의 솔선수범이 중요하다.

만약에 부모 본인이 올바른 소비를 하고 있지 않아 아이들에게 가르쳐 줄 자신이 없다면 마케팅 심리학과 관련된 책을 읽어 보길 바란다. 소비는 감정과 맞닿아 있고, 이런 소비자의 감정을 자극하여 하나라도 더 소비하게 하는 것이 바로 기업의 판매 전략이다. 그들이 소비하게 만드는 전략을 알아야 역이용해서 돈을 아낄 수 있으며, 이들의 수법을 모르는 소비자들은 대기업들의 좋은 먹잇감이 된다.

대부분 사람은 돈을 쓸 때 본인의 기분을 중요하게 여긴다. 기분이 나쁠 때는 기분 전환을 위해 쓰고, 기분이 좋을 때는 그 기분을 만끽하기 위해 지갑을 열게 된다. 그리고 그것이 바로 마케팅에 소비 심리학을 이용하는 기업들의 전략이다.

내 아이가 소비의 함정에 걸려들어 판매자의 배를 불려 주고 본인의 지갑을 탕진하는 것을 보고 싶지 않기에 오늘도 소비 교육을 한다. 재테크를 하는 사람이라면 나의 자산을 노리는 것이 사기꾼들만이 아니라 소비를 장려하는 기업들도 있다는 것을 알아야 한다.

마케팅의
속임수

아이가 어릴 때는 소비 욕구와 감정을 다루는 것을 중점적으로 가르쳐야 하지만, 초등학생부터는 용돈으로 스스로 물건을 구입하게 되는 일이 생긴다. 그렇기에 이 시기부터는 마트나 시장에 같이 갔을 때 기업의 마케팅이 어떤 방식으로 이뤄지는지, 어떤 물건이 좋은 물건이고 어디에 돈을 써야 현명한 소비인 것인지 가르쳐야 한다. 그래야 용돈을 스스로 관리하면서 물건을 살 때 시행착오를 줄일 수 있게 된다.

소비자를 현혹하는 기업의 마케팅은 무엇이 있을까? 대표적인 것은 물건값 자체를 깎아 주는 할인과 물건에 덤을 주는 1+1 방식이 있을 것이다.

먼저 아이들에게 의문점을 던져 주고 함께 생각해 보자. 물건을 할인해 주는 것은 무조건 소비자에게 이득일까? 기업의 입장에서 생각해 보면 쉽게 답이 나온다. 겉으로 보기엔 똑같은 할인이더라도 상황과 의도에 따라 소비자에게 이득이 될 수도 있고 손해도 될 수 있기 때문이다.

예를 들어 유통기한이 임박하거나 이월상품이 되어 할인하는 경우를 생각해 보자. 이것은 기간이 지나면 물건의 가치가 0이 되기 때문에 기업의 입장에서는 아무리 싸게 팔더라도 조금이라도 돈을 건지는 게 이득이 된다. 그렇기에 싸게 파는 것이고, 소비자 입장에서는 같은 물건을 싸게 살 수 있기에 기업과 소비자가 모두 만족할 수 있는 상황이 된다.

다만 여기서 소비자가 물건의 가격이 싸다는 이유로 원래 소비할 예정이 없었는데 소비하게 된다면 이것은 기업의 마케팅에 걸려든 것이다. 기업 입장에서는 0원이 될 수 있는 물건으로 원래는 소비하지 않아도 될 소비자에게 구매를 이끌어 낸 것이기에 기업만 일방적으로 이득을 본 게 되는 것이다. 70% 할인은 대박이지만 안 사면 100% 할인이라는 것을 잊지 말자.

이와 비슷한 것이 바로 1+1 마케팅이다. 본래 소비자는 한 개의 물건만 필요하지만 1+1이 붙어 있고 가격이 할인된다고 해서 물건을 두 개 구입한다면, 기업 입장에서는 한 개만 구입해도 되는 소비자에게 두 개의 물건을 팔게 되는 것이기에 가격을 조금 깎더라도 더 큰 이득이 된다. 소비자 입장에서는 당장 눈앞에서는 조금 싸게 샀다고 기뻐하지만, 실상은 한 개 필요한 물건을 두 개 사는 것이기에 싸게 산 게 아니라 과소비를 하게 된다.

유통 기한이 별도로 존재하지 않아서 쟁여 놓고 쓸 수 있는 물건이라면 1+1로 사는 게 싸게 사는 거 아니냐고 생각하는 사람도 있을 수 있다. 하지만 인간의 심리란 오묘해서 같은 물건이더라도 여러 개가 쌓여 있으면 아껴 쓰지 못하고 나도 모르게 헤프게 쓰게 된다. 이렇게 되면 결코 돈을 아낀 게 아니다.

게다가 많은 물건은 많은 수납 공간을 요구하는데, 엉뚱하게 들릴지 몰라도 나는 투자자이기에 이것을 집값과 연계해서 생각하곤 한다. 우리집이 평당 가격이 이만큼인데 이런 물건들의 적재로 인해서 집의 일정 부분을 사람이 아닌 물건에게 내어 주게 되는 것이고, 이 물건을 소비하면서 그 공간에 가격까지 지불하게 되는 셈이기에 결코 싸게 산 게 아니라는 게 나의 지론이다.

마지막으로 이런 할인과 1+1 정책에 기업의 속임수가 끼어드는 경우가 있다. 할인의 경우 보통 원래 가격이 쓰여 있고 거기에 엑스자로 줄을 그은 뒤, 할인 가격을 써 놓곤 한다. 얼만큼 싼 가격에 사는지 강조하는데 보통 사람은 할인 후 가격에 주목하곤 한다. 그러나 우리는 할인 전 가격에 주목해야 한다. 기업은 할인된 가격을 많이 깎아 주기보다 할인 전 가격을 부풀려서 할인율을 높게 보이게 하는 전략도 사용하기 때문이다.

이 물건의 시세를 알고 있다면 표면적 할인율이 아니라 실제로 얼마의 할인을 하는 것인지 간파할 수 있기에 유리하며, 시세를 모르더라도 요새는 인터넷 검색을 통해 그 물건이 어느 정도의 가격인지 알 수 있다. 그래서 나는 마트에서 쇼핑할 때 세일 물품의 경우 반드시 원래 시세가 얼마인지 그 자리에서 검색해 보고, 정말로 싸다면 구매하지만, 그게 아니라면 속아 넘어가지 않는다.

기업이 속임수를 쓰는 수법 중에 최근에 인플레이션과 함께 화두가 된 것이 슈링크플레이션Shrinkflation과 스킴플레이션Skimpflation이다. 슈링크플레이션은 가격은 그대로지만 제품의 용량이나 개수를 줄여서 가격을 간접적으로 올리는 행위이며, 스킴플레이션은 가격은 그대로지만 제품 성분이나 서비스의 질을 저하하는 행위다.

소비자는 가격 반발이 심하기에 가격을 직접적으로 인상하지 않고, 소비는 그대로 하도록 유도하면서 기업의 소모 비용을 줄여 이득을 취하는 행위다. 투자자 입장에서 기업의 이런 행동은 너무나 이해가 되지만 소비자 입장에서는 용납할 수 없는 기만행위인 것이다.

정부에서는 이런 행위를 단속하고 엄중 경고하고 있지만 근본적으로 기업의 이런 마케팅 방식은 모습을 달리할 뿐 과거에도 있었고 앞으로도 존재할 것이다. 그렇기에 소비자가 조심하면서 현명하게 소비해야 하는 것이며, 아이에게도 기업의 마케팅에 속지 않도록 가르쳐야 한다.

기업의 마케팅은 비단 오프라인에서만 이뤄지는 것이 아니다. 우리 세대가 초등학교에 들어가서 처음 컴퓨터를 접해 보았다면, 태어나면서부터 이런 환경을 접한 우리의 아이들인 알파 세대(2010년 이후 출생자)는 디지털 네이티브로서 앱 결제나 서비스 결제 등 온라인 공간에서 이루어지는 소비에도 익숙하기에 이에 대한 교육도 이루어져야 한다.

20대에 개발자로 일하면서 소비자가 우리 회사의 서비스에 돈을 쓰도록 다방면에서 연구하고 개발했다. 일정 기간마다 마케팅 부서에서 서비스 결제와 매출에 대한 통계 자료를 보내왔기에, 이를 바탕으로 어떤 서비스를 어떤 방식으로 구현해야 회사의 매출이 증대되는지 연구하고 개발하는 것이 우리의 일이었다.

그랬기에 반대로 온라인 소비자의 역할일 때는 정말 깐깐한 소비를 했다. 같은 팀 동료들이 "너 같은 소비자만 가득하면 우리 회사는 망할 거다"라고 농담했을 정도다. 서비스는 이용하면서 소비는 최소화하는 사람이었기에 기업의 입장에서는 트래픽은 발생하지만, 매출 기여도는 떨어지는 달갑지 않은 사람인 것이다. 온라인이나 모바일 환경에서 아예 돈을 쓰지 않을 수는 없지만 기업의 의도와 그들의 마케팅에 휘둘리는 것이 아니라 나에게 꼭 필요한 것을 선택할 수 있는 능력이 중요하다.

온라인 환경에서 주의해야 할 것은 공짜로 보이는 것들이 공짜가 아닌 경우가 많다는 것이다. 예를 들어 아이들이 자주 이용하는 네이버나 카카오의 웹툰·웹소설 서비스의 경우, 기본적으로는 무료인 부분도 있지만 부분적으로는 쿠키나 캐시 같은 이용권을 유료로 결제해야 되는 부분이 있다. 기업의 입장에서는 당연한 것이지만 아이에게는 돈을 쓴다는 게 부담으로 작용하는데 여기서 사용하는 쿠키나 캐시를 무료로 얻을 수 있는 방법이 있다. 바로 특정한 서비스에 가입하거나 앱을 다운받아 회원가입을 하거나 물건을 사면 덤으로 쿠키나 캐시를 주는 것들이다.

무료 쿠키·무료 캐시라 적혀 있지만, 부모는 아이에게 이것들이 결코 무료가 아님을 알려 줘야 한다. 회원가입을 통해 자신의 정보를 저들이 이 정도의 가격으로 사들이는 것이라고 말이다. 예를 들어 어떤 앱을 설치해서 회원가입을 하는데 쿠키 두 개를 준다고 하면, 이 쿠키는 무료가 아니라 너의 개인정보를 200원에 그 회사에 넘기는 것이니 그 가치를 알고 결정해야 한다고 말해 주자. 아이가 이런 것을 이용하지 못하게 무조건 금지하라는 말이 아니다. 해도 되고 안 해도 되지만 행위의 본질을 알고 소비자로서 선택하는 것이 중요하다는 뜻이다.

소위 말하는 부분 유료화 서비스도 그렇다. 유튜브 프리미엄 같은 경우는 유튜브 자체는 무료지만 여기에 광고 제거나 유튜브 뮤직, 백그라운드 재생 등의 서비스를 추가 결제하여 편리한 환경에서 유튜브를 볼 수 있도록 유도한다. 이 경우 '저 서비스 너무 좋아', '한 달에 내는 가격이 얼마 안 되네'로 소비를 결정해서는 안 된다. 내가 이 돈을 내고 결제할 정도로 저 서비스가 나에게 의미가 있는가가 중요한 것이다.

'14,900원을 낼 만큼 광고를 안 보는 게 의미가 있는가?'라는 물음을 아이가 자기 자신에게 던져 보도록 유도하자. 여기서 중요한 것은 답정

너(답은 정해져 있고 너는 그것을 대답만 하면 된다) 식으로 여기에 돈 쓰지 말라고 은연중에 부모의 의견을 강요하라는 뜻이 아니다.

부모는 아이에게 생각해 볼 만한 화두를 던져 주는 것뿐이지 아이가 어떤 선택을 하든 존중해야 한다. 소비에 대한 시행착오는 겪어 보고 나서야 알게 되는 것들도 있기 때문이다. 부모의 눈에는 쓸데없는 소비더라도 아이가 한 번 겪어볼 기회를 주는 것 또한 중요한 교육이기도 하다.

나는 유튜브 프리미엄 초기 고객이었기에 8,690원에 프리미엄 서비스를 이용했었다. 이 서비스를 이용한 이유는 광고 제거나 유튜브 뮤직 때문이 아니라, 평소에 백그라운드 재생으로 경제 콘텐츠를 들으면서 일을 했기 때문에 월 8,690원의 비용보다 내가 창출할 수 있는 금전적 가치가 더 컸기 때문에 결제했던 것이다.

최근 가격이 14,900원으로 오르자 다시 한번 자신에게 물어보게 되었다. 한 달에 15,000원 가량의 돈으로 백그라운드 재생 서비스를 이용하는 게 의미가 있는가? 하고 말이다. 물론 그렇게 듣는 경제 콘텐츠로 내가 벌어들이는 돈이 15,000원보다는 크겠지만, 그 돈이면 차라리 갤럭시노트20의 멀티윈도우 기능을 이용하는 게 낫겠다는 생각이 들었기에 이용하지 않을 예정이다.

유튜브 쪽에서는 저렴한 가격에 이용자를 어느 정도 확보한 뒤 가격을 올리는 마케팅 방식을 사용하는 것이다. 대부분 사용자는 서서히 뜨거워지는 냄비 안 개구리처럼 그대로 사용하기 때문에 기업의 마케팅에 당할 수밖에 없다.

14,900원의 가격이 비싼지 싼지가 중요한 것이 아니다. 소비의 기준은 가격이 아니라 나 자신에게 있어야 한다. 중심이 나에게 있지 않으면 다양하고 교묘한 기업의 마케팅에 소비자는 끌려다니며 수동적으로 그들의 의도에 따라 지갑을 열게 될 것이다.

몸이 불편해야
돈이 모인다

올바른 소비 습관을 언제 어떻게 가르쳐야 할까? 유치원 때나 학교 들어갈 때를 생각하는 사람도 있지만, 이미 그 전에 나쁜 습관이 형성된다. 그렇기에 소비 교육은 지금 이 책을 보고 당장, 아이의 나이로 말하면 0세부터 시작해야 한다.

잊지 말아야 할 것은 경제 교육의 기본은 언제나 부모가 아이에게 몸으로 보여 주는 것이다. 부모의 소비 생활을 보여 주고 왜 이렇게 하는지 이유를 설명해 주는 게 기본 골자이기에 당연히 부모부터 아끼고 절약하는 모습을 보여 주어야 한다. 따라서 나의 아이를 가르치기 전에 나의 소비 습관부터 제대로 정돈할 필요가 있다.

'나는 바담 풍風해도 너는 바람 풍風해라'는 이야기가 있다. 스승이 본인 스스로도 제대로 못하기 때문에 제자들에게 바르게 가르치려 해도 제대로 되지 않는다는 뜻이다. 마찬가지로 부모가 돈을 헤프게 쓰는데 아이가 돈을 아끼고 모을 수는 없는 노릇이다.

어릴 적 우리집은 소풍이나 여행을 자주 다녔다. 가장 인상 깊게 남은 기억이 서울 어린이대공원인데, 엄마는 그런 곳으로 소풍 갈 때 항상 집에서 이것저것 준비를 했다. 새벽부터 일어나 김밥을 쌌고, 과일을 깎고, 마실 물과 음료수를 챙겼다. 소풍 가서 재밌게 놀고 나서 점심은 엄마가 싼 김밥을 나눠 먹고, 또 놀다가 배고프면 과일을 먹었다. 서울 어린이대공원의 입장료는 무료이기에 돈이 드는 건 놀이기구 정도였지만, 나는 고소공포증이 심해서 놀이기구보다는 동물원 구경을 좋아했다.

종일 놀다 와도 차비 외에는 돈이 거의 들어가지 않았는데, 어느 날 엄마에게 왜 우리는 다른 가족처럼 어린이대공원 내의 식당을 이용하지 않냐고 물었다. 그랬더니 엄마는 놀이공원이라는 장소의 특수성 때문에 이곳의 음식은 비싼데다가 집밥보다 맛이 없어서 돈이 아깝다고 말했다. 나중에 어린이대공원 내의 식당을 이용할 일이 있었는데 엄마의 말 그대로 맛이 없어서 낸 돈이 아까웠고, 소풍 갈 때는 엄마처럼 해야 하는구나를 깨닫게 되었다.

이렇게 성장한 나는 어느덧 한 아이의 엄마가 되었고, 엄마가 가르쳐 준 그대로 아이에게 솔선수범해서 보여 주고 있다. 소풍과 여행을 다닐 때 어떻게 해야 돈을 좀 더 현명하게 쓸 수 있는지, 그리고 돈을 많이 쓰지 않더라도 얼마든지 재미있게 놀 수 있다는 것을 말이다.

아이가 어릴 때 서울 어린이대공원과 롯데월드를 자주 다녔는데, 엄마가 된 나도 그 당시의 엄마처럼 소풍 가서 먹을 음식들을 싸기 시작했다. 아이가 유부초밥을 좋아해서 점심밥으로는 고기와 채소를 잘게 다져 넣은 유부초밥 도시락, 간식으로 먹을 과일, 보온병에 담은 보리차나 정수기 물을 챙겨서 배낭에 메고 다녔다.

서울 어린이대공원은 잔디밭에 돗자리를 깔고 앉아 먹으면 되고, 롯데월드의 경우 2층에 피크닉 장소(회전 바구니 뒤쪽에 있다)라고 해서 가져온 도시락들을 펼쳐 놓고 먹을 수 있는 공간이 있다. 테이블과 정수기가 있어 편리한데 공간을 아는 사람도 별로 없고 롯데월드에 도시락 싸오는 사람도 적다 보니 넓은 공간에서 아이와 함께 편안하게 밥과 간식도 먹을 수 있었다. 덕분에 주말마다 놀러 가더라도 우리가 롯데월드 안에서 쓰는 비용은 1년에 한 번 쓰는 연간이용권 비용밖에 없었다.

여행을 갈 때도 마찬가지였다. 어릴 적 우리집은 캠핑이나 여행을 자주 다녔는데 요새 캠핑을 다니는 사람들처럼 장비를 화려하게 갖춘 것도 아니고, 실용성과 가성비가 중심이 된 텐트와 캠핑 도구를 가지고 다녔다. 간식은 당연히 집에서 싸 왔고, 식사는 그 근처에 맛집을 이용하기도 하지만 먹을 만한 곳이 없다면 직접 만들어 먹는 경우도 많았다.

그래서 엄마가 된 나도 남편과 아이와 함께 비슷한 여행을 하게 된다. 캠핑은 좋아하지 않아서 숙소는 호텔을 이용하지만 대부분 블로그

협찬을 받아서 해결했고, 휴게소 음식 대신 집에서 가져간 과일이나 간식으로 비용을 절감한다. 식사는 근처 맛집에서 해결할 때도 있지만, 바닷가 수산 시장에서 남편이 좋아하는 회를 떠서 호텔에서 먹었다. 취사가 가능한 리조트 같은 곳에서는 매운탕을 직접 끓여서 밥을 해 먹으며 비용을 절감하기도 한다.

이런 행동이 유난스러워 보일 수도 있다. 그러나 남에게 피해를 주는 행동이 아닌데 남들과 조금 다르게 행동한다는 이유로 배척받거나 눈치를 볼 이유는 없다. 몸에 좋은 건강한 음식이고 비용도 절감할 수 있는데 부모로서 당연한 선택 아닐까.

부모가 평소 생활 속에서 꾸준하게 돈을 아끼고 왜 이렇게 하는지 논리적으로 설명해 주면 아이는 그것을 납득하고 스스럼없이 받아들이게 된다. 굳이 돈 아껴 쓰라고 잔소리하지 않아도 절약을 생활화하며 나중에 커서도 부모와 똑같이 경제 활동을 하게 된다. 내가 부모님을 따라 했듯이 내 아이도 나의 행동을 따라 하기 때문이다.

소비와 관련된 지론 중에 어릴 때부터 배운 가르침이 있다. 돈을 쓰면 일신의 편안함이 생기지만, 반대로 내 몸이 조금 불편한 것을 감수한다면 돈은 그만큼 모인다는 것이다. 놀이공원에서 먹고 마시는 모든 것을 돈으로 해결하면 정말 편하다. 배낭을 가져갈 필요도 없고 아침 일찍 일어나 도시락을 쌀 필요도 없다. 하지만 내 몸이 편해진 만큼 내 지갑에서 돈이 술술 빠져나가게 된다.

그것을 견딜 수 없기에 아직도 어딘가로 소풍 가거나 여행을 가게 되면 간식 가방이나 간단한 요깃거리를 준비한다. 거창한 요리를 하는 것도 아니고 간단하게 먹을 수 있는 도시락과 간식을 싸는 정도라면 엄마로서 나의 아이를 위해 그리고 우리 가정의 재정을 위해 얼마든지 약간의 불편함은 감수할 수 있는 일이다.

혹자는 그렇게 한다고 얼마나 돈을 아낄 수 있겠냐고, 그래봤자 푼돈 아니겠냐고 회의적으로 말하곤 한다. 그러나 이런 활동이 하나둘씩 쌓이면 앞에서 말했던 대로 자산과 소득이 비슷한 사람보다 한 달에 최저 344만원, 최대 435만원을 아낄 수 있게 된다. 이러한 돈의 차이는 결코 푼돈이라고 폄하될 수 없을 정도로 큰 격차다.

거기다가 단순히 돈이 모이는 액수에서 끝나는 것이 아니라 부모의 행동을 보고 자란 아이가 그대로 배워서 절약하는 올바른 습관을 지니게 된다는 것을 간과해서는 안 된다. 아이를 교육하기 위해서라면 많은 돈을 지불해서라도 가르치려는 부모가 많은데 돈을 절약하면서도 평생을 가져갈 가치관을 가르쳐 줄 수 있는 일인데 이보다 가치 있는 일이 또 있을까 싶다.

안타까운 것은 요즘 세상은 이런 불편함을 참지 못하는 사람들이 너무 많다. 돈이 많고 적음을 떠나서 조금이라도 불편함이 느껴지면 참지 못하고 돈으로 해결하는 사람들이 대부분이기에 우리 가족과 같은 존재는 이질적 취급을 받는다.

대표적인 예가 바로 택시비다. 양가 부모님은 대중교통을 애용하고 시간의 여유가 있다면 돈도 아끼고 건강도 생각해서 어지간한 거리는 걸어 다닌다. 택시비를 가장 아까워하는 것도 공통점이다. 택시비가 없어서 이러는 것이 아니다. 평생 현명하게 돈을 쓰고 불려 왔기에 금액이 얼마든 간에 납득할 수 없는 지출에는 지갑을 열지 않는 것뿐이다.

부모님이 정의하신 택시비는 게으름 비용이다. 시간이 늦어서 택시를 탔다면 약속 시간에 미리 준비하지 못한 게으름이며, 대중교통 갈아타는 것이 귀찮아서 택시를 탔다면 조금의 불편함도 감수하지 못하는 정신적 게으름이며, 기본요금 내고 편하게 가고 싶어서 택시를 탔다면 돈을 귀하게 여기지 않는 재정적 게으름이다. 나 또한 마지막으로 택시를 타본 적이 언제인지 기억이 나지 않는다. 대중교통을 즐겨 타며 어지간한 거리는 걸어 다니는데, 이 걷는 시간에 투자에 대해 여러 가지 아이디어를 곱씹는 시간으로 활용하고 있다.

재미있는 점은 우리 아이도 대중교통을 좋아한다. 자식은 부모가 하는 모습을 그대로 보고 배우기 때문에 당연하다. 택시를 거의 타본 적이 없기에 애초에 어딘가로 이동할 때 아이의 선택지에 택시가 존재하지 않는다. 아이와 함께 나들이를 갈 때 나는 되도록이면 대중교통을 이용했다. 자차나 택시를 이용하는 것보다 비용이 저렴한 것도 있었지만, 대중교통을 이용하면서 배우는 것도 많기 때문이다.

교통카드를 이용해서 버스와 지하철을 타는 과정을 배울 수 있고, 이동 과정에서 많이 걸을 수밖에 없기에 자연스럽게 체력을 길렀다. 많은 사람과 만나게 되는 대중교통에서는 공공장소에서 갖춰야 할 예절을 가르치는 것도 필연적이었다.

좀 커서는 경제 교육의 목적도 있었는데, 창밖에 지나가는 풍경을 보면서 이 동네의 특징을 이야기 나누기도 하고, 옆을 지나가는 자동차들을 보며 아이의 주식 계좌에 담긴 자동차 회사에 대해 이야기도 가볍게 나눌 수 있었다.

나들이를 가는 것도 즐겁지만 목적지까지 갈 때 엄마와 여러 가지 이야기를 나눌 수 있다는 것도 아이에게는 대중교통이 가진 이점이 아닐까 싶다. 자차를 이용할 때는 내가 운전에 집중하느라 대화가 힘들기에 아이는 엄마와 유대감을 쌓을 수 있는 대중교통을 사랑한다.

소비
욕구 지연

어린 시절 엄마로부터 소비 욕구를 지연시키는 방법을 배웠다. 예를 들어 어떤 물건을 살 때 사람들이 그 물건을 살 때는 사지 않고 기다렸다가 살짝 어긋난 타이밍에 사면 같은 물건을 더 싸게 살 수 있다.

대표적으로 의류는 계절의 끝물에 사면 같은 옷을 상당히 저렴하게 살 수 있다. 어차피 한 계절이 끝나면 옷장 정리를 하면서 빨거나 드라이클리닝해서 옷장에 보관하고 낡은 옷은 정리해서 처분하게 되는데, 이럴 때 처분한 옷의 개수만큼 새 옷이 필요해지기에 구매하는 것이다.

옷을 입어 보지도 못하고 옷장에 들어가지 않냐고 불평을 하는 사람들도 있을 것이다. 새 옷을 사서 그 옷을 입어 보는 맛에 쇼핑하는 사람도 많으니까. 그러나 그렇게 쇼핑하면 충동구매를 하게 되며, 옷장에는 비슷한 옷이 여러 벌 존재하게 된다. 그렇기에 싸게 살 수 있으면서 필요한 만큼 옷을 살 수 있는 계절의 끝물에 사는 편이다.

전자제품도 마찬가지다. 전자제품은 몇 년도 몇 월에 출시된 제품인지가 중요하기에 유독 시간에 따른 감가상각이 빠른 물건이다. 반대로 말하면 조금만 시간이 지나면 같은 기능을 가진 물건을 상당히 싼 가격에 살 수 있다는 이야기다. 그래서 계절성 전자제품(선풍기, 온열기 등)은 옷과 마찬가지로 계절의 끝물이나 정반대 계절에 구매하며, 휴대폰을 비롯한 일반 전자제품은 최신 모델이 나오면 그 전 모델이나 그 전전 모델 중에서 가격이 빠르게 무너진 제품을 구매한다.

이런 이야기를 하면 "아니 뭘 그렇게까지 신경 써서 물건을 구입하냐"라고 말하는 사람들이 많을 것이다. 빨리 사서 쓰면 되는데 별거 아닌 물건을 사는 데도 기다리거나 타이밍을 보는 내가 어떤 사람들 눈에는 답답해 보일 수도 있다. 그러나 이 또한 단순히 돈을 절약하기 위해서만 하는 행동이 아니라 나중에 아이가 투자할 때 영향을 미칠 수 있는 인내심을 길러 주기 위한 교육이다.

일단 이것을 연습하면 트렌드 소비에 휩쓸리지 않게 된다. 우리나라는 뭐든지 유행도 빠르고 남들이 하면 나도 당장 하지 않으면 안 될 것처럼 안달복달하는 사람이 많다. 멀리는 허니버터칩에서부터 포켓몬빵, 먹태깡, 아사히 생맥주 등 수많은 아이템이 유행하며 웃돈을 주거나 오픈런으로 시간을 낭비하면서까지 당장 그 소비를 하고 싶어한다.

하지만 생각보다 그 유행은 길지 않으며 조금만 기다리면 그 물건들이 매대에 산더미처럼 쌓이는 것을 보게 된다. 나 같은 사람은 무언가가 유행하면 일단 기다린다. 어차피 얼마 안 가면 식어버릴 것을 알기 때문이다. 기다렸다가 거품이 꺼지고 나서 다시 살펴보고, 그래도 사고 싶으면 그때 가서 사도 늦지 않다.

본래 이런 마케팅은 일종의 한정판 효과라서 그다지 사고 싶지 않은 것도 구하기 힘든 귀한 것이라는 말에 충동적으로 구매하도록 부추기는 효과가 있다. 반대로 이렇게 기다렸다 사게 되면 좀 더 냉철한 판단이 가능해 현명한 소비를 하게 된다. 물건을 싸게 살 수 있는 장점도 있지만 충동적인 마음이 가라앉아 두 개 사려고 했던 것을 하나만 사거나 아예 안 사게 되는 효과도 있다.

아이에게 가르쳐 주기 위해 포켓몬 빵이 유행할 때 그 트렌드를 이용해 보았다. 아이는 포켓몬스터 캐릭터를 좋아하기에 당연히 유행할 때 빵 안에 동봉된 띠부씰을 가지고 싶어했다. 하지만 나는 바로 사 주지 않았고, 아이를 잘 설득해서 유행이 지나가는 기간을 기다릴 수 있도록 유도했다.

그리 오랜 기간이 지나지 않아 유행은 사그라들었고, 대형마트에서 묶음으로 저렴하게 파는 것을 아이가 질릴 때까지 잔뜩 사다 줬다. 그래서 아이는 한동안 포켓몬 빵을 실컷 먹고 띠부씰도 잔뜩 모을 수 있었다.

이렇게 소비 상황을 지연시키고, 그 과정을 잘 견뎌내면 풍성한 보상을 해 주는 과정을 반복하면, 아이는 나중에 주어질 보상을 위해 당장의 힘든 과정을 인내할 수 있는 힘을 기를 수 있다. 그리고 또 다른 트렌드 소비 상황이 오더라도 그 트렌드를 무시하거나 기다릴 수 있게 된다. 어차피 다 한때이며 마케팅에 이용당한다는 것을 깨닫기 때문이다.

교육 심리학 실험 중에서 유명한 마시멜로 실험이 있다. 어린아이에게 마시멜로를 주고 15분 동안 먹지 않고 기다린다면 두 개를 주기로 했는데, 어떤 아이는 기다려서 두 개를 받았고 또 어떤 아이는 기다리지 못하고 바로 먹어 버렸다. 나중에 이 실험에 참여한 아이들의 학업 성취도를 조사해 보니 바로 먹어 버린 아이들에 비해 기다렸다 두 개를 받은 아이들이 성적이나 직업적 성공도 더 우월했다는 결과가 나왔다.

처음에 이 실험은 지연된 만족을 통해 인내심이 많은 아이가 성공한다고 오해를 받았으나 사실은 그렇지 않았다. 이 실험에서 좋은 결과를 보였던 아이들의 공통점은 그 아이를 둘러싼 가정이나 사회 환경이 오랜 기다림 끝에 풍성한 결과를 얻는 경험을 줬기에 신뢰감이 자라난 아이들이다. 이런 아이들은 어른이 되어서도 힘든 상황에서 더 많은 인내심을 발휘하여 더 많은 성취를 하게 되는 것이다. 아이가 타고난 인내심이 중요한 게 아니라 부모가 아이에게 이런 환경을 조성해 주어야 한다는 뜻이 된다.

아이마다 타고난 기질이 다르기에 원래 느긋하고 인내심이 많은 사람도 있지만, 우리 아이처럼 성격이 급하고 참을성이 부족한 아이도 있다. 이런 성격은 누가 나쁘다 좋다를 말할 수 없다. 다만 중요한 덕목이기에 신경 써야 한다. 그래서 나는 우리 아이에게 어릴 때부터 부족한 이 부분을 채워 주기 위해서 노력했다. 타고난 기질이라 단기간에 변화를 줄 순 없어도 아이가 견뎌내는 시간을 조금씩 늘려갈 수 있도록 부모가 꾸준히 노력해야 한다.

요새 아이들의 상당수가 욕구 충족이 즉시 이루어지지 않으면 참지 못하기 때문에 더 중요한 교육이기도 하다. 인내심이 없고 충동적이면 나중에 어른이 되어서 장기 투자를 할 때나 학업, 사업처럼 오랜 기간 노력해야 하는 일을 할 때 정신력이 흔들려 성과를 거두지 못하고 중도 포기할 수도 있다.

타이밍을 어긋나게 해서 남들이 사지 않을 때 싸게 물건을 사는 것은 주식이나 부동산을 투자할 때 저점에서 자신 있게 매수할 수 있는 행동과도 연결된다. 남들이 공포에 질려 사지 않는 시기에 나의 주관에 따라 사놓고 시장 상황을 즐길 수 있는 배포를 가질 수 있는 것이다.

하락장으로 인해 다른 사람들이 공포에 질리거나 투자에 무관심해지면 나는 무슨 자산을 사야 할지 설레곤 한다. 기다렸다가 포켓몬 빵을 잔뜩 받아냈던 우리 아이처럼 나 또한 기다리면 이 자산이 마시멜로 두 개로 돌아올 것을 알기에 당연히 신날 수밖에 없는 것이다. 또한 남들이 다 투자하며 그 자산을 사들일 때는 트렌드 소비를 인내할 때처럼 유행에 휩쓸려 따라 사지 않고 그 상황을 지켜보거나 혹은 정반대로 고점에서 매도할 수 있는 판단을 할 수 있게 도와준다.

소비와 투자는 이렇게 기민하게 연결되어 있다. 소비 교육하는 과정에서 제대로 된 판단을 할 수 있도록 가르친다면 나중에 어떤 투자를 하든 그 사고 기반을 바탕으로 아이는 올바른 선택을 할 수 있게 된다. 이것이 바로 경제 교육의 근본적인 목적이기도 하다.

소비 컨트롤
연습

아이는 언제부터 소비에 욕구를 가지게 될까? 소비의 본질은 소유욕이며 무언가를 가지고 싶다는 욕망은 인간이 태어날 때부터 가지고 있는 지극히 원초적인 본능이다. 그래서 아이 또한 의사소통만 가능해지면 부모에게 "줘"라는 요구를 하게 되고, 얼마 지나지 않아 "사줘"라는 말로 나아간다.

소비 교육은 아이가 태어나면서부터 이루어져야 한다. 보통 용돈 교육을 경제 교육의 시작이라고 생각하는 부모가 많은데, 용돈 교육은 빨라야 8살부터 할 수 있다. 문제는 용돈을 받기 전까지도 소비는 끊임없이 이루어지고 이 기간에 소비 감각이 망가지게 놔둔다면 나중에 용돈 교육의 효과를 보기가 힘들어진다.

아이의 소비 습관을 망치는 원인은 크게 세 가지가 있다.

첫 번째는 이미 소비 감각이 망가진 주변 어른들의 모습을 보고 자라면서 아이 또한 망가진 소비 습관을 답습하는 것이다. 아이를 키우는 부모라면 누구나 공감하겠지만 아이는 놀라울 정도로 사소한 것까지 어른들의 말투와 행동을 따라 한다. 그런 아이의 모습에서 유전자의 신비를 느끼기도 하지만, 한편으로는 아이 앞에서 행동이나 말을 조심해야겠다는 생각을 하게 되었다. 내가 똑바로 행동하지 못해서 내가 가진 안 좋은 습관을 아이가 따라 하면 어떻게 될까라는 생각에 등골이 서늘해지곤 한다. 그래서 아이를 낳고 나서부터는 내가 부모로서 모범이 되는 사람이 되어야겠다는 생각을 하게 되었다.

소비 습관도 마찬가지다. 아무리 부모가 잔소리를 하여도 아이가 돈을 함부로 다루는 것은 부모가 입으로만 가르쳤을 뿐 행동으로 보여주지 못했기 때문이다. 어린아이는 언어적 지시보다 비언어적인 행동 모방을 더 빠르게 받아들이며, 책이나 이야기로 들은 경험보다 직접 체험한 경험을 인상 깊게 받아들인다.

평소에 마트에서 장을 볼 때 충동적으로 물건을 카트에 담고, 홈쇼핑 특가 상품이라고 주문하며, 인터넷 쇼핑 후 택배 박스를 받고 행복해하는 부모의 모습을 보고 자란 아이가 있다고 치자. 이 아이가 자라면서 본 소비 활동의 롤모델은 부모뿐이기에 이런 아이는 아무리 부모가 돈을 아껴 쓰라고 한들 전혀 교육 효과가 나지 않는 것이다. 그도 그럴 것이 아이가 부모에게 배운 것은 '가지고 싶은 물건이 생겼을 때 별

다른 고민 없이 소비해도 괜찮다'와 '돈을 써서 받는 택배는 사람에게 행복을 준다'이기 때문이다.

반면에 물건 하나를 살 때도 집에 비슷하거나 대체할 만한 게 있는지 찾아보고, 한 번 사면 물건의 수명이 다할 때까지 아껴서 오랫동안 사용하며, 살 때도 최대한 저렴하게 사는 방법을 고민하는 부모의 경우를 보자. 이런 부모를 보고 자란 아이는 물건은 생각 없이 사면 안 된다는 것과 최대한 저렴하게 살 수 있는 방법을 부모에게 배워서 과자 한 봉지를 살 때도 심사숙고하게 된다.

아이는 부모의 거울이라는 말이 있다. 거울 안의 모습을 고치기 위해서는 거울 밖에 내 모습을 아이가 따라 할 수 있도록 올바르게 고쳐야 한다. 그래야 거울에 비친 아이도 올바르게 행동할 수 있게 된다. 입으로만 가르치는 경제 교육이 효과가 없는 이유기도 하다.

소비 습관을 망치는 두 번째 원인은 자신의 기분을 소비에 전가하는 습관이다. 소비는 궁극적으로 우리의 감정과 맞닿아 있다. 필요한 것을 사는 것은 이성의 영역이지만 원하는 것을 사는 것은 감성의 영역이고, 후자의 경우 나의 감정 상태에 따라 소비가 달라지기 때문이다.

오랫동안 경제 교육을 받았고 지금은 이성적 판단을 하며 소비에 엄격한 편이지만, 나도 10대에는 감정적 소비를 자주 했었다. 문구점에 가서 예쁘고 귀여운 물건들을 사고, 컴퓨터 게임을 구입하느라 용돈을 탕진했으며, 기분이 상하는 일이 있으면 배가 고프지도 않은데 떡볶이를 사 먹기도 했다. 지금 생각해 보면 왜 그렇게까지 했을까 싶은데, 한 아이의 부모가 되고 육아 서적을 읽어 보면서 그 비밀을 알게 되었다.

아이들은 뇌 발달이 덜 되어서 이성적인 사고를 하기가 힘들다. 뇌에서 가장 늦게 발달하는 부분이 논리적 판단을 내리고 충동을 조절해 주는 대뇌피질인데 이는 사춘기 때 본격적으로 발달한다. 사춘기 아이들이 특히나 감정적이고 자신을 제어하지 못하는 것은 돈을 다루는 과정에서 기분에 따라 소비하는 것으로 연결되는 것이다.

그래서 10대의 경제 교육은 저축보다 현명한 소비를 가르치는 것이 중요하다. 이 시기에는 충분히 용돈을 탕진해 가면서 시행착오를 겪고 자신의 기분과 소비가 연결되지 않도록 고리를 끊는 연습을 하는 것이 중요하다.

여기서 부모가 해야 할 역할은 아이의 행동을 제지하는 것이 아니라 롤모델이 되는 것이다. 부모가 보기에 아이가 예쁜 쓰레기(귀엽고 예쁘지만 쓸모없는 물건)를 사느라 용돈을 탕진하거나 공부와 연관되지 않는 물건에 돈을 낭비하더라도 간섭해서는 안 된다. 부모가 말하지 않아도 아이는 본인이 돈을 낭비한다는 것을 알고 있고, 설령 모르더라도 시간이 지나면 깨닫게 된다. 내 눈앞에 부모라는 훌륭한 롤모델이 있기 때문이다.

용돈을 받는 12년의 기간 동안 부모님에게 단 한 번도 돈 쓰는 것에 꾸지람을 받아본 일이 없지만, 나 스스로 이상한 소비를 하는 것을 알

왔기에 부모님의 소비를 흘끔흘끔 볼 수밖에 없었다. '이렇게 하는 게 맞나?' 싶을 때마다 부모님이 돈을 어떻게 다루는지 컨닝 하면서 조금씩 올바른 방향으로 따라가게 된 것이다.

문제는 부모가 롤모델이 되지 못할 때이다. 감정적 소비를 하는 사람은 소비하기 전 자신의 기분을 그 이유로 삼는다. '오늘 기분도 꿀꿀한데 이거라도 사야겠다'던가 '기분이다. 오늘 내가 쏜다!'는 식으로 해당 소비의 이유를 필요가 아니라 나의 기분에서 찾는 것이다.

만약에 부모가 이런 식으로 소비하고 가정 내 전반적 분위기가 이렇다면 아이도 자연스럽게 기분에 따라 소비한다. 10대의 특성상 감정적 소비를 할 수밖에 없는데 롤모델이 될 수 있는 부모조차도 이런 소비를 한다면 가정 내 분위기가 아예 습관으로 굳어진다. 특정한 기분에서만 소비하는 것이 아니라 소비하고 싶을 때 기분을 이유로 삼게 된다. 그래서 기쁠 때도 슬플 때도 결국 소비하며 그로 인해 돈을 모을 수 없게 되는 것이다.

소비 습관을 망치는 세 번째 원인은 아이를 노리는 기업의 마케팅 전략이다. 자본주의 사회에서 기업은 이윤을 추구하며, 이들은 하나라도 많은 물건을 팔기 위해 다양한 마케팅 전략을 구상한다. 그중 이들이 특별히 공을 들이는 대상이 있으니 바로 여성과 어린아이다.

동서양을 막론하고 가정 내에서 소비에 의사결정을 하는 사람은 대부분 여성이다. 특히나 기혼 여성은 본인을 위한 소비 외에도 식료품과 같은 공동 소비 품목도 있고, 남편과 아이의 물건을 대신 구입하는 경우도 많다. 그래서 기업은 보다 효과적인 홍보의 수단으로 여성을 공략한다. 자신들의 브랜드를 여성에게 각인시키면 한 가정 전체의 소비를 장악하는 효과를 주기 때문이다.

아이를 대상으로 한 마케팅도 이와 유사하다. 어릴 때 각인된 브랜드는 평생 영향을 미치게 된다. 특히나 아이는 인지 대상을 무비판적으로 수용하기 때문에 부모의 소비 습관을 그대로 답습하는 것처럼 기업의 마케팅에 의심을 갖지 못하고 그대로 흡수하게 된다.

기업은 유모차를 타고 있는 아이조차도 마케팅 대상으로 보며 그들을 유혹하기 위해 촘촘한 설계를 하고 있다. 계산대 근처 진열대에 유모차 높이에 맞춰 아이가 좋아할 만한 물건을 전시하는 것 또한 이런 심리적 요인을 이용한 마케팅이다. 계산대에 들어선 부모가 몸을 돌려 뒤로 무를 수 없는 상황에서 아이가 물건을 쥐고 놔 주지 않은 채 떼를 쓰는 상황을 유도하는 것이다. 부모는 상황을 무마하기 위해 아이에게 그 물건을 사 줄 수밖에 없다. 그렇게 한 번이라도 해당 상품을 경험하게 되면 다음에 쇼핑하러 왔을 때 또다시 그 물건을 고를 수밖에 없고, 반복적인 소비로 연결되는 것이다.

마트에 놓인 물건은 모두 철저하게 계산된 방식으로 최대한 많은 소비를 유도하기 위해 짜여 있다. 단순히 편리하게 장을 보기 위해 물건을 전시하는 것이 아니다. 소비 심리를 면밀하게 고려한 대기업의 이런 방식은 어른도 저항하기 힘든데, 아이는 당연히 취약할 수밖에 없다.

부모는 아이가 마케팅 수법에 속아 넘어가지 않도록 기업들이 어떤 식으로 소비를 조장하는지 알려 주고 충분히 주의를 주는 것이 좋다. 인간이라면 누구나 속아 넘어가는 것에 거부감이 있기 때문에 이런 것을 알려 주면 깊은 인상을 가질 수밖에 없다. 어릴 때부터 행해진 부모의 당부가 아이의 소비 과속 방지턱이 되어 줄 것이다.

같은 돈으로
최대한의 행복 얻기

매주 도매 시장에서 일주일 치 채소, 과일, 생선 등을 저렴하고 신선할 때 구매하여 가족들이 먹을 삼시세끼 밥과 반찬을 만든다. 장 보고 만들고 하는 것은 양가 어머님들 모두 마찬가지다. 두 분 다 집밥을 중요시 했기에 어릴 때는 엄마를 따라다니면서 서울 시내 도매 시장 여러 곳을 가 보았고, 결혼해서는 시어머니를 따라다니면서 어디서 사야 싸고 맛있는지 배웠다.

평일에 집밥만 먹다가 유일하게 외식하는 때가 바로 주말 저녁이다. 본래는 그마저도 없이 일주일 내내 집밥을 먹었지만, 최근 힘든 일들을 해내고 있기에 기분 전환을 하고 싶어서 일종의 치팅 데이를 만든 것이다.

집 근처에 남편이 정말 좋아하는 치킨집이 있다. 치킨에 맥주 한 잔이 고작인데 이게 뭐라고 엄청 짜릿한 기분이 든다. 평소에 담백한 맛과 지출 방어가 되는 집밥을 먹다가 가끔 남이 차려 준 자극적인 음식을 먹으면 소박한 치맥에도 심리적 만족감이 커지는 것이다.

이런 현상은 왜 일어날까? 과학적인 이론으로 설명이 가능하다. 생물은 외부에서 자극이 들어올 때 일정 수준 이하의 자극은 느끼지 못한다. 그러나 자극이 강해지면 어느 순간 반응하게 되는 지점이 있는데 그것을 '역치'라고 한다. 역치는 사람마다 상황마다 다른데, 평소에 주어지는 자극이 약하고 빈도가 적은 사람일수록 역치가 낮아, 사소한 자극에도 크게 반응하게 된다. 똑같은 염도의 음식을 먹더라도 평소 싱겁게 먹었던 사람은 더 강하게 짠맛을 느끼고, 평소 짜게 먹던 사람은 짠맛을 그다지 느끼지 못하는 이유도 여기에 있다.

평소 절제된 생활을 했다면 역치가 낮아서 별거 아닌 일에도 민감한 반응을 보이며 큰 만족감을 느끼게 된다. 이게 바로 치킨과 맥주 한번에 행복해지는 이유인 것이다. 반대로 평소에 돈을 많이 쓰고 외식이 잦은 사람이 기분을 내기 위해서는 더 비싸고 더 특별한 음식을 먹어야 동일한 만족감을 얻을 수 있다. 비슷한 정도의 행복을 느끼기 위해서 지불해야 하는 비용이 커지는 것이다. 자극에 의해 반응이 일어나기 위해서는 행복을 느낄 수 있게 해 주는 최소한의 자극인 역치값을 넘겨야 하기 때문이다.

강하고 잦은 자극이 반복되면 기준이 되는 행복의 역치가 올라가서 어지간한 자극이 아니면 만족할 수 없는 몸이 되어 버린다. 평소에 절제된 생활을 했던 사람은 작은 소비에도 큰 만족감을 느끼지만, 평소 돈을 단속하지 못했던 사람은 어지간히 돈을 많이 쓰지 않는 이상 심리적 충족감을 느낄 수 없게 된다.

최근 유행하는 명품, 호캉스 등도 비슷한 맥락이다. 이런 소비를 계속하게 되면 행복의 역치가 올라가서 이전에 경험했던 것보다 비싸고 특별한 경험을 계속 원하게 된다. 결국 그 끝은 한계가 없고 만족을 느끼지 못하게 된다.

몇십만원 단위이던 소비를 계속하다 보면 더 이상 그 금액대는 별 감흥이 없고 시시해지기에 몇백만원으로 소비 단위가 올라가지만, 그 또한 어느 순간 별 감흥이 없어지게 된다. 과도하게 반복되는 무절제한 소비로 이미 어지간한 자극으로는 행복해질 수 없는 몸이 되어 버렸기 때문이다. 소비로는 행복한 감정을 충족할 수 없어 공허해질 수밖에 없다.

반대로 평소에 절제된 생활을 하다가 한 번씩 인상적인 소비를 하는 사람들은 과도한 소비를 하지 않더라도 행복해지는 방법을 많이 알고 있다. 같은 돈을 쓰더라도 최대한의 행복을 만끽할 수 있기 때문이다.

평소에 돈을 많이 쓰는 사람이 보기에 절약하는 사람이 쓰는 생활비는 말도 안 되는 금액이고, 그들의 삶은 굉장히 불행할 것이라 여긴다. 본인은 돈을 많이 써도 행복을 느낄 수 없어 공허한데 그보다 더 적은 금액을 쓰는 사람들은 당연히 더 불행할 거라 여긴다. 그래서 절약을 실천하는 사람이 쓴 글이나 그들이 사는 모습이 담긴 영상에 '난 저렇게까지 하면서 살고 싶지 않아. 인생이 우울하잖아'라거나 '이렇게까지 극단적으로 살면 나중에 후회한다'라는 댓글이 달리는 것이다.

정작 절약하는 당사자는 힘들지 않다. 나와 우리 가족은 소비의 선택과 집중을 통해 한정된 돈에서 최대한의 행복을 누리고 있다. 어떤 사람은 절약하는 사람의 정신 승리라고 폄하하기도 한다. 정신 승리라는 것은 실제로 그렇지 않음에도 왜곡하여 본인이 유리하게 해석하는 것을 칭하는 것이기에 적합하지 않다. 행복하지 않은데 행복하다고 왜곡하는 것이 아니라 실제로 행복과 만족을 느끼고 있기에 솔직하게 말하고 있는 것이다.

이를 아이의 경제 교육에 적용해 보자. 아이에게 선물해 줄 때 같은 돈을 쓰더라도 최대한의 행복을 주고 싶다면 특정한 기준을 정하라. 우리 아이가 공식적으로 선물을 받을 수 있는 날은 1년에 세 번으로 정해져 있다. 어린이날과 생일 그리고 크리스마스다. 다른 어른이 선물을 줄 때도 있지만, 그건 깜짝 이벤트 느낌이라 아이가 인지하는 공식적으로 선물을 요구할 수 있는 날은 1년에 세 번뿐이다.

이 개념이 정립되지 않은 어릴 때는 아무 때나 받고 싶어 했지만, 선물을 받는 날에 제한이 있다는 것을 이해하고부터는 사 달라고 조르는 일이 없어졌다. 1년에 선물을 받을 수 있는 날짜가 정해진 대신에 그날에는 최대한 행복하게 해 주려 노력한다. 아이가 성장하는 과정에서 매년 여러 가지로 테스트해 보고 얻은 결론을 여기서 나눠 보려고 한다.

금전 감각이 형성되기 전의 어린아이는 비싼 선물 하나보다 개수를 늘려서 여러 가지를 한아름 받는 것을 더 행복해한다. 선물 보따리가 한아름이어서 시각적으로 큰 만족감을 주기 때문이다. 이 시기의 우리 아이에게 같은 가격이라면 비싼 장난감 하나 보다 소소한 장난감 여러 개를 하나씩 포장해서 선물했다. 개수를 늘려 한아름 선물하니 아이는 엄청난 선물을 받은 기분을 느꼈는지 포장을 하나씩 풀어 보면서 정말 행복해했다.

아이가 어느 정도 커서 금전 감각이 생기게 되면 그때는 전략을 정반대로 써야 한다. 이때부터는 아이가 정말 좋아할 만한 물건 하나를 정성껏 포장해서 준비한다. 1년에 몇 번 안 되는 선물을 받는 날이니 금액은 조금 높여도 괜찮다. 차라리 아이에게 평소에 어설픈 선물을 주느니 선물 주는 날을 딱 정해 놓고 금액대가 좀 있는 인상적인 선물을 하는 것이 훨씬 낫다.

금액의 기준은 아이가 용돈을 모아서 사기에는 살짝 버거운 선물 한 가지를 준비하면 좋다. 아이 입장에서는 정말 가지고 싶지만, 자신의 능력으로 사기에는 무리라서 그림의 떡처럼 바라만 봤던 물건이 선물로 들어왔을 때 극도의 행복감을 느낄 수 있기 때문이다.

다만 선물을 주면서 가격은 구체적으로 언급하거나 생색내지 말자. 가끔 생색내면서 물건 가격을 가르쳐 주는 것이 경제 교육을 위한 거라고 착각하곤 하는데 아이는 오히려 반감이 생긴다. 선물을 주면서 1년에 몇 번 없는 약속된 날을 잘 참고 기다린 아이를 칭찬해 주고, 해당 기념일에 축하의 마음을 가득 담아 진심으로 박수 쳐 주자.

선물 받는 날 깊은 행복을 느끼면 다음 기념일까지 아이는 그때의 기억을 밑거름 삼아 인내하며 기다릴 수 있게 된다. 평소에 소비를 하지 않더라도 잘 참고 따라와 주는 이유는 그에 대한 보답으로 부모가 약속된 날에 최고의 행복을 줄 것이라고 믿기 때문이다.

돈 안 쓰는 아이 vs
남에게 퍼 주는 아이

대다수 사람들은 갖고 싶은 것이 많고, 소비할수록 기분이 좋아진다. 남편만 해도 내가 소비 요정이라고 놀릴 정도로 신발을 사거나 시계를 사면 엄청 기뻐하곤 한다. 하지만 드물게 나처럼 타고난 물욕이 별로 없는 사람들이 있다. 딱히 갖고 싶은 무언가가 없어서 있어도 그만 없어도 그만인 사람이다.

이런 유형은 물욕이 없는 대신 돈 욕심이 있는 경우다. 다른 사람과 달리 돈과 물건을 교환하면 소중한 돈을 잃어버리기에 도리어 기분이 나빠지곤 한다. 물건을 사지 않고 돈을 가지고 있는 게 나 같은 사람에게는 더 행복인 것이다. 그런데 아이를 키우면서 보니 이 기질을 우리 아이도 물려받은 듯하다.

어릴 때도 보통의 아이는 마트에 데려가면 무언가를 사 달라며 드러누워 떼쓰기 다반사인데 우리 아이는 그런 일이 상대적으로 많지 않았다. 마트에서 물건을 관찰하는 건 좋아해도 무언가를 갖고 싶어 하지 않으며, 옷이나 신발을 사러 가면 피곤해 하고 매장에 안 들어가려고 한다.

갖고 싶은 물건을 물어보면 고민하는 시간이 길고 선택을 하지 못해서 돈을 쓰지 못하는 경우가 많았다. 용돈 교육을 시작하면서부터는 이 성향이 좀 더 심해졌는데, 과자를 먹고 싶어하다가도 용돈에서 과자를 사 먹으라고 하면 용돈을 쓰니 차라리 안 먹는 것을 택한다. 반대로 매주 용돈을 받아서 저금통에 넣을 때 행복해하며, 집 안 청소하다가 동전이라도 줍게 되면 세상 뿌듯해하곤 한다.

이런 이야기를 들려 주면 많은 사람이 부러워하곤 한다. 재테크를 하기에 최적의 기질을 타고난 게 아닌가 하는 생각에서다. 그러나 이러한 기질이 인생을 살아가면서 어떤 부분에서 문제가 될 수 있는 일인지 직접 겪어 봤기에 우려할 수밖에 없다.

이런 기질을 가진 아이는 돈을 모으는 데는 능숙하지만 돈을 현명하게 쓰는 법을 몰라 어려움을 겪는다. 돈이라는 게 무작정 안 쓰는 것만이 미덕은 아니다. 정확히는 써야 할 때 쓰고, 쓰지 말아야 할 때 안 써야 한다. 그 조율을 못 하기 때문에 돈 쓰는 것 자체를 겁내는 것이다. 어릴 때부터 나는 '언제 돈을 써야 하는 거지?'라는 혼란을 갖고 눈치를 보며 다른 사람은 어떨 때 돈을 쓰는지 관찰했다.

돈을 쓰면 마음이 불편해져서 지갑을 여는 것 자체를 두려워하는데 이것은 자기 자신의 소비를 절약할 때는 큰 문제가 되지 않는다. 문제는 다른 사람에게 금전적으로 베풀어야 할 때도 주저하게 된다. 특별히 이기적이라 그러는 게 아니라 돈을 쓰는 행위 자체가 마음이 불편해서 나에게도 남에게도 안 쓰게 되는 것이다. 그러나 타인은 이런 속사정까지 알 수 없기에 겉으로 드러난 모습만 보고 인색한 사람이라고 오해하게 된다.

이런 사람은 내 그릇만큼의 돈을 모으는 건 정말 쉽지만, 가진 한계를 넘어서 보다 더 큰 규모의 돈을 벌 수 있는 기회를 놓친다. 이렇듯 뭐든지 극단적인 것은 좋지 않기에 이런 성향 또한 절대 좋은 게 아니며 반드시 부모가 바로 잡아 줘야 한다.

10대 때 엄마는 늘 나에게 "다른 사람에게 베풀 줄도 알아야 한다"라는 잔소리를 했다. 돈 모으는 건 잘해도 쓰는 건 힘들어했기에 그런 이야기를 들었던 것이다. 10대만큼은 아니지만, 과도기였던 20대에도 나는 언제 돈을 써야될 지 감을 잡을 수 없었다. 마음속으로 좌충우돌하면서 돈을 써야 할 때마다 마음이 불편해지는 내면과 싸워야 했다.

30대는 그래도 타고난 기질이 많이 다듬어지고 적응이 되어서 비로소 어느 정도 기준을 잡게 됐다. 나에게 아끼는 돈은 누가 뭐라 할 사람이 없으니 내가 하고 싶은 대로 아끼지만, 남에게 베풀어야 할 때는 기분 좋게 돈을 쓰는 방법을 어느 정도 깨닫게 되었다.

아이가 나와 똑같은 성향으로 타고났기에 다시 한번 큰 숙제를 해야 한다. 절약하는 습관은 좋지만, 어느 때 돈을 쓰고 어느 때는 쓰지 말아야 할지 기준을 잡아 줘야 하는 게 부모의 역할이기 때문이다.

반대로 남에게 다 퍼 주는 성향의 아이도 있다. 제 밥그릇을 찾아 먹지 못하는 유형이기에 부모가 답답해하기도 하고 이 아이가 커서 어떻게 돈을 모으고 불릴 수 있을지 걱정을 하게 된다. 이 경우, 아이가 돈을 쓰는 이유가 무엇인지 부모가 자세히 관찰해 보는 것을 권한다.

첫 번째 유형은 단순히 돈에 대해 아직 잘 모르기에 금전 감각이 부족하여 수중의 돈을 소중히 하지 못하는 경우다. 우리 아이처럼 태생부터 돈 쓰는 것을 주저하는 아이도 있지만, 이렇게 돈이라는 개념이 희박한 아이도 있다. 누가 우월하고 열등하고가 아니라 아이마다 타고난 기질이 다른 것이기에 부모는 우리 아이에 맞춰서 경제 교육을 하면 된다.

단순히 무지에 의한 행동이기에 경제 교육하는 과정에서 달라질 가능성이 충분하다. 몰라서 못한 거지 알면 달라질 수 있기 때문이다. 이런 아이는 돈이라는 건 종이로 된 무언가라는 표면적 개념만 이해하고 있기에 이 돈으로 어떤 것들을 할 수 있는지 구체적으로 알려 주는 게 좋다. 돈 공부를 하면서 아이는 이 종이가 단순히 사람들끼리 주고받는 무언가가 아니라 무한한 잠재력과 가능성을 지니며, 내가 원하는 것을 하기 위해 필요한 것이라는 것을 깨닫게 될 것이다.

두 번째 유형은 천성적으로 착하고 이타적이기에 기꺼이 남들에게 돈을 베푸는 경우다. 이때 부모는 딜레마에 빠지게 된다. 분명 남을 돕는 것은 권장할 만한 행동이지만 자신의 몫을 챙기지 못하고 베푸는 행위에 대해 아이에게 어떻게 설명을 해야 할지 고민스러워지는 것이다.

이런 아이에게는 기버Giver와 테이커Taker, 매쳐Matcher의 이야기를 들려 주면 좋다. 펜실베니아 와튼 스쿨의 교수인 애덤 그랜트가 그의 저서 《기브 앤 테이크》(애덤 그랜트 지음, 윤태준 옮김, 생각연구소, 2013)에 언급한 바에 따르면 세상 사람들은 기버, 테이커, 매쳐로 구분할 수 있다. 기버는 자기가 받은 것보다 더 베푸는 것을 좋아하는 사람이고, 테이커는 자신은 베풀지 않고 최대한 타인을 착취하는 사람이며, 매쳐는 자신이 받은 만큼 동등하게 돌려 주는 사람을 말한다.

이들이 얼마나 사회적으로 성공하는지 나열해 보자. 테이커들이 가장 성공할 것 같지만 실상은 그렇지 않다. 테이커와 매쳐가 중간에 있고, 기버가 최하단과 최상단에 나눠서 존재한다. 어떤 기버는 한없이 베풀다가 테이커들에게 착취당하면서 결국 실패를 겪지만, 또 어떤 기버는 테이커들이 따라잡을 수 없을 정도로 거대한 사회적 성공을 거둔 것이다.

왜 똑같은 기버인데 이런 차이가 날까? 사회적으로 실패했던 기버는 자신을 돌보지 않은 채 타인을 돕는 행위를 하면서 자신도 성공하지 못하고 타인도 크게 도울 수 없었다. 반면에 사회적으로 성공했던 기버는 자신의 이익을 돌보면서도 타인의 이익에 관심을 두었던 유형이다. 그래서 부모는 내 아이가 선한 마음을 가진 기버로 태어났다면 아이의 기질이 다치지 않도록 잘 보호해 주어야 한다. 그 대신 성공한 기버가 될 수 있도록 자신의 이익과 타인의 이익을 모두 돌볼 수 있는 아이로 키워야 한다.

마지막 유형은 자신에게 확신이 부족하고 애정결핍 성향이 있어서 타인에게 사랑받기 위해 돈을 쓰는 경우다. 대표적으로 남에게 물질적으로 베풀어야만 친구가 자신을 좋아해 준다고 생각하는 아이가 여기에 해당한다.

초등학교 3학년 때 이런 친구를 만난 적이 있다. 소소한 간식을 매일 가져와 친구들에게 나눠 주며 인기를 끌고 싶어 했던 친구였다. 소극적인 성향이 아닌 오히려 적극적인 성향이었는데 본인 스스로의 매력으로 친구를 사귈 수 없다고 생각했는지 매일 간식을 사다 날랐다. 당연히 주변 아이들은 간식을 얻어먹고 좋아했으며, 그 친구를 무리에 끼워 줬으나 소위 말하는 베스트 프렌드가 된 친구는 없었다. 물질적으로 쌓을 수 있는 우정에는 한계가 있었던 것이다.

그 아이는 나에게 "이렇게 돈을 써야 친구를 사귈 수 있다"며 씁쓸하게 말했다. 그 친구네가 특별한 부자가 아니었기에 한정된 용돈으로 사오거나 아니면 부모님을 졸라서 사 오는 것이였을 텐데 어느 쪽이든 안타까운 경우가 아닐 수 없다.

이런 아이에게는 돈으로 왜 친구를 사귈 수 없는지 알려 주고, 건강한 관계를 맺기 위해 부모가 도와줘야 한다. 교우 관계라는 게 부모 맘대로 되는 일은 아니기에 당연히 쉽지 않은 과정이긴 하다. 그러나 돈으로 우정을 사는 행위를 반복하게 되면 어른이 되어서도 테이커에게 착취당하게 되어 금전적 어려움을 겪게 되기에 이 고리를 일찌감치 끊어 주어야 한다.

아이는 각양각색의 기질과 모습으로 태어난다. 같은 부모 밑에서 태어난 아이더라도 그 성향이 전혀 다르기에 경제 교육도 아이마다 일대일 맞춤으로 이루어져야 한다. 중요한 것은 타고난 기질은 완전히 바꿀 수 없기에 그 모습 그대로 인정하되, 장점은 살려 주고 단점은 보완해 주어야 한다. 그리하여 아이가 좀 더 현명한 재테크를 할 수 있도록 심리적 기반을 만들어 줘야 하는 게 부모의 일이다.

| 실 |
| 행 |

절약인가요?
그것 민폐입니다!

지금까지 한 번도 진지하게 돈을 모아 본 적이 없는 사람이 무언가의 계기로 깨달음을 얻고 재테크를 하기로 결심하게 된다. 주변을 둘러보니 자신만 뒤쳐져 있을 뿐, 다른 사람들은 이미 저만치 앞서 나가 있는 것을 보니 마음이 조급해지고 무엇부터 해야 할지 혼란스럽기만 하다.

투자는 아직 어렵고 겁이 나지만 생활비 아끼는 것은 그래도 할 수 있을 것 같아서 요새 유행이라는 무지출 챌린지를 도전해 본다. 하지만 현명하게 돈을 아끼는 방법이 있다는 것을 모르기 때문에 정확히 어떻게 절약해야 하는 것인지 혼란스러워한다. 그런 혼란 속에서 가장 명확한 게 숫자이기에 소비한 금액을 줄이는 것이나 무지출 날짜를 하루라도 늘리는 데에만 신경을 쓴다. 그러다 보니 자신과 가족의 삶을 해치는 극단적 방법이나 타인을 불쾌하게 하는 민폐 행동까지 하게 된다.

최근 재테크 붐이 불면서 무지출 챌린지나 절약을 하는 사람들이 많아졌는데, 문제는 타인에게 민폐를 끼치면서까지 돈을 아껴 손가락질 받는 경우가 많아졌다는 것이다. 직장에서 무지출 챌린지를 한다고 선배에게 커피를 사 달라고 요구하는 후배라던가 카페에 멀티탭을 가져와서 온갖 전자기기를 충전하는 손님, 대학교에서 화장실 휴지를 두루마리 채 들고 가는 자취생 등이 대표적 유형이다.

사업하면서 직원들을 위해서 탕비실에 커피믹스를 박스채 뒀던 적이 있는데 소모 속도가 말도 안 되게 빨랐고, 점점 더 빨라지길래 이상함을 느꼈다. 그런데 직원 중 한 사람이 이야기해 주기를 어떤 직원이 매일 퇴근할 때마다 커피믹스 30봉지 정도를 가방에 챙겨서 퇴근하고 있고 그것을 보더니 다른 직원들도 동참하고 있다고 했다. 정작 나머지 직원들이 커피를 마시려고 할 때는 이미 빈 박스만 남아 있었다.

그래서 직원들이 모였을 때 말했다. '일하면서 커피를 열 잔 스무 잔 마셔도 된다. 커피값이 아까워서 그러는 게 아니다. 회사 비품을 무단으로 반출하는 것은 법에 저촉되는 일이며 동료들에게 민폐라고, 남에게 도움이 되는 못할망정 피해를 주면 되겠냐'고 설득했다.

사람들은 내가 절약을 한다는 것 자체로 손가락질하지는 않는다. 생각보다 타인은 당신에게 관심이 없다. 다만 절약한답시고 주변에 티를 팍팍 내고 다니면서 은근히 눈치 보게 만드는 행동을 하거나 타인에게 피해를 끼친다면 볼멘소리가 나오게 되는 것이다.

자산이 많은 사람도 부자와 졸부로 나뉘듯이 짠테크를 하는 사람도 우아하게 절약하는 사람과 돈타령하며 타인을 불편하게 만드는 사람으로 나뉜다. 그리고 후자의 태도가 절약을 하는 사람에게 부정적 편견을 강화하는 안 좋은 유형이 된다.

건강하지 못한 마인드를 가진 사람은 설령 나중에 돈이 모이더라도 졸부로 손가락질 받는다. 절약이나 돈 때문에 손가락질하는 게 아니라 마음가짐과 태도 때문에 지적하는 것이고, 돈이 없는 지금이든 돈을 모은 나중이든 상관없이 입에 오르내리게 되는 것이다.

돈을 모으는 것 자체도 중요하지만 어떻게 모으느냐도 중요하다. 우리 부부와 양가 부모님은 일상에서 절약을 하면서 다른 사람에게 반감을 산 적은 없었다. 어떤 행동은 절약이고 어떤 행동은 민폐라는 것을 자연스럽게 배웠기 때문이다.

아이에게 절약을 가르칠 때 반드시 이 기준점을 가르쳐야 한다. 처음 절약해 보는 사람은 돈을 아끼는 데에 집중해서 나의 행동이 타인에게 민폐가 되거나 직접적 피해를 주지 않더라도 과히 보기 좋지 않은 행동일 수 있다는 것을 모른다. 절약을 처음 배울 때는 당연히 그런 시행착오를 겪을 수밖에 없기에 부모가 가르쳐 줘야 하는 것이다.

돈을 쓰는 대상이 누구냐에 따라서 절약의 강도를 구분해야 한다. 먼저 나에게 쓰는 돈은 가장 많이 아낄 수 있는 돈이다. 절약은 내가 좋아해서 하는 행동이며 나만 인내하면 되는 것이기에 이 행동으로 인해서 타인에게 피해 끼칠 일은 없다. 그렇기에 나에게 쓰는 돈은 강도 높은 절약을 하더라도 상관이 없다.

그다음 쓰는 돈은 우리 가족을 위해 쓰는 돈이다. 경제 공동체인 우리 부부 그리고 아이는 공동의 재정적 목표가 있으며 이를 달성하기 위해 힘을 합쳐야 한다. 그래서 나에게 쓰는 돈 만큼 지독하게 아끼지는 않더라도 검소하게 소비하려고 노력한다. 다만 여기서 유의해야 할 것은 나의 절약 기준을 배우자나 아이에게 강요해서는 안 된다. 가족은 가장 가까운 대상이지만 그들 또한 나 자신이 아니기 때문에 나의 기준을 강요하는 것은 또 다른 민폐기 때문이다.

세 번째 돈은 부모님이나 형제자매 등 친척들에게 쓰는 돈이다. 부모님이 우리보다 자산이 더 많으시기에 우리가 용돈을 드리거나 지원해 드릴 일은 없다. 때문에 가끔 필요한 물건이 생기면 정말 흔쾌히 사 드리려고 노력하는 편이다. 남편과도 그런 이야기를 많이 하는데 우리 세 사람의 돈을 아끼더라도 부모님에게 베풀 때는 돈을 아끼지 말자고, 타인에게 돈을 쓰는 것보다 가족들에게 돈을 쓰는 게 보람이 있다고 말하곤 한다.

마지막으로 가장 조심해야 할 돈은 타인에게 쓰는 돈이다. 타인에게 금전적으로 피해 끼치거나 불편한 기분을 선사해서는 안 된다. 그러나 반대로 타인에게 지나치게 돈을 써서도 안 된다. 세상에는 선한 사람도 있지만 악한 사람도 많아서 호의를 권리로 받아들이거나 착취하는 관계도 존재하기 때문이다.

나는 타인에게 돈을 쓸 때 한 턱 낸다거나 하는 시혜적 베풂은 하지 않는다. 이건 일방적인 관계로 변질되기 쉽다. 대신 평소에 무언가를 동등하게 해야 하는 상황이 왔을 때 내가 타인보다 좀 더 여유롭게 돈을 내는 정도의 태도를 보인다. 이렇게 되면 내가 평소에 검소하더라도 다른 사람들이 나를 민폐로 보지 않는다.

양가 부모님은 대인관계가 좋으신 편인데 그럼에도 절약을 야무지게 하신다. 명분과 실리 모두를 챙기시는 모습을 보면서 대인관계가 상대적으로 서툰 내가 배워야겠다는 생각에 열심히 관찰했고 그 과정에서 터득하게 된 기술이다.

이렇게 배운 것을 아이에게도 열심히 가르쳐 주고 있다. 가르쳐 보니 다행히 나보다 우리 아이의 대인관계가 훨씬 좋은 것 같다. 사람을 좋아하고 잘 챙기지만, 그 와중에도 본인이 손해는 보지 않고 실리도 잘 챙기는 것 같아서 부모인 나보다 낫다.

만약 어릴 때의 나처럼 돈을 쓰는 것을 힘들어하는 아이가 있다면, 돈을 써야 하는 상황이 왔을 때 부모가 각각의 상황마다 이런 상황에서는 돈을 써야 할지 말아야 할지, 쓴다면 얼마 정도를 써야 할지 조언해 주면 좋다. 특히 사회 초년생인 경우 경조사나 대인관계에서 돈을 써야 할 상황이 벌어지는데 이럴 때 인생을 좀 더 길게 살아온 부모의 혜안이 특히 도움이 된다.

제한이 없기에
절제를 배우지 못한다

어릴 때부터 엄마의 가계부를 보면서 자랐다. 장을 본 적이 없는 어린 아이라서 직접적으로 물가를 느낄 기회는 없었지만, 가계부를 통해서 간접적으로나마 물건의 가격이 어떤지 가늠할 수 있었다. 거기다가 단순히 가계부를 보는 것뿐 아니라 엄마가 벌어 온 돈을 직접 세보기도 했는데, 현금 거래가 일상이던 시기라서 우리집의 소득 상황을 피부에 와닿게 느낄 수 있었다.

아이의 시선에서 부모는 언제나 대단한 존재이고 무엇이든 할 수 있는 존재다. 반면에 나는 가계부를 보고 자랐기에 보다 일찍 자본주의가 지배하는 현실을 알 수 있었다. 들어오는 돈과 나가는 돈을 알게 되면서 우리집의 재정 상황을 어렴풋이 알게 되었고, 물건의 가격도 알게 되면서 하나하나 돈 주고 사면 얼마나 많은 돈이 들어가는지도 알게 되었다. 이를 통해 금전과 재화의 귀함을 알게 되고, 열심히 일하고 절약하는 부모님을 보면서 함부로 무언가를 사 달라고 조르지 않게 되었다.

중고등학생 때 유독 수학에 약해서 전체 공부 시간 중 수학 문제를 푸는데 많은 시간을 쏟았는데, 그러다 보니 문제 풀이 과정에서 연습장을 많이 쓰게 되었다. 그런데 그 연습장을 문구점에서 사서 쓴 것이 아니라 집에 많이 남는 이면지, 부모님이 은행이나 거래처에서 받은 스프링 노트나 다이어리, 심지어 벽걸이 달력 뒷면을 A4 용지 크기로 잘라서 사용했다.

부모님이 그렇게 하라고 시킨 것도 아니고 그저 어른들을 보고 자연스럽게 따라 했다. 사업상 전화 통화가 잦은 부모님이 이면지를 잘라다가 메모지 크기로 만들어서 집 전화 옆에 두고 통화하며 메모하곤 했는데, 그것을 보고 자연스럽게 이면지로 연습장을 만들어서 사용하게 된 것이다.

문제집도 그 당시에는 공부를 잘하고 선생님들께 잘 보이면 교사용으로 나온 전과나 문제집을 나눠 주었는데, 그런 책들을 받아서 공부하기도 했다. 이 또한 공부를 잘하는 사촌 오빠들이 학교 선생님들에게 문제집을 선물로 받는 것을 보면서 나도 따라 하게 된 것이다. 어차피 똑같은 문제집이 몇 권씩 들어오기 때문에 선생님들도 가지고 있어 봤자 짐이 되기에 달라고 하지 않았는데도 흔쾌히 주시는 분위기였다.

부모님께 연습장이나 문제집을 사 달라고 말씀드렸으면 공부에 필요한 것들이니 당연히 사 줬을 것이다. 그러나 돈을 안 써도 공부할 수 있는 방법이 있으니 활용하지 않을 이유가 없다. 연습장도 문제집도 사면 다 돈이라는 생각이 들었고, 그때마다 엄마의 가계부가 떠올랐다.

이런 것이 건강한 결핍이라고 생각한다. 돈이 없어서 소비를 못 하는 게 아니라 있어도 돈을 함부로 사용하지 않고 스스로에게 제한을 걸어 소비를 절제하는 미덕이다. 가진 자산 대비 소박한 소비와 생활을 통해 당연히 부모님의 자산은 불어났고, 어릴 때부터 그런 것을 보고 자란 나도 생활 속에서 절제와 검소함을 기본적으로 탑재하게 되었다.

그 덕분에 성인이 된 후 특별히 돈을 아끼겠다고 노력하지 않아도 어릴 때부터 체득된 습관 덕분에 같은 월급을 받는 동년배들에 비해서 모으고 불린 자산이 빠르게 늘었다. 물론 돈에 대해 말하는 것을 꺼리고 겉으로는 크게 티가 나지 않을 정도로 절제된 소비를 했기에 주변에서는 몰랐지만 이런 생활 습관은 더 많은 돈이 나에게로 모이게 했다.

사람들은 이런 말을 한다. 돈이 있는데 어떻게 돈을 안 쓸 수 있냐고 말이다. 죽을 때 다 짊어지고 가는 게 아닌데 평소에 써야지, 아꼈다가 똥 된다는 악담도 서슴지 않는다. 그런 말을 들을 때마다 나는 어릴 때 도서관에서 읽은 유럽 동화 하나를 떠올리곤 한다.

어떤 공주가 목숨에 위협을 받아 왕궁을 떠나 살아야 했는데, 왕비가 공주를 떠나보내며 여러 개의 밀봉된 상자를 건넨다. 이 안에는 어려움에 처했을 때 공주를 도울 수 있는 물건들이 들어 있는데 절체절명의 위기 상황이 아니면 열어서는 안 된다고 당부하면서 말이다. 그 상자들을 가지고 공주는 평민들 속에 섞여서 소박하게 살면서 자신의 신분을 전혀 드러내지 않았다. 이후 세월이 지나 공주가 성장하여 왕궁으로 다시 돌아가게 되는데 돌아오는 길에 방해 세력에 의해 목숨이 위협받고 여러 가지 어려움에 처하게 된다. 이때 왕비에게 받은 상자를 열어 그 안에 들어 있던 재물과 사람들의 도움으로 자신 앞에 펼쳐진 역경을 넘어서고 무사히 왕궁에 돌아와 행복에 다다른다는 내용이다.

이 동화를 너무 인상 깊게 읽었는지 어릴 때 용돈을 아낄 때마다 이 공주의 이야기를 떠올렸다. 공주가 자신의 정체를 제대로 숨기지 않고 풍요로운 생활을 했다면 추적자들에게 금방 발각되었을 것이고, 왕비가 준 상자를 일찍 열어 그 안에 있던 재물을 미리 사용했다면 정작 그게 필요한 절체절명의 순간에 그 위험을 넘기지 못했을 거라는 생각을 했다. 지금 내가 아끼고 모으는 것은 미래에 가장 위험한 상황이 왔을 때 짠하고 상자를 열기 위함이라는 생각을 하면서 말이다.

인생을 살면서 여러 번 상자를 열 일이 있었다. 가장 최근에 우리 부부가 가진 법인에 자금경색이 왔을 때 나만의 상자인 투자 계좌를 하나씩 깨서 법인 투자금을 지원한 일이 있었다. 정말 위험한 상황이었는데 평소에 준비를 해 놨기에 위기를 넘길 수 있었던 것이다.

그래서 아이에게도 미래를 위해 소비를 절제하는 법을 가르쳐야 한다. 베이비붐 세대인 우리 부모님에 비해서 밀레니얼 세대인 우리가 부모가 된 지금은 물질적으로 훨씬 풍족한 시대다. 하지만 그런 시대이기에 오히려 더욱 건강한 결핍이 필요하며 아이의 미래를 위해서라도 절제하는 법을 가르쳐야 한다.

형제자매가 있는 게 당연한 우리 세대와 달리 지금은 저출산으로 인해 한 가정당 아이가 0.72명(2023년 합계 출산율 기준)이다. 한 명을 낳거나 딩크인 부부들이 많아 부모나 조부모의 자산이 한 명의 아이에게 집중될 수밖에 없는 상황인 것이다.

이런 세대의 등장으로 '골드키즈'라는 용어가 탄생했다. 중국의 1가구 1인 산아제한 때 생겨난 '소황제'와 같은 의미로 왕자 공주 대접을 받으며 자란 아이들을 의미한다. 또한 '에잇(8)포켓', '텐(10)포켓' 등의 신조어도 등장했는데, 한 아이를 위해 주변의 많은 어른이 지갑을 연다는 뜻이다.

아이를 향한 사랑을 돈으로 표현하는 부모는 좋은 물건, 비싼 교육비, 잦은 여행 등 물질적인 풍요를 베푼다. 하지만 이런 행동을 통해 아이가 정작 배우는 것은 부모의 사랑이 아니라 우리집은 원래 이 정도 돈은 펑펑 써도 괜찮은 집으로 여기게 된다.

부모가 벌어들이는 돈이 얼마인지, 우리집에서 한 달 동안 생활비가 얼마나 쓰이는지, 나에게 들어가는 돈이 얼마인지 아이는 제대로 알지 못하기 때문이다. 부모가 돈을 많이 써서 베푼 소비 액수가 아이들에게는 디폴트 값이 되어 버린다.

문제는 이 경우 아이는 자라서도 소비를 줄일 수가 없다. 기본적으로 소비를 많이 하는 환경에서 어릴 때부터 컸기 때문에 그 아래로는 소비를 줄일 수 없는 것이다. 넓은 집에서 살다가 좁은 집에서는 살 수 없는 것처럼 '원래 다 이 정도는 쓰고 살지 않아?' 하는 착각 속에 평생을 산다. 부자가 아닌 서민 가정의 아이조차 부자처럼 소비하는 것을 당연시 여기는 풍조가 만연하게 된 이유가 여기에 있다. 부모가 자신의 아이에게 부자가 되기 위해 돈을 모으는 법은 가르치지 않고 부자처럼 쓰는 법만 가르쳤다. 이런 환경에서 자란 아이는 우리 세대보다 절약을 하기 힘든 아이로 성장하며, 미래에 돈을 모으기가 더욱 힘들어진다. 한번 늘어난 소비는 줄일 수 없으며 줄이려 하면 극심한 고통이 뒤따르기 때문이다.

거기다가 아이에게 이렇게 돈을 쓰면 부모의 노후는 더 위태로워질 수밖에 없다. 아이를 사랑해서 아이에게 아낌없이 돈을 쏟고, 정작 자기 노후에는 돈이 없어서 아이에게 의지해야 하는 천덕꾸러기 부모가 될 수밖에 없는 것이다. 아이는 아이대로 소비 절제를 배울 수 없고, 부모는 부모 대로 노후 준비가 안 되는 최악의 상황이 되는 것이다. 그야말로 죽음의 소용돌이에 갇혀 가난을 대물림하는 어리석은 교육 방식이다.

돈이 없어서 혹은 아이를 덜 사랑해서 아이에게 쓰는 돈을 제한하는 게 아니다. 아이를 진짜 위하기 때문에 아이가 평생 가져갈 수 있는 정신적 자산을 남겨 주는 것이다. 물고기 한 바구니를 직접 주는 대신 물고기 낚는 방법을 가르쳐 주는 일이다. 바구니는 시간이 지나면 비어 버리지만, 물고기를 낚는 방법은 평생 써먹을 수 있기 때문이다.

아이에게 부모의 자산이나 월 소득 대비 비싼 사교육비, 선물, 여행 등으로 아이의 금전 감각을 망치지 말자. 분수 이상의 돈을 써서 아이에게 물질적 풍요로움을 한정 없이 베푸는 것이야말로 아이에게 사랑이라는 포장지로 감싼 독을 선물하는 행위다.

부모나 조부모의 자산이 한 명의 아이에게 집중될 수밖에 없는 시대라서 역설적으로 아이에게 제한을 두고 절제하는 방법을 가르쳐야 한다. 돈을 다루는 방법을 어릴 때부터 배워야 할 필요성이 크고, 이를 위한 경제 교육은 더욱 중요해질 것이다.

한정된 상황에서
최선의 선택을 하는 방법

아이가 지병이 있어서 정기적으로 검진을 받는지라 방학 때 병원을 방문한다. 어느 방학 때 종합 병원에 진료가 있었는데 어린이 병원에서 완화 의료의 일환으로 당일 진료나 검사가 예약된 어린이들을 대상으로 레고 상자를 하나씩 나눠 주고 있었다.

총 6종류의 레고 상자 중 하나를 선택해야 했는데, 여타의 아이들이 얼른 레고를 손에 잡는 것과 달리 우리 아이는 그 앞에서 정말 한참이나 고민했다. 그 모습이 귀엽기도 하고 이럴 때 부모는 훈수 두기보다는 아이가 충분히 생각을 다듬는 시간을 기다려 줘야 하기에 한발 뒤에서 지켜보았다.

아이는 자기가 원한다고 해서 다 가질 수 없다는 것을 어릴 때부터 터득한지라 이런 선택의 순간이 올 때마다 진지하게 고민하곤 한다.

평소에 아이에게 경제 교육을 할 때 중요하게 생각하는 개념이 있다. 바로 한정된 돈과 기회에서 최선의 선택을 하는 법이다. 자본주의 사회라 하더라도 재화를 무한대로 사용할 수 있는 사람은 없으며 좋은 기회 또한 자주 오지 않는다. 나중에 이런 상황이 왔을 때 본능에 이끌려 충동적으로 선택하고 후회하는 것이 아니라 올바른 판단을 내릴 수 있도록 어릴 때부터 고민하는 연습을 해 보는 게 중요한 것이다.

앞서 말한 것처럼 우리 아이가 엄마 아빠에게 선물을 받을 수 있는 날은 어린이날과 생일, 크리스마스로 정해져 있으며 그 외의 날에는 아무리 조르더라도 허용되지 않는다. 그래서 자신이 받을 선물을 고를 때 아이는 보다 신중해질 수밖에 없다.

거창한 선물이 아니더라도 평소에 소소하게 무언가를 사줄 일이 생길 때 나는 절대로 한 번에 여러 개를 사 주지 않는다. 예를 들어 같이 편의점에 가거나 카페에 가서 간식을 선택할 상황이 오면 반드시 개수나 총금액을 제한한다. 돈이 없어서 혹은 아이에게 돈을 쓰고 싶지 않아서 이러는 것이 아니라 신중하게 돈을 다루는 방법을 길러 주기 위한 교육이다.

그 대신에 자신의 용돈으로 무언가를 사거나 세뱃돈으로 스스로에게 선물하는 것은 허용된다. 이러한 소비는 뭘 사더라도 부모가 절대 간섭하지 않고 네가 사고 싶은 게 있다면 사도 괜찮다고 한다. 선물 받는 물건은 횟수의 제한이 있는 대신 금액은 상대적으로 허용적이며, 자신의 이름으로 모은 돈은 횟수의 제한은 없지만 그 대신에 쓸 수 있는 금액이 정해져 있는 것이다.

상황에 따라 제한되는 요소가 다르기에 아이는 무언가를 구입할 때 어떤 것을 선택해야 제일 만족스러울까를 자연스럽게 고민하면서 생각하는 힘이 길러진다. 이런 상황이 반복되면서 소비할 때 심사숙고하는 것이 습관화되고, 자신의 돈을 쓰는 게 아니더라도 모든 소비 상황에서 신중해진다. 이렇게 계속 제한된 상황을 설정하고 그 환경하에서 생각을 키우는 연습을 하는 이유는 이 과정에서 FQ(금융지능)가 자라며, 이 교육 하나로 얻을 수 있는 효과가 여러 가지기 때문이다.

현대 사회는 재화가 풍요롭다 보니 무언가를 사는 행위 자체를 별다른 고민 없이 쉽게 행하곤 한다. 일단 사서 써 보고 마음에 안 들면 버리거나 중고마켓에 팔아 버리면 된다는 생각에 어떤 물건이든 너무 쉽게 구매한다. 물건의 가격을 떠나서 의사 결정 과정에 망설임이 없다.

한정된 상황을 주고 그 안에서 최선의 선택을 하는 연습을 자주 하면 충동구매를 억제하며 합리적 소비를 하는 방법을 어릴 때부터 가르쳐 줄 수 있다. 본래 소비는 본능이고 이것을 억누르며 자유자재로 통제한다는 것은 상당히 어려운 일이다. 8살 때 용돈을 받기 시작한 내가 10대 생활 내내 많은 시행착오를 겪어 보니 소비 본능을 자유자재로 통제하기 위한 연습은 생각보다 어렵고 오랜 시간이 걸렸다. 10대 때 이 과정을 다 겪고 나니 20대부터는 굳은 각오와 노력을 하지 않아도 돈이 자연스럽게 모였다. 이미 습관이 굳어져서 물건을 고르는 눈이 생기고 지갑은 쉽사리 열리지 않으며 소박한 생활이 일상이 되었기 때문이다.

단지 절약하는 방법을 가르치기 위해서 이런 교육을 하는 것이 아니다. 이러한 연습은 나중에 재테크를 하거나 주식, 부동산 등의 투자를 진행할 때 훨씬 강력한 효과를 낸다. 무언가를 별다른 고민 없이 쉽게 사고판다는 것은 비단 소비 활동에만 해당하는 이야기가 아니라 투자에도 큰 영향을 미치는, 모두 연결된 행동 패턴이기 때문이다.

나는 투자의 모든 과정에서 매수를 가장 고통스러워한다. 매수라는 최종 결정에 오기까지 수많은 번뇌를 하며 해당 자산에 대한 공부도 깊게 하는 편이다. 관심을 가지고 공부하는 기업은 많아도 실제로 내가 사들이는 주식 종목은 한정적인 이유가 여기에 있다. 하지만 그렇게 힘들게 매수한 자산은 이미 까다로운 검증 과정을 거쳤기 때문에 매수 이후에는 상당히 마음이 편해진다. 좋은 자산을 합리적인 가격에 샀기 때문에 당장 자산의 가격이 오르지 않더라도 여유롭게 인내하며 기다릴 수 있고, 이후에는 수익이 작든 크든 긍정적인 수익률로 돌아온다. 설령 일이 잘못되어 손실이 나더라도 웃어넘길 수 있을 정도로 손해가 크지 않다.

하지만 나와 반대로 대다수는 주식이나 부동산 등의 투자 자산을 매수할 때도 별다른 고민 없이 '이것 좋아 보이는데?' 하면서 쉽게 의사 결정을 한다. 별다른 생각 없이 물건을 구매하고 써 보니 별 게 아닌 것 같으면 금방 팔아 버리듯이 투자할 때도 똑같이 쉽게 매수하고 금방 후회하며 결국 손해 보며 팔게 된다. 이 과정이 반복되며 손해는 계속 누적되기 때문에 투자로 수익을 낼 수 없는 것이다. 물건을 잘못 사는 건 그 손해가 크지 않지만, 주식이나 부동산처럼 덩치가 큰 자산의 경우 돌이킬 수 없는 손해로 돌아오며 중고마켓에 쉽사리 팔아 버릴 수 없는 것들이기도 하다.

인간의 무의식에 내재되어 있는 이러한 행동 패턴은 모든 경제 활동에서 어느 정도 일관되게 나타난다. 그런 의미에서 나온 것이 행동경제학 이론이기도 하고 말이다. 그래서 아이에게 경제 교육을 할 때 한정된 상황을 설정하고 물건을 살 때 심사숙고하도록 이끌어 줘야 하는 이유가 여기에 있다. 소비에서 시작된 사고 방식과 행동 패턴이 무의식의 수면 아래에 잠재해 있다가 투자나 사업 등 큰 의사 결정을 해야 할 때에도 기저에서 영향을 미치기 때문이다.

직접적으로 주식이나 부동산을 어떻게 사고팔지를 가르쳐 주는 것보다 이렇게 근본적으로 합리적 판단을 할 수 있는 기반을 마련해 주는 것이 훨씬 중요하다. 투자 방법은 성인이 되어 아이가 스스로 공부해도 충분하지만, 이런 교육은 때가 정해져 있고 부모만이 해 줄 수 있다. 그리고 이 기반을 가지게 되면 투자 대상이 어떤 것으로 바뀌든 얼마든지 응용이 가능하기 때문에 평생을 가져갈 지식이기도 하다.

암호 화폐라는 새로운 투자 대상이 부각되었을 때를 생각해 보자. 나는 경제 신문을 꾸준히 읽고 있어 글로벌 금융 위기 이후 암호 화폐가 나왔을 때 비교적 이른 시기에 그 존재를 알게 되었다. 그러나 공부가 되지 않는 자산은 투자하지 않고 제도권 금융 내에서도 투자할 곳이 많아서 암호 화폐는 쭉 지켜보기만 했다.

꾸준히 관심을 가지고 지켜보는 과정에서 신중하게 몇 년간 공부했고 투자 기조에 맞게 암호 화폐를 어떻게 투자할지, 전체 자산에서 얼마의 비중을 둘지 투자 전략을 짰다. 그렇게 처음 매수하기까지의 과정이 길었지만 신중한 검토 과정을 지나서 한번 투자를 시작하고 나니 지금은 한 달에 한 번, 딱 10분의 시간을 써서 투자하는데도 상당히 높은 수익률을 기록하고 있다.

물건이든 투자 자산이든 쉽게 사고 쉽게 파는 행동은 나의 자산을 좀먹는다. 우리 아이들이 이런 과오를 반복하지 않도록 부모로서 어릴 때부터 가르쳐야 한다. 그리고 비단 돈과 관련된 선택이 아니더라도 정해진 상황에서 무언가를 선택하고, 그에 책임을 지는 연습은 생각보다 중요하다. 인생을 살면서 다양한 분야에서 우리는 선택을 하게 되는데 어른이 되어서도 올바른 결정을 내리지 못하고 우물쭈물하다가 기회를 놓치거나 깊게 생각하지 않고 충동적으로 선택하여 잘못된 판단을 내리는 사람들이 부지기수이기 때문이다.

사 달라고 조를 때 대처법

마트와 시장에서 소비 교육을 시작하라고 권유하면 상당수의 부모는 곤란해 한다. 아이가 장난감이나 특정 물건 앞에서 떠나지 않으며 사 달라고 소란을 일으키는 경우가 많기 때문이다.

모든 교육이 그렇지만 어린 나이에 시작하는 경제 교육은 특히나 순탄하지 않다. 어릴 때는 자기 조절 능력이 떨어지고 이성보다는 자신의 감정에 휩싸이기 때문에 거부당하거나 제지당하면 격렬한 반응을 보이게 된다. 소위 마트에 드러누워 떼쓰는 아이가 이런 경우에 해당한다. 이런 상황에 처하면 부모는 당연히 아이를 제지할 수밖에 없는데, 그 과정에서 필연적으로 충돌이 일어나는 것이다.

처음 이런 행동을 보일 때가 아주 좋은 기회다. 상당수의 부모는 공공장소에서 아이가 이런 소란을 일으키면 당황하거나 창피한 마음에 빨리 조용히 시키기 위해서 아이와 적당히 타협하고 원하는 것을 들어주게 된다. 그러나 이러한 행동은 오히려 '내가 떼를 쓰면 원하는 것을 얼마든지 가질 수 있다'는 잘못된 방법을 학습하게 되어 앞으로도 이런 상황이 왔을 때 거듭해서 상황이 악화된다. 떼쓰는 것이 통하면 부정적 강화가 이루어져서 아이는 계속 더 심하게 떼를 쓰게 된다.

시작 단계에서 단호하게 대처했다면 이후로 떼를 쓰는 빈도와 강도가 약해진다. 그래서 이런 행동을 보이는 초창기에 바로 잡는 것이 중요하다. 안 되는 것은 어떠한 경우에도 안 되는 것이다. 여기에는 타협이 있어서는 안 된다. 이런 상황에서 가장 큰 고비는 눈앞에서 드러누워 떼쓰는 아이와 그런 아이를 바라보는 다른 사람들의 시선이 따갑게 느껴질 때다.

이건 부모로서 어쩔 수 없이 견뎌야 하는 순간인데, 시선이 신경 쓰이더라도 훈육을 통해 아이를 바로잡을 때까지 어느 정도 무시하는 게 필요하다. 나도 우리 아이 때문에 몇 번이나 창피한 일을 겪은 적이 있는데 그때 이런 생각을 했다. 막말로 다시 볼 사람들도 아닌데 그런 사람들의 시선이 무서워서 내 아이에게 꼭 필요한 가르침을 피해서는 안 되겠다는 생각이 들었다.

애들도 누울 자리를 보고 발을 뻗는다. 드러누워 떼쓰면 부모가 창피해 하고 그 상황을 모면하기 위해서 자신이 원하는 물건을 사 준다는 것을 본능적으로 알고 있다. 그런 행동은 용납하지 말아야 하며 주변 눈치가 보이고 창피하겠지만 아이를 올바르게 가르치기 위해 그런 순간을 견뎌야 한다.

어차피 이런 대치 상황이 계속되는 게 아니고 몇 번 해 봤을 때 단호하게 대처하여 부모에게 통하지 않는다는 것을 알면 아이도 더 이상 시도하지 않게 된다. 하지만 그 몇 번을 못 버티고 사 주기 때문에 이런 일들이 계속 반복되는 것이다. 이 순간을 견디지 못하고 상황을 무마하게 되면 우리 아이는 계속 마트를 갈 때마다 부모는 물론이고 타인에게 민폐를 끼치는 아이가 될 수밖에 없다.

아이가 공공장소에서 이런 행동을 보였을 때 차분하고 단호하게 안 되는 이유를 반복적으로 설명한다. 이때 아이는 이미 흥분한 상태이므로 부모가 하는 말 자체가 바로 와닿지 않아 목소리 톤 조절이 특히 중요하다.

분노의 감정이 섞여도 안 되고 반대로 곤란해하거나 미안해하는 감정이 섞여서도 안 된다. 감정이 완전히 배제된 건조한 어투에 담담하게 사실만을 말해 준다. 아이는 참 신기한 게 상대가 감정적으로 대하면 본인은 한술 더 떠서 흥분하기 때문에 부모가 무미건조한 태도를 보여 줘야 조금이라도 가라앉힐 수 있다.

여기서 납득이 되면 좋겠지만, 대개 처음 이것을 시도할 때는 설득이 되지 않는다. 그러면 두 번째로 아무런 말을 하지 않은 채 아이를 가만히 쳐다보거나 아이의 근처에서 모른 척하며 계속 물건을 고른다. 충분히 감정을 터트릴 시간을 주고, 그럼에도 안 되는 것은 안 된다는 것을 가르쳐 주는 것이다. 이 단계에서 사람들의 시선이 나와 아이에게 모이기 때문에 정말 낯뜨겁지만, 한 번쯤은 넘어서야 할 관문이기에 견딜 수 있는 최대한 견뎌 보자.

한계까지 견뎠음에도 해결되지 않는다면 장 보던 것을 중단하고 모든 물건을 되돌려 놓거나 되돌려 놓기엔 너무 많은 양을 담았다면 담긴 것만 바로 계산하자. 그런 뒤에 아이를 데리고 마트를 나온다. 정도를 넘어선 요구는 받아들여지지 않는다는 것을 몇 번이고 겪게 되면 그 이후에 아이는 그런 행동을 하지 않거나 하게 되더라도 1단계처럼 부모가 설득하면 금세 수그러들게 된다.

그렇게 수그러든 아이가 시장을 다 볼 때까지 잘 참아 준다면 기다려 준 행동을 칭찬하고 원하는 간식 한 가지를 고를 수 있는 기회를 주자. 단 여기서 사 줄 수 있는 것은 과자 한 봉지와 같은 정말 사소한 그리고 먹어서 없어지는 일시적 보상이어야 한다. 이를 통해 고집부리는 행동을 훈육하면서도 긍정적인 강화를 통해 '마트에서 쇼핑할 때 얌전히 기다리면 기쁜 일이 생긴다'라는 좋은 기억을 심어 줄 수 있다.

그 다음번 마트에 다시 방문할 때가 정말 중요하다. 마트로 출발하기 전에 아이에게 "쇼핑할 동안 잘 기다려 준다면 예전처럼 원하는 과자 한 가지를 고를 수 있는 기회를 준다"라고 미리 말해 둔다. 그리고는 마트에서 장을 보는 동안 아이가 참기 힘들어하면 "어떤 과자를 살지 열심히 생각해 봐. 딱 하나만 골라야 해"라고 말해 주자. 그러면 아이는 다 끝나고 뭘 살지 열심히 살펴보느라 그 시간을 지루하지 않게 보내게 된다.

앞서 말한 한정된 상황에서 최선의 선택을 하는 방법은 이렇게 가르치는 것이다. 단 한 개의 과자만 허용되기 때문에 처음에 충동적으로 과자를 집어 들었더라도 다른 과자가 또다시 눈에 들어오게 된다. 그러면 그 과자도 집어 들게 되는데 두 개를 동시에 살 수 없어 그때부터 아이의 고뇌가 시작된다. 과거에 우리 아이도 그랬지만 그런 상황이 되면 아이는 출발할 때의 약속을 잊어버리거나 물욕 때문에 했던 약속을 애써 무시하며 과자 두 개를 다 사겠다고 고집을 부린다. 하지만 타협은 없으며 가기 전에 미리 약속한 물건 외에는 절대 사 주지 않는다는 입장을 고수해야 한다.

이럴 때마다 나는 아이에게 구매 목록이 적힌 메모지를 보여 주곤 한다. 이것은 부모가 장을 볼 때 미리 적어 간 것 외에 충동구매를 하지 않는 것을 평소에도 보여 줘야 통하는 방법이긴 하다. 엄마도 이렇게 미리 정한 것 외에는 사지 않는데, 너도 엄마와 한 약속을 지켜야 하지 않냐고 설득하면 아이는 욕심이 나더라도 어느 정도는 수긍한다. 부모의 지시만 이뤄지면 거부감을 가질 수 있지만, 부모가 솔선수범하여 계획적인 소비를 했기에 아이에게 그렇게 소비하라는 가르침이 통할 수 있는 것이다.

한정된 상황을 주고 그 안에서 최선의 선택을 하는 연습을 자주 하게 되면 충동구매를 억제하며 합리적 소비를 하는 방법을 가르칠 수 있다. 일부러 건강한 결핍을 주어 소비 절제를 가르치는 기본 방법이기도 하다.

또한 과자를 처음부터 사 줘서는 안 되고 기다림에 대한 보상이어야 하는 이유는 앞서 언급한 소비 욕구 지연을 교육하기 위함이다. 아이가 견뎌낼 수 있는 시간을 조금씩 늘려갈 수 있도록 부모가 인내심을 가지고 노력해야 하는데, 단기간에 되는 건 아니기에 시계열을 길게 보자.

요새 아이들의 상당수가 욕구 충족이 즉시 이루어지지 않으면 참지 못하기 때문에 이 교육은 거듭 강조해도 지나치지 않을 정도로 중요하다. 앞서 마시멜로 실험에 대해 말했지만 이러한 절제와 인내심에 충분한 보상을 주는 교육은 추후 어른이 되어 투자할 때도 유리하게 적용되며, 경제 활동 외에도 학업 성취도나 직업적 성공 확률을 높여 준다는 것을 명심하자.

우리나라 부모 중에는 아이가 가지고 싶어 하는 물건을 사 주지 못하거나 부탁을 들어주지 못하면 죄책감을 가지는 부모도 있다. "가격 얼마 한다고 그냥 사 줘라"라고 주변에서 훈수 두는 사람도, 아이에게 미안해하는 부모도 문제다. 부모의 이런 태도 때문에 부모가 자신에게 돈을 쓰는 것은 당연시 여기고, 어른이 되어서도 부모가 자신에게 한없이 베풀기를 바라며 돈을 쓰지 않으면 원망하는 것이다.

부모와 자식 관계라고 해도 당연한 돈은 아무것도 없다. 부모로서 내 아이에게 기본적인 것은 당연히 제공해야 하지만, 그렇다고 해서 아이가 원하는 모든 것을 다 들어줘야 하는 것은 아니다.

아이 부탁을 들어주는 부모는 아이를 사랑하고 아이에게 돈을 안 쓰고 아끼면 아이를 사랑하지 않는 것은 아니다. 오히려 아이를 향한 애정을 간단하게 돈으로 해결하는 것은 너무나 쉽지만, 아이에게 건강한 결핍을 주면서 돈을 다루는 방법을 가르치는 것이 훨씬 어렵고 실천하기 어려운 길이다.

하지만 아이의 미래를 생각한다면 실천하기 어려운 길로 가야 한다. 그것이 비록 남들 눈에는 비정한 부모로 비칠지라도 말이다. 타인의 오해나 평가가 중요한 것이 아니라 나의 교육으로 달라질 아이의 미래를 위해 기꺼이 가시덤불로 들어가야 하는 게 부모다.

아이 이름으로
라벨링 된 돈의 힘

인터넷에 올라온 한 부모님 사연을 읽은 적이 있다. 고3 딸에게 평소 일주일에 3만원의 용돈을 줬고, 경제 관념을 철저히 교육하기 위해 부모에게 미리 지출 계획서를 써서 제출하라고 했다. 그런데 이 딸이 어느 날 계획서를 제출하지도 않고 용돈을 모아 부모 몰래 아이패드를 샀다며 배신감을 느껴서 아이패드를 압수했다는 것이다.

　이후에 딸은 눈물을 흘리며 아이패드는 용돈을 모아서 산 것이고 다른 아이들도 다 가지고 있기에 갖고 싶었다고 했고, 부모는 아이패드를 사 준 셈 치면서 돌려 줬다고 한다. 앞으로도 이렇게 아이가 한 번씩 어긋난 길을 갈 때마다 대화로 잘 풀겠다고 하면서 글을 끝맺었는데 이

글을 읽고 나는 가슴이 답답해졌다. 부모는 아이에게 어떤 경제 교육을 철저히 가르쳤다는 것일까?

이건 아이에게 경제를 알려 주기 위한 교육이 아니라 돈을 무기로 부모가 아이를 제멋대로 휘두른 것에 불과하다. 이렇게 되면 겉으로는 수긍했을지 몰라도 아이의 마음속에 부모를 원망하는 마음이 자라나고, 성인이 되어 직접 돈을 벌게 되면 그동안 억눌렸던 욕망이 그대로 터져 나오면서 과소비를 유발하게 될 것이다. 안 하느니만 못한 교육을 하고 있는 것이다.

내가 저 아이의 부모였다면 용돈을 모아 아이패드를 샀다는 것에 놀랐겠지만, 저 부모와는 다른 의미에서 놀랐을 것 같다. 10대는 충동적이며 인내심이 부족하기에 비싼 아이패드를 살 때까지 용돈을 아껴서 모은다는 게 결코 쉽지 않다. 그렇기에 내가 저 아이의 부모였다면 큰 금액을 모을 때까지 인내한 아이의 노력을 도리어 칭찬해 줬을 것이다.

목표를 위해서 작은돈이 큰돈이 될 때까지 모으는 것은 재테크의 기본이다. 그리고 이것은 나중에 자산의 장기 투자를 위해 꼭 필요한 투자자의 덕목이기도 하다. 다 모은 순간의 뿌듯함을 평생 간직할 수 있게 해 줘야 하는 게 부모의 역할이기에 이런 상황이라면 당연히 아이의 인내와 노력을 격려해 주어야 한다.

어릴 때 나는 저 아이와 비슷하면서도 전혀 다른 경험을 한 적이 있다. 나와 내 동생은 무려 초등학생 때 둘이 함께 용돈과 세뱃돈을 모아 비싼 게임기를 산 적이 있다. 아이패드는 학습용으로라도 쓸 수 있지만 게임기는 100% 재미를 위한 장난감이다. 그런데도 우리 부모님의 반응은 사연의 부모님과 정반대로 게임기를 보고도 별말 하지 않았다. 우리 남매가 돈을 열심히 모아서 산, 우리 소유의 물건이기 때문이다.

부모가 착각하지 않아야 할 것은 아이에게 준 용돈은 부모의 손을 떠난 돈이기에 더 이상 부모의 돈이 아니며 아이의 돈이라는 것을 존중해야 한다. 따라서 불법적이거나 위험한 일이 아닌 이상 돈의 쓰임에 간섭해서는 안 되며 아이 스스로 시행착오를 겪으며 배워야 한다. 이미 아이에게 권리가 넘어간 돈인데 왜 그 돈의 쓰임새까지 부모가 간섭하는 것인가? 사사건건 부모가 간섭하는데 어떻게 아이가 돈을 잘 다룰 수 있길 바라는지 이해할 수 없다.

우리 부모님은 내가 아주 어릴 때부터 아이의 돈과 부모의 돈을 철저히 구분 지었기에 용돈을 어디에 쓰던지 간섭하지 않았고, 세뱃돈에 절대 손을 대지 않았다. 이것을 개인적으로는 '라벨링한다'라고 표현한다. 아이에게 용돈을 줄 때 돈에 붙은 이름표가 부모의 이름에서 아이의 이름으로 바뀌면서 그 돈의 권리 또한 오롯이 아이에게로 넘어가는 것이다. 이 라벨링이라는 게 별것 아닌 것 같아도 정말 놀라운 힘을 발휘한다.

초등학교 입학 뒤에 용돈 교육을 받게 되면서 나는 문득 과거에 내가 받은 세뱃돈이 어디로 갔는지 궁금해져서 엄마에게 물어본 적이 있다. 그 질문에 기다렸다는 듯이 엄마가 내 이름이 적힌 통장 하나를 가져와 보여 주면서 그동안 내가 받은 세뱃돈을 이곳에 모아 두었다고 알려 줬다. 솔직히 그 통장을 보면서 어린 마음에도 굉장히 기뻤고 내가 한 사람의 인격체로 존중받고 있는 느낌이 들었다. 왜냐하면 그 당시 내 친구들은 부모님들이 세뱃돈을 보관해 주겠다고 하면서 가져간 뒤 행방을 알 수 없게 되어서 속상해했기 때문이다. 반면에 나의 세뱃돈은 어린아이 때 받은 것도 매년 엄마가 통장에 입금했던 내역이 똑똑히 남아 있었다.

엄마는 내 이름으로 개설된 통장을 보여 준 것에서 그친 게 아니라, 이 통장은 이제 너의 것이고, 여기에 모이는 돈도 나중에 너를 위해 쓰이게 될 것이라는 말을 해 줬다. 그리고는 네가 커서 대학에 가게 된다면 이 돈을 등록금에 보태자고 했기에 나에게는 자동으로 재테크 기간과 목표가 설정되게 되었다.

그때부터 나는 용돈을 쓰다가 돈이 좀 남으면 빨간 돼지 저금통에 조금씩 모았다. 그 돈들이 모여서 돼지 저금통을 가득 채우면 엄마에게 통장을 받아서 동네에 있는 은행으로 향했다. 1년에 한 번 큰돈을 받을 수 있는 날인 설날이 되면, 가지고 싶었지만 용돈으로는 살 수 없었던 물건 하나를 산 뒤 나머지는 내 이름으로 된 통장에 저축했다. 엄마는 나에게 용돈을 주면서 간섭하지 않았고, 저축하라는 말을 하지도 않았지만 내 돈이라는 이름표가 붙은 통장에 애착이 생기니 좀 더 많은 돈을 모으고 싶다는 욕심이 자연스럽게 생겼던 것이다.

이 라벨링의 힘을 내가 어릴 때 강하게 느꼈기 때문에 내가 아이를 낳고 엄마가 되면서 우리 아이에게도 통할까? 하는 궁금증이 생겼다. 그래서 엄마에게 배운 그대로 우리 아이에게도 용돈을 주면서 너의 돈이라는 라벨링을 해 줬는데 놀랍게도 우리 아이 또한 어릴 때의 나처럼 자신의 이름표가 붙은 돈에 상당한 애착을 보였다. 아이는 자신의 용돈으로 무엇을 할 수 있을지 상상하고 더 많은 돈을 모으기 위해 자발적으로 노력하는 힘이 생겨나기 시작했다.

내 돈과 네 돈의 경계가 뚜렷해지면 돈이라는 무형의 가치에 아이들의 인식도 좀 더 선명해진다. 용돈 교육 이후에 아이를 테스트해 보려고 "엄마가 요새 돈이 없는데 네 용돈 좀 엄마에게 줄래?"라고 했더니 아이는 자신의 돈이라며 단호하게 거절했다. 그러나 반대로 부모의 돈 또한 자신의 돈이 아니라고 생각하면서 이것저것 사 달라고 부모에게 조르는 일도 현격하게 줄어드는 긍정적 효과를 보였다.

이것이 나중에 부모와 자식 간의 경제적 독립의 첫걸음이 된다. 부모가 아이의 돈에 이름표를 붙여 주고 존중하게 되면, 아이는 애착과 욕심이 생겨서 저축의 원동력이 되며, 재정적 자립을 위한 마음의 준비를 시작한다. 추후 이것은 돈을 벌고자 하는 강한 원동력이 되어 평생 지치지 않고 재테크를 할 수 있는 힘이 길러질 것이다.

부모의 돈은
부모의 것이다

어릴 때부터 용돈 교육을 받으면서 자연스럽게 내 이름표가 붙은 돈과 부모님의 이름이 붙은 돈을 구분하여 인식하게 되었다. 부모님이 나의 돈을 존중하며 어디에 쓰는지 간섭하지 않고 지켜봐 줬기 때문에 나 또한 부모님의 돈은 내 돈이 아니라고 생각하게 된 것이다.

어릴 때부터 금전적으로 독립된 생각을 하게 되면 아이는 부모가 해 주는 금전적 지원을 절대 당연하다고 생각하지 않기에 부모의 호의에 저절로 감사함을 느낀다. 해 주면 감사한 것이고 안 해 주어도 어쩔 수 없는 것이기에 부모님을 원망하지 않는 것이다.

누군가는 이것을 보고 부모라면 당연히 아이에게 해 줄 수 있는 건 최대한 해 줘야 하는데 그것을 안 해 주니까 아이가 체념하는 거라고 생각할 수도 있다. 하지만 직접 겪어 본 내 생각은 다르다. 체념은 '어차피 안 될 거야'라고 생각하기 전에 지레 포기하는 것인데 나는 체념해 본 적이 없기 때문이다.

일반적인 부모라면 아이를 사랑하기에 말하지 않아도 기본적인 지원은 다 해 주는 편이고 우리집 또한 그랬다. 다만 똑같은 부모의 행동을 보고도 아이인 나의 마음가짐이 달랐던 것이다. 나는 부모의 기본적 지원을 당연하다 여기지 않았고 그것이 부모의 호의라고 생각했기 때문에 기본적으로 지원해 주는 것을 감사하게 여겼다. 그랬기에 그 이상의 것을 바라지 않고 이후로는 돈을 아끼든 모으든 내가 해야 할 몫이라고 생각했다.

반대로 어떤 아이는 부모의 기본적 지원은 부모니까 당연히 해 줘야 하는 것이라고 생각한다. 낳았으면 책임을 져야 하는 게 아니냐는 것이다. 설상가상으로 다른 부모와 비교해서 자신이 받은 게 부족하다 느껴지면 부모를 원망하며 다른 부모들처럼 지원해 달라고 조르고 부모의 돈을 자신이 당연히 받아야 할 재화로 여긴다.

상당수의 부모는 돈에 시혜적 태도를 보이며 아이를 향한 사랑을 물질적으로 한없이 베푸는 왜곡된 방법으로 표현해 왔다. 그리고 이것을 받고 자란 아이는 부모의 돈을 당연한 것으로 여기며 금전 감각이 망가진 채 자라났다.

이렇게 자랐기에 남과 비교하며 내가 가진 것에 감사하기보다는 내가 가지지 못한 것에 원망과 시기 질투를 하게 된다. 이래서는 부모도 아이도 함께 가난해질 수밖에 없는 죽음의 소용돌이 속으로 들어가게 된다.

나의 부모님은 내가 어릴 때부터 "금전적 지원은 대학교까지만 해준다"라고 강조했다. 당연히 나는 이 문제를 진지하게 생각할 수밖에 없었다. 용돈 교육을 받을 때 용돈으로 무엇을 사도 간섭하지 않았지만, 용돈을 탕진해도 돈을 더 주지 않았던 것을 보면 알 수 있다. 돈에 대한 일관된 약속은 어릴 때부터 꾸준했고, 성인이 되어서도 동등하게 지켜질 것이라고 생각했다.

고등학교까지는 수능 성적을 위해서 열심히 공부했다면, 대학교 4년 동안은 돈을 벌기 위해서 앞으로 어떻게 준비해야 할까 열심히 고민했다. 그 당시에 내가 생각한 것은 일단 목표로 하는 회사에 들어가기 위한 학점 관리와 함께 스스로 돈을 벌기 위한 연습을 시작해야겠다는 생각이었다. 그래서 남들은 수능 끝난 해방감에 대학교 1학년은 편하게 보내지만 나는 입학하면서부터 성적과 아르바이트를 모두 해내기 위해 노력했다.

대학 초반에는 과외 아르바이트를 했다. 대학생이 할 수 있는 가장 단가가 높은 아르바이트였기에 당연한 선택이었다. 이렇게 대학교 2년을 보내고 공부가 너무 힘들어서 1년을 휴학했다. 이때 그저 쉰 것이 아니라 전공을 살려 IT 회사 계약직으로 들어가 실무 경력을 쌓았다.

1년을 일하고 다시 복학해야 하는데 여기서 선택지가 있었다. 우리

과를 졸업한 선배들은 대부분 삼성전자, LG전자와 같은 대기업의 반도체 혹은 휴대폰 사업부로 가는 경우가 많았다. 이쪽으로 가려면 IT회사 커리어는 포기하고 남은 대학교 2년을 학점으로 채워야 했다. 반면 IT로 진로를 정하면 남은 대학교 2년을 회사와 병행할 수 있었다.

어떤 게 옳은 결정인지는 모르겠지만 나는 내 적성인 IT 개발과 빨리 돈을 버는 길을 포기하고 싶지 않았기에 무리해서라도 회사와 학교를 병행하기로 했다. 교수님께 취업을 알리고 최대한 양해를 구해서 오전에 들을 수 있는 강의를 택했고, 회사에도 양해를 구해서 오전에는 학교를 가는 대신 오후에는 회사에 나와서 야근 철야를 하면서 개발자의 생활을 살게 되었다.

학업과 커리어를 함께 욕심을 낸 만큼 정말 열심히 살았던 시기였는데, 이 시기에 하루에 2~3시간 정도만 자느라 몸은 축났지만 얻은 것도 많았다. 대학교와 회사를 병행했기에 나는 동기들보다 훨씬 빨리 돈을 벌게 되었고, 사회생활이 빨랐기에 승진 또한 당연히 빨랐다. 그리고 이 시기에 벌었던 돈을 발판으로 이후에 종잣돈이 크게 퀀텀 점프하게 된다.

부모님의 금전적 지원은 대학교 학비까지였지만, 그보다 더 중요한 투자 교육이 시작된 시기기도 하다. 엄마는 내가 대학생 때부터 번 돈에서 최소한의 용돈인 월 30만원을 제외하고 모든 돈을 가져오게 했다. 무언가 뜻이 있을 거라고 생각해서 불평 없이 돈을 가져다 드렸다.

엄마는 그 돈을 어떤 통장에 담아와서 나에게 보여 줬는데 그 통장에는 펀드라는 생소한 이름이 적혀 있었다. 그 당시는 펀드라는 개념 자체가 생소한 시기였어서 펀드에 대해 엄마에게 물어보았다.

엄마는 펀드가 무엇인지 설명해 주고, 내가 매달 모아오는 돈을 국내 펀드와 중국 펀드에 나눠서 투자할 거라고 말씀하셨다. 예적금 외에 본격적인 투자는 20대 초반에 처음 접해 본지라 엄마의 설명을 들어도 아주 정확하게 알지는 못했다. 매달 돈을 가져다 드리고 그것을 엄마가 펀드에 넣어 다시 나에게 보여 주면서 수익률을 주기적으로 확인했기 때문에 한 달 한 달을 보내면서 이해하게 되었던 것 같다.

야생동물들은 새끼가 어릴 때 어미가 먹이를 사냥해서 새끼를 먹이지만, 새끼가 독립할 때가 되면 더 이상 직접 먹여 주지 않고 사냥하는 방법을 가르쳐 준다. 엄마는 내가 성인이 되면서 돈을 직접 지원해 주지는 않았지만 내가 번 돈을 종잣돈으로 어떻게 투자를 해야 하는지 가르쳐 줬다.

탈무드에서 물고기를 주지 말고 물고기 잡는 법을 가르치라고 했던 이유가 있다. 부모가 물고기를 잡아다 주면 아이는 평생 부모에게서 재정적으로 독립하지 못하며 계속 물고기를 입에 넣어 달라고 채근하기만 한다. 그러나 부모에게 물고기를 잡는 방법을 배운 아이는 때가 되면 부모의 도움 없이도 스스로 물고기를 잡아서 생활할 수 있게 되는 것이다.

나는 스스로 돈을 벌어야 했기에 아르바이트나 직장 생활을 하면서 스트레스가 와도 배수의 진을 치고 견뎌냈고 그 과정에서 멘탈이 점차 단단해졌다. 열심히 했던 건 돈을 벌어야 한다는 강한 내적 동기가 있었기 때문이다. 부모의 지원이라는 믿을 구석이 있는 사람은 몸이 편하기에 스스로 돈을 벌어야겠다는 절박한 의지를 갖기 힘들다.

아이가 나중에 돈 걱정 없이 살길 바란다면 역설적으로 아이에게 주는 금전적 지원을 제한해야 한다. 좀 더 날 것의 발언을 하자면 상속세 부담이 많아서 미리 증여의 형태로 자산을 분산해야 하는 부자가 아닌 이상, 부모의 돈은 부모가 세상을 떠나고 나서 물려줘도 충분하다. 그러나 아이가 재정적 독립을 배울 수 있는 나이는 한정되어 있고 부모는 늦기 전에 아이를 재정적으로 독립시키며 가르쳐 줘야 할 의무가 있다.

엄마 지갑에
손을 댔어요

우리 아이는 평소에 남의 물건에 관심을 가지지 않는다. 오히려 친구들을 좋아해서 자기 물건을 흔쾌히 빌려주는 아이였다. 그런데 아이가 돈 욕심이 많아졌을 때 단 한 번 엄마인 내 지갑에 손을 댄 적이 있다.

비슷한 일을 겪은 부모 중에는 아이가 도둑질을 했다는 것에 충격을 받는 부모도 있을 것이다. 그러나 나는 아이를 이해할 수 있었다. 그때 우리 아이는 순간적인 욕심이 이성을 누를 정도로 어린아이였고, 나 또한 어릴 때 비슷한 경험이 있었기 때문이다. 나는 어릴 때 엄마 지갑에 손을 댄 건 아니었지만, 너무 사고 싶은 게 있어서 돼지 저금통 입구를 뾰족한 막대로 후벼파서 동전을 꺼낸 적이 있었다.

이런 일은 경제 교육을 할 때 얼마든지 흔하게 일어날 수 있는 일이라고 생각한다. 그래서 돈에 욕심이 났던 아이의 마음을 읽어 주되, 그럼에도 이게 왜 안 되는 행동인지 단호하게 말해 줬다. 아이도 자신이 잘못한 것을 알기에 혼날 거라 각오했지만 내가 의외의 대처를 하니 그 이후로는 한 번도 그런 일이 없었다. 그 일이 마음에 걸렸는지 이후에는 오히려 자기가 나서서 내 지갑을 챙겨 주곤 했다.

이런 일이 일어났을 때 부모의 대처가 정말 중요하다. 아이가 부모의 돈에 손을 댔을 때, 그 행위 자체에 충격을 받아서 감정적으로 대하는 부모가 있다. 이건 도둑질이고 범죄라며 경찰서에 가자고 으름장을 놓는 부모도 있다. 아이에게 겁을 줘서 아이가 지금 얼마나 무서운 일을 했는지 경각심을 주고자 하는 행위인데, 나는 교육적 측면에서 이것을 그다지 좋게 보지 않는다. 아이는 부모가 화난 그 모습만을 기억할 뿐, 근본적으로 이런 행동이 왜 잘못된 일인지는 망각하게 된다.

만약에 이랬던 부모가 정작 아이에게는 세뱃돈을 맡기라고 해 놓고 부모가 사용하거나, 용돈 사용에 사사건건 간섭을 한다면 아이는 반감을 가질 수밖에 없다. 아이 입장에서 보면, 자신은 부모의 돈에 손대지 못하지만, 부모는 자신의 돈에 마음대로 손을 댄 것이기 때문이다. 부모가 생각하기에 경우가 다르지 않냐고 할지 몰라도 아이의 시선에선 결국 부모의 이중 잣대와 횡포라고 생각하게 될 것이다.

어릴 때부터 부모의 돈과 아이의 돈을 명확히 선을 긋고, 부모의 돈에 욕심내서는 안 된다는 것을 가르쳐야 한다. 반대로 부모도 아이의 세뱃돈이나 저금통 등에 손대서는 안 되며 용돈 사용에 간섭해서는 안 된다. 부모와 자식 간에 돈으로 치사하게 굴라는 뜻이 아니라, 서로의 돈에 라벨링을 하여 구분을 지으라는 뜻이다. 이것을 명확히 하는 이유는 아이가 자라면서 부모에게 금전적 의지를 하지 않고 독립성을 길러 주기 위함이다.

어떤 아이는 부모의 돈을 당연히 자신의 돈이라 여긴다. 그래서 가지고 싶은 게 있다면 당연하다는 듯 부모에게 요구하는데, 문제는 부모이 아이를 사랑한다는 명목하에 이런 요구를 다 들어준다는 것이다. 그래서 이런 아이는 부모의 돈을 화수분으로 생각하여 재정 상황에 맞지 않는 것들을 당연한 듯이 누리려 한다. 금전 감각이 망가졌기 때문에 성인이 되어 박봉의 월급을 받더라도 한도 없는 신용카드를 가진 것처럼 소비 본능에 충실한 삶을 살게 되는 것이다.

아이를 이렇게 기른다면 부모는 평생 아이의 지갑이 되어 주어야 한다. 어릴 때부터 가르쳤어야 할 내 돈과 네 돈의 구분을 가르치지 않았으니 아이는 당연히 '내가 힘들면 부모가 도와줘야 한다'라고 생각하게 된다. 어릴 때는 아이가 원하는 물건은 뭐든지 사 줘야 하고, 대학 가서 학비와 용돈을 주고, 결혼하면 결혼 자금을 주고 집을 사 줘야 하며, 사업한다고 하면 사업 자금도 대줘야 한다. 아이의 경제적 자립을 막은 대가로 언제까지 이렇게 부모가 돈을 지원해야 할지 기약이 없는 일이다.

나는 대학 졸업과 함께 재정적으로 완전히 독립하였으며 우리 부모님이 얼마를 가지고 계시든 내 통장에 있는 돈이 나의 전재산이었기에 그만큼 절박하게 일하고 재테크를 했다. 우리 부모님이 가진 자산은 상속이나 증여의 형태로 넘어오기 전까지는 나의 돈이 아니기에 곁눈질할 생각을 아예 하지 않았던 것이다.

내 돈과 네 돈을 구분 짓는 것은 비단 부모와 아이에게만 해당 되는 일이 아니다. 형제자매가 있다면 반드시 아이들끼리의 돈도 분리해야 한다. 두 명의 아이가 용돈을 받을 때 한 아이는 돈을 잘 관리해서 과자를 사 먹고 다른 아이는 돈을 제대로 관리하지 못해서 과자를 사 먹지 못하고 자신의 형제자매가 과자를 먹고 있는 모습을 쳐다보고 있다고 해 보자. 부모 입장에서는 과자를 먹지 못한 아이가 안쓰럽겠지만 돈이 없어 과자를 못 먹는 아이에게 부모가 대신 과자를 사 주거나 용돈 관리를 잘해서 과자를 사 먹은 아이에게 네 과자를 둘이서 나눠 먹으라고 지시해서는 안 된다.

안쓰러움이라는 부모의 일시적 감정으로 과자를 못 먹은 아이가 시행착오를 겪으며 용돈 관리를 배울 수 있는 경험을 뺏는 행위이며, 용돈 관리를 잘하고 있는 아이를 억울하게 만드는 어리석은 행동이다. 돈이 없어서 과자를 못 먹으면 부모가 안쓰럽다고 사 주거나 과자를 산 네가 좀 양보하고 나눠 주라고 하는데 어느 아이가 힘들여서 용돈을 관리하고 과자를 사 먹으려 하겠는가 생각해 보자.

이렇게 부모가 중간에서 제대로 교통정리를 해 주지 않으면 나중에 커서도 이 관계가 계속해서 일그러진다. 어릴 때는 사소하게 과자와 용돈이었지만, 커서는 재화와 자산이 되기 때문이다. 같은 부모에게서 나온 아이들이라도 재테크에 재능이 있는 아이와 그렇지 못한 아이는 격차가 벌어지게 되는데, 부모가 상대적으로 뒤떨어지는 아이에게 돈을 직접적으로 지원하거나 재테크에 재능이 있는 아이에게 뒤떨어지는 아이를 도우라고 해서는 모든 일을 망치게 된다.

이런 선택을 하게 되면 용돈 교육으로 과자를 살 때와 마찬가지로 뒤떨어지는 아이는 재정적으로 자립할 수 없게 되고, 재능이 있는 아이는 재테크 의욕이 떨어지며 반감을 가진다. 그래서 부모는 아이들 각자의 이름으로 라벨링 된 돈을 존중하면서도 상대적으로 뒤떨어지는 아이가 좀 더 잘할 수 있도록 더 많이 가르치고 이끌어 줘야 한다. 직접적 지원 대신 가르침을 주어야 하는 것이다.

아이가 무언가를 사고 싶어 하는데 돈이 부족해서 사 달라고 조르면 부모가 거기 넘어가서 사 줘서는 안 되며 아이가 스스로 돈을 모아서 구매하도록 해야 한다. 그러나 정말 불가피한 경우에는 부모가 돈을 빌려주되 반드시 갚도록 해야 한다. 부모와 자식 간에 돈거래를 하자는 게 아니라 타인에게 돈을 빌리는 것에 무게감을 느껴야 한다. 스스로 소비를 반성할 수 있고, 자신이 충동적으로 돈을 쓴 것으로 인해 이후 몇 달 동안의 용돈에 어려움을 겪게 되는지 피부로 느껴야 한다.

아이가 좀 더 커서 소비하는 금액이 커지고 예적금 이자와 금리에 대해 가르치고 난 이후라면 여기에 옵션을 추가한다. 이때부터 아이가 만약에 지출 통제를 제대로 하지 못하여 부모에게 돈을 빌리게 되면 정식으로 차용증을 쓰고 부모에게 이자를 지불하면서 돈을 빌릴 수 있도록 해야 한다.

잠깐의 욕심으로 돈을 빌려서까지 소비를 하게 되면 이자가 불어나 더 많은 돈을 갚아야 된다는 뼈아픈 경험을 하게 해야 한다. 돈을 빌리고 연체하고 그로 인해 다음 달 용돈이 괴로워지더라도 그건 부모와 함께 배워야 한다. 이것을 부모에게 배우지 못하면 사회에 나가서 은행이나 카드 회사를 상대로 냉혹한 경험을 하게 된다.

하지만 이 과정에서 돈을 많이 썼다며 부모가 아이를 혼내거나 비난해서는 도리어 역효과가 나니 주의하자. 경제 교육을 하는 이유는 아이가 성인이 되었을 때 곤란한 일을 겪지 않게 하기 위함이기에 차라리 어릴 때 이런 시행착오를 많이 겪게 하는 것이 좋다. 호된 경험을 몇 번 겪으면 부모가 굳이 혼내지 않더라도 스스로 적절한 선에서 소비를 하게 될 것이다.

누군가의 돈을 빌리는 행위는 무조건 옳은 것도, 무조건 나쁜 것도 아니다. 현명하게 이용해야 할 돈도 있고, 절대로 하지 말아야 할 행동도 있다. 소비하기 위해서 남의 돈을 빌리거나 의지해서는 안 되는 행동이기에 경제 교육 과정에서 이 부분은 조금은 단호하게 가르칠 필요가 있다.

기부는
생활 속에서

재테크를 하는 사람에게 있어 기부는 어떤 의미일까? 나는 부자가 아니라서 그리 큰 금액을 기부하지는 못한다. 하지만 소소하게 기부 활동을 하면서 내 나름의 의미를 부여 하고 있다. 기부를 행하는 사람들은 각자 나름의 의미 부여를 하겠지만, 내 경우는 기부를 통해 재테크 의지를 강하게 다지게 된다. 내가 좀 더 돈을 많이 벌면 그에 비례해서 기부금 액수도 늘어날 수 있기 때문이다.

아이에게 기부를 가르치는 것은 보람된 일이다. 그러나 나이가 어릴 때는 금전 감각이 부족하기에 기부도 모호한 개념으로 이해할 수밖에 없다. 그래서 부모가 아이에게 기부를 가르칠 때 조금 조심할 필요가 있다. 어떤 부모는 아이의 이름으로 부모가 돈을 내서 기부를 하는 경우도 있다. 하지만 냉정하게 말하면 이것은 부모의 만족을 위한 기부일 뿐이지 아이가 이를 통해 기부의 의미를 깨닫지는 못한다.

아이에게 기부를 가르칠 때 돈이 아닌 자신이 사용한 물품을 기부하는 것부터 시작해 보자. 아이는 기본적으로 자신이 가진 물건에 애착이 있고 나의 소유물이라는 개념이 확실하기 때문에 금전적 기부보다는 물품 기부를 통해 가르치면 훨씬 효과적으로 이해하게 된다.

아이가 가진 물건 중에 기부할 수 있는 것은 의류 혹은 장난감이다. 특히나 의류는 아이의 성장이 빨라 금방 못 입는 옷이 생기게 된다. 계절이 바뀌면 방 정리를 하면서 때에 맞춘 옷을 정리해서 넣거나 꺼내게 되는데, 이 과정에서 작아지거나 싫증 난 옷을 아이와 함께 골라내자. 옷을 정리할 때 장난감도 같이 정리하면서 역시나 쓸모 없어진 장난감을 골라내면 좋다.

이때, 부모가 기부할 물품을 정하면 안 된다. 아무리 부모의 눈에 쓸모없어 보이는 물건이더라도 아이에게는 소중한 것일 수 있기에 아이의 의사를 존중해 주어야 한다. 충분한 대화를 통해 스스로 기부할 수 있는 물건을 정해 보게 하는 게 좋다. 자기 물건을 스스로 정리하는 방법과 기부 물품을 골라내는 방법을 동시에 가르칠 수 있는 기회이기도 하다.

처음에는 대부분의 아이가 소중한 자기 물건을 버리거나 다른 사람에게 줘야 한다는 사실에 강한 거부를 할 것이다. 그래서 초반에는 내놓는 물건이 한두 개에 불과할 것이다. 하지만 이런 식으로 계절이 몇 번 지나면 그때 고집을 부렸던 물건들이 결국 자신에게 쓸모가 없다는 사실을 천천히 깨닫게 된다. 이러면서 점점 물품 기부로 내놓는 물건이 늘어나게 되고, 부모와 함께 기부에 참여하면서 긍정적인 생각을 가지게 되는 것이다.

물품 기부를 취급하는 단체는 다양한데 대표적으로는 '아름다운 가게'와 '굿윌스토어'가 있다. 단체마다 취급하는 물품도 있고 아닌 물품도 있기에 내가 기부할 물품을 취급하는 단체를 먼저 찾아보고, 그중에서 마음에 드는 곳을 선택해서 기부하면 된다.

기부할 때는 가까운 지점에 직접 방문해서 기부해도 되고, 거리가 멀 경우에는 일정 수량 이상의 물건을 모아서 방문 수거를 신청하여 한꺼번에 기부하는 방법도 있다. 나는 되도록 방문 기부를 하는 편인데, 자신의 물건이 기부되는 과정을 아이가 직접 눈으로 보면서 이해하도록 하기 위함이다.

만약에 물품 기부 말고 금전 기부를 하고 싶다면 어떻게 해야 할까? 사실 이건 아이의 용돈 내에서 해결해야 하는 금액이다. 기부는 부모의 돈으로 하게 되면 의미가 퇴색되기 때문이다. 용돈을 쓰는 것이기에 아이가 자발적으로 하고 싶어서 해야 하며, 부모가 권유해서는 안 된다. 아이의 이름으로 라벨링 된 돈의 쓰임새는 아이가 결정하는 것이기 때문이다.

물품 기부를 하다가 아이가 스스로 마음에 우러나서 금전 기부까지 하고 싶어 한다면 부모가 인도를 해 주지만, 그런 의사를 표하지 않는다면 그냥 지켜봐야 한다. 사실 미성년자의 기부는 꼭 돈이 아니더라도 물품 기부만으로도 충분하다. 아이에게 기부의 참된 의미를 가르쳐 주기 위한 교육적 목적이기에 물품 기부든 금전 기부든 그건 중요한 게 아니다. 기부 형태는 나중에 아이가 스스로 결정할 문제기 때문이다.

아이가 스스로 금전 기부를 하려 한다면 기부할 수 있는 단체 후보군을 부모가 정리해서 보여 주자. 단체별로 기부금이 사용되는 방식과 목적이 다르기 때문에 각각의 기부금이 어떻게 쓰이는지 이해하기 쉽도록 설명해 주고, 마음에 드는 곳과 기부할 금액을 아이 스스로 결정하게 한다. 얼마를 기부할지 금액은 중요하지 않으며, 기부 과정을 통해 아이가 사회 환원의 의미를 생각해 볼 수 있어야 한다. 이런 과정을 거치게 되면 자신이 결정한 기부처이기에 애정을 가지고 해당 기부처의 활동을 지켜보게 될 것이다.

우리 아이는 지병을 가지고 태어나 어릴 때부터 병원 신세를 진 일이 많았다. 그만큼 병원비도 많이 들었는데, 아이의 증상이 많이 호전되면서 병원비로 쓰이던 돈의 일부를 기부하게 되었다. 이 돈은 아이의 용돈에서 나온 것은 아니지만 본래 자신의 병원비였던 돈이기에 아이 입장에서 나에게 쓰일 돈으로 라벨링 된 상태라 기부금으로 활용이 가능했다.

그래서 이 돈은 어린 나이에 병을 앓고 있는 아이들의 병원비로 쓰이도록 기부하였다. 너의 상태가 좋아져서 병원비가 줄어든 만큼, 병으로 고통받는 다른 친구들이 나을 수 있도록 도와주자는 설명에 아이는 동병상련의 마음으로 쉽게 이해했던 것 같다.

어릴 때는 생활 속에서 간단하게 할 수 있는 기부와 그에 따른 보람을 가르치면 좋다. 그리고 아이가 성인이 되면 기부가 실질적으로 나에게 어떤 도움이 되는지 추가적으로 가르쳐 주면 좋다. 기부행위로 인해 기분도 좋아지고 더 많이 벌어서 더 많이 기부해야겠다는 동기부여도 된다.

그리 크진 않지만 기부금 영수증을 통한 세액공제 혜택도 존재한다. 올해도 우리 부부는 매달 기부를 통해 재테크에 동기부여를 할 수 있었고, 1월에 연말정산 신고하면서 기부금 영수증을 제출하여 세제 혜택도 챙겼다. 명분과 실리를 모두 챙길 수 있는 기부를 생활 속에서 실천한다면 아이는 선한 마음을 가지고 좀 더 의욕적으로 재테크를 할 수 있을 것이다.

THE MIND
OF RICHES

품격 있는
부의 마인드를 가르쳐라

내 아이에게 주식이나 부동산을 1살이라도 어릴 때 가르친다고
그 아이가 부자가 되는 것이 아니다. 오히려 준비되지 않은 채 투
자부터 가르치게 되면 돈이 일시적으로 모일지 몰라도 한번 삐끗
하면 곤란한 일에 휘말려서 그 돈을 모두 잃어버리게 된다.

아이의 재테크 적성을
파악하자

초등학교 때부터 나는 가장 좋아하는 과목이 과학이었다. 그다음 좋아하는 과목이 국어이긴 했지만, 과학만큼 나를 매혹시킨 과목은 없었던 것 같다. 그래서 초등학교 때부터 일찌감치 과학부에서 활동했고 고등학교도 당연히 이과를 택해서 공과대학에 원서를 넣었다. 하지만 나와는 반대로 내 친구는 꾸준히 초등학교 때부터 어문 계열에 재능을 보였고, 대학은 상경 계열로 진학하게 된다.

학생들이 진로를 택할 때도 재능과 적성에 따라 문과와 이과로 나뉘게 되는데 재밌는 것은 재테크 또한 마찬가지라는 것이다. 재테크에서 문과와 이과는 크게 부동산과 같은 실물 자산과 주식과 같은 금융 자산으로 나눌 수 있는데, 지금까지 주변인들을 지켜보니 이 둘을 동시에 잘하는 사람은 많지 않았다.

둘 다 잘하는 사람이 거의 없는 이유는 두 개의 투자 대상에 요구되는 특성이 전혀 다르기 때문이다. 일단 주식과 금융은 거의 수치 싸움이며 숫자를 보고 해석하는 능력이 부족하다면 기본적인 자료인 재무제표에서 얻어낼 수 있는 정보가 많지 않다. 물론 이것도 심화 과정으로 가면 산업 전체를 아우르는 통찰력이 필요해지지만, 기본적으로 요구되는 능력이 숫자와 관계 있음을 부정할 사람은 없다.

반면에 부동산은 활동적으로 발품을 팔 수 있고, 사람과의 대화 사이에서 정보를 취득하고, 파편화된 정보를 조합해 내는 능력이 탁월한 사람일수록 유리하다. 이쪽도 수치화된 데이터를 다루긴 하지만, 그보다 더 중요한 것은 물건의 가치를 보는 안목과 센스가 탁월해야 더 높은 수익률을 거둘 수 있다.

나는 전자에 속하기에 주식과 금융을 주력으로 투자하고 있으며, 나의 시어머니는 후자에서 탁월한 능력을 보여 주고 계시기에 평생 부동산 투자자로 활동하고 있다. 시어머니도 주식 투자를 해 보았지만, 부동산과 달리 거기서는 큰 재미를 보지 못했다. 반대로 나는 부동산 투자는 20대 때의 아파트 갭투자가 전부이며, 이후에는 주식으로 모인 돈을 부동산에 에셋 파킹Asset Parking(변동성이 큰 자산을 팔고 변동성이 덜한 자산으로 돈을 이동시키는 일)하는 정도로만 하고 있다.

요구되는 능력치도 다르지만, 주식과 부동산을 한꺼번에 하기에는 각각의 공부량이 방대하고 특성이 다르기에 결국은 한쪽을 택할 수밖에 없다. 물론 나는 지금 부동산과 주식을 모두 보유하고 있으며 공부는 양쪽으로 다 하고 있다. 그러나 아무리 그렇다 하더라도 분명 주력 투자 수단은 주식과 금융이다. 이공계라 하더라도 문과 계열 과목을 배우지 않는 것은 아니나 수학과 과학이 중심이 되는 것과 마찬가지인 것이다.

내가 요새 부동산 공부를 할 수 있게 된 것도 10대부터 금융과 주식에 투자한 시간 덕분에 이제는 이쪽의 공부량을 줄이는 대신 부동산 공부를 할 시간이 생긴 것이다. 그렇기에 처음 공부하게 되는 사람이 둘 다 하기에는 벅차며 필연적으로 둘 중 하나를 주력으로 선택할 수밖에 없는 것이다.

양가 부모님의 투자 내력을 보면 흥미롭다. 시외할머니는 사업과 상업용 부동산 투자를 했고, 그 피를 이어받은 시어머니도 사업과 상업용 부동산 투자를 했기에 이제 우리 세대에게 그 두 가지를 가르쳐 주신다. 반대로 외할머니에서 엄마로 내려오는 친정 쪽에서 배운 것은 사업, 펀드, 주거용 부동산이었는데 나는 결국 사업을 하는 주식 투자자가 되었다.

양가를 합쳐도 주식 투자자는 내가 유일하다. 그렇다고 이게 어디서 갑자기 튀어나온 게 아니다. 어른들과 함께 금융과 부동산을 모두 투자해 보는 과정에서 나의 재테크 적성이 어디인지 파악할 수 있게 된 것이다. 펀드는 투자하는 과정에서 재미있고 자꾸 알고 싶었던 반면,

부동산은 투자 전부터 겁이 나고 뭐부터 보고 어떻게 판단해야 할지 혼란스러웠던 것을 보면 문·이과 선택했을 때와 마찬가지로 나의 재테크 적성이 비교적 뚜렷했던 것 같다.

부모와 자식은 닮기 때문에 적성도 비슷해서 부모 세대의 투자 대상을 그대로 물려받는 경우도 있고, 나처럼 반대 적성을 선택하게 되는 경우도 있다. 중요한 것은 각자에게 맞는 투자 적성이 분명히 존재하고, 아이가 어느 쪽에 재능이 있는지 찾아 줄 수 있는 게 부모인 것이다. 부모가 투자 경력이 길고 주식과 부동산 양쪽 모두를 해 봤다면 아이의 재능을 구분할 수 있다. 나 또한 그런 게 눈에 보이기 때문에 지인들이 처음 재테크 적성을 택할 때 너한테는 이게 더 어울릴 것 같다고 추천해 주고 있다. 하지만 그런 부모가 얼마나 될까? 대부분은 그렇지 못하기 때문에 부모와 아이가 함께 투자 공부를 해 보고 대화하는 과정에서 합의점을 찾아 나갈 수 있을 것이다.

진로 탐색할 때와 마찬가지로 어떤 아이는 본인의 주관이 뚜렷하고 자기 객관화가 잘 되어 있어서 자신의 재테크 적성을 스스로 잘 찾는 아이도 있지만, 또 어떤 아이는 쉽사리 파악하지 못하고 오랫동안 고민하는 아이도 있을 것이다. 어떤 유형은 옆에서 객관적으로 지켜본 부모의 시선이 정확할 수도 있고, 또 다른 유형은 직접 실행해 본 아이가 더 잘 찾을 수도 있기에 정답은 없다. 다행인 것은 정해진 나이가 있는 진로 탐색과 달리 재테크 적성은 기한이 정해져 있지 않기에 확신이 들 때까지 두 가지를 병행해서 투자해 보는 것도 괜찮다.

재테크 전공이 정해지면 선택과 집중을 하기에 좋지만 병행하는 게 꼭 나쁜 것만은 아니다. 어떤 사람이 주식 100, 부동산 20의 재능을 가지고 있다면, 이 사람은 주식을 하는 게 맞다. 하지만 어떤 사람은 주식 60, 부동산 60의 재능을 가진 경우도 있다. 이 사람에게 한 가지를 선택하라는 건 가혹한 일이고 그게 옳지도 않다. 이런 사람은 두 가지를 병행해도 괜찮다.

돈을 버는 방법이 반드시 한 가지여야 하는 것은 아니기 때문이다. 내 경우 주력 투자 대상이 주식이지만, 포트폴리오 분산 차원에서 부동산, 가상화폐 등 다양한 투자에도 자산을 배분하여 운용하고 있다.

공격보다
수비가 우선

재테크를 오랫동안 하면서 온라인이나 오프라인에서 재테크에 관심을 가지게 된 사람들을 만날 기회가 많았다. 그런 사람들이 하는 질문은 정해져 있는데 "지금까지 돈을 어떻게 모았어요?", "어디에 투자하세요?"와 같은 질문들이다.

사람들의 관심이 돈을 모으는 방법과 유망한 투자처라는 것은 언제 어느 때든 마찬가지였다. 그러나 사람들이 궁금해하는 것과 달리 경제 공부를 이제 막 시작하는 사람이 실제로 먼저 익혀야 될 것은 그런 것들이 아니다.

흔히들 절약이나 저축은 더하기(+)의 영역이며, 투자는 곱하기(×)의 영역이라 말한다. 이 개념을 잘못 이해한 사람들은 절약이나 저축으로 모을 수 있는 돈은 더하기라 불어날 수 있는 게 한정적이라 말한다. '커피값 아껴 봤자 부자되지 못한다'라거나 '예금, 적금하면 벼락 거지 된다'라는 말로 폄하하며 회의적인 태도를 취하기도 한다.

이들의 주장은 곱하기의 영역인 투자를 해야 자산을 몇 배씩 불릴 수 있으며, 그러다가 텐베거(주식 투자자에게 10배의 수익률을 줄 수 있는 10루타 종목을 말한다)를 만나 대박을 내야 부자가 된다고 생각한다. 그러나 이 주장은 하나는 알고 둘은 모르는 납작한 해석에 불과하다.

일단 절약과 저축으로 대변되는 더하기의 영역과 투자로 대변되는 곱하기의 영역은 양자택일 해야 하는 대상이 아니다. 재테크를 하는 사람이라면 더하기와 곱하기는 어느 하나 중요하지 않은 게 없기에 모두 체득해야 하며, 동시에 함께 행해야 하는 개념이다.

투자가 없는 절약과 저축은 더딜 수밖에 없다. 재테크의 기본적인 룰은 리스크를 감수하는 만큼 리턴을 기대할 수 있다는 점이다. 그런 의미에서 절약은 아예 리스크가 존재하지 않는 활동이기에 극단적으로 절약을 하더라도 사방이 막혀 있어서 결국 자신의 소득 이상으로는 아낄 수 없다. 저축 또한 리스크가 존재하지 않거나 존재하더라도 그 정도가 낮기 때문에 기대할 수 있는 수익률에는 한계가 있다.

반대로 절약과 저축이 없는 투자는 너무나도 공허하다. 투자한지 얼마 안 되는 사람은 약간의 수익률 상승에도 설레어 금방이라도 부자가 될 것 같은 상상을 하게 된다. 그러나 기본적인 종잣돈의 액수가 크지 않으면 아무리 높은 수익률을 올리더라도 최종적으로 불어나는 금액은 작고 미미하기에 허탈감을 느낄 수밖에 없다.

투자를 오랫동안 해 온 사람은 수익률은 크게 신경 쓰지 않으며 최종적으로 벌어들인 수익금이 얼마인가를 더 중요하게 여긴다. 수익률이 크지 않더라도 종잣돈이 크면 수익금은 훨씬 커지기 때문이다. 반대로 말하면 수익률이 아무리 크더라도 종잣돈이 유의미하지 않으면 수익률은 그저 숫자에 불과할 뿐이다.

수익률을 유의미하게 만들어 주는 종잣돈이라는 것은 결국 절약과 저축으로 쌓아 나가는 것이다. 혹자는 종잣돈이 작아도 투자를 거듭해서 성공한다면 그 종잣돈이 결국 크게 불어나지 않겠냐고 생각하겠지만, 종잣돈이 100만원인 사람이 절약과 저축으로 100만원을 더 모으는 것과, 100만원을 투자로 100%의 수익률을 내서 200만원으로 만드는 것 중 어느 쪽이 더 실현 가능성이 높을지는 자명한 사실이다.

만약에 절약과 저축을 하지 않고 투자만으로 종잣돈을 계속 불리려 한다면 투자의 성공 빈도 자체를 극도로 높여야 한다. 이는 결국 주식 단타 투자의 고수가 되어야 한다는 이야기가 되는데, 본업이 있는 사람이 그러기는 쉽지 않으며, 설령 전업 투자자가 되더라도 그 방향이 성공한다는 보장이 없다.

국내 유수의 대학을 나와 증권사에 입사하여 전문 투자자로서 자금을 굴리는 트레이더들은 1년에 50%이상이 물갈이 된다. 장기적으로 보면 극소수의 사람들만이 살아남는 것이다. 투자의 초고수인 사람들마저도 살아남을 확률이 낮은 곳이 바로 주식 단타의 세계다. 그런데 일반 투자자가 이 희박한 확률을 뚫을 확률은 얼마나 될까?

곱하기 영역에는 함정이 있다. 빈도가 잦은 투자를 하다 보면 여러 가지 경우의 수가 늘어나게 되는데, 안타깝게도 곱하기 영역은 리스크가 존재하기에 0이나 마이너스가 곱해질 수 있다. 그 전에 얼마의 돈을 벌었든 0이 곱해지는 순간 나의 자산은 0으로 변하며, 마이너스가 곱해진다면 한순간에 원금을 다 까먹는 것은 물론 빚까지 지게 된다.

그래서 돈을 불리는 방법 이전에 지키는 방법을 확실하게 가르치는 것이 중요하다. 지키지 못하면 불어나지 않기 때문이며, 설령 일시적으로 불어나더라도 금방 잃어버리게 된다. 워런 버핏이 가장 중요하게 생각했던 투자의 원칙이 '① 돈을 잃지 마라, ② 첫 번째 원칙을 잊지 마라'였던 이유가 바로 여기에 있다. 잃지 않는 투자가 불러오는 복리의 효과가 엄청나기 때문이다.

아이에게 경제 교육을 할 때도 마찬가지다. 어떤 부모는 아이에게 어릴 때부터 주식 투자나 부동산 투자를 가르치려 한다. 그러나 아이에게 중요한 것은 투자 방법을 가르치는 게 아니다. 방법적인 부분은 부모가 딱히 가르치지 않더라도 아이가 나중에 알아서 배울 수 있으며, 부모가 대단한 투자자가 아니라면 극단적으로 말해서 차라리 가르치지 않는 게 나을 수도 있다. 부모의 잘못된 투자 방법을 답습할 수 있기 때문이다.

재테크를 처음 접하는 사람이 마음이 급해서 빨리 투자를 하고 싶어할 때 나는 이 이야기를 꼭 해 준다. 투자를 빨리 시작한 사람이 큰돈을 버는 것이 아니라 투자를 제대로 배운 사람이 큰돈을 버는 거라고 말이다. 솔직히 말하자면 투자 방법을 몰라서 투자를 실패하는 사람은 없다. 차라리 아에 모르는 사람은 돈은 못 벌지 몰라도 잃지는 않는다. 그러나 투자를 잘못된 방향으로 하게 되면 원금조차 잃고 큰 손해를 보게 된다. 안 하느니만 못한 상황이 되는 것이다.

아이에게 투자를 가르쳐 주는 것도 마찬가지다. 내 아이에게 주식이나 부동산을 1살이라도 어릴 때 가르친다고 그 아이가 부자가 되는 것이 아니다. 오히려 준비되지 않은 채 투자부터 가르치게 되면 돈이 일시적으로 모일지 몰라도 한번 삐끗하면 곤란한 일에 휘말려서 그 돈을 모두 잃어버리게 된다.

사회가 고도화되면서 돈을 노리는 사기꾼들의 수법은 점차 교묘하고 악랄해지고 있기에 아이에게 충분히 주의를 줘야 한다. 그리고 사기가 아니더라도 관계에서 손해를 보거나 금전적 착취를 당하고도 상황을 이해하지 못해서 자신이 피해자인지도 인식하지 못하는 경우도 많기에 이런 부분도 부모가 미리 가르쳐 주면 좋다.

나는 중고등학생 때까지 예금과 적금만 했고, 대학생 때 처음으로 엄마에게 펀드 투자를 배웠다. 그 이후로의 투자 방법은 모두 내가 혼자서 공부하고 투자했고, 부모님이 나에게 따로 투자 방법을 가르쳐 주신 것은 없었다. 그러나 어릴 때부터 경제 가치관을 탄탄하게 교육받았기 때문에 투자 방법 자체는 일단 배우기만 하면 응용이나 적용하는 게 생각보다 쉬웠다. 지식이나 마인드의 기반이 이미 잡혀 있다 보니 큰 실패 없이 평생 투자를 할 수 있었고, 이렇게 꾸준히 성공하다 보니 복리 효과를 받은 종잣돈이 빠른 속도로 불어났다.

어릴 때부터 경제 교육을 받고 직접 이 길을 걸어 본 경험자이기에 확실히 말할 수 있다. 아이에게 공격적으로 돈을 불리는 방법보다 내 수중에 있는 돈을 지키는 방법부터 먼저 가르쳐야 한다. 지킬 수 있어야 모으고 불릴 수 있는데, 지키는 방법을 알지 못하면 손가락 사이로 모래가 빠져나가는 것처럼 내 돈이 사라지는데도 속수무책으로 바라볼 수밖에 없다.

오늘은
벼룩시장 사장님

우리 아이가 어린이집에 다닐 때, 원 내에서 벼룩시장을 연다고 아이가 판매할 물건 몇 개를 가정에서 보내 달라는 연락이 왔다. 나는 별생각 없이 깔끔하고 새것 같지만, 우리 아이가 쓰지 않는 물건을 어린이집에 보냈다.

어린이집에서 돌아온 아이의 가방에는 벼룩시장에서 아이가 구입한 물건들과 함께 팔려고 내놓은 물건들이 그대로 되돌아왔다. 그것을 보고 나는 '물건이 안 팔렸구나' 하고 대수롭지 않게 넘어갔는데 토끼반 담임 선생님에게 연락이 왔다. 아이가 내놓은 물건이 안 팔려서 너무 죄송하다고 혹시 아이가 속상해하지는 않았느냐고 말이다.

당연히 벼룩시장 또한 수요와 공급의 법칙으로 돌아가기에 우리 아이의 물건이 팔리지 않았다면 어쩔 수 없다고 생각했다. 우리 아이 또한 자신이 벼룩시장에 가져간 물건이 팔리지 않은 것은 그다지 신경 쓰지 않았다.

나중에 사정을 알고 보니 자신의 물건이 팔리지 않은 것을 친구들한테 거부당했다고 생각해서 속상해 하는 아이들이 있다고 한다. 그래서 벼룩시장을 하게 되면 가정에서 판매할 물건을 보낼 때 학부모들이 신경을 많이 쓴다고 한다. 물건이 팔리지 않아 아이가 시무룩해지는 것을 막기 위해 무조건 팔릴 만한 좋은 물건을 보낸다는 것이다.

우리 아이도 친구들을 좋아하고 교우 관계에 신경 쓰는 아이인데도 다른 아이들과 벼룩시장을 대하는 태도가 달랐다. 그 이유를 아이가 어릴 때부터 했던 소비 교육과 시장 놀이에서 찾을 수 있었다. 부모와 함께 시장이나 마트에 드나들면서 어른들의 소비 생활을 꾸준히 지켜 보았고, 시장 놀이를 하면서 판매자와 구매자로서 각각의 상황을 설정하고 대처하는 연습을 해 봤기에 익숙했던 것이다.

아이에게는 어린이집에서 했던 벼룩시장도 그런 역할 놀이의 일환이었다. 물건이 팔리지 않는 것은 아이들이 나를 싫어해서 그런 게 아니라 그 아이들이 원하는 물건이 아니었던 것이고, 다음에는 다른 물건을 팔아야겠다고 대수롭지 않게 여긴 것이다.

우리는 학부모로서 벼룩시장이 왜 교육 내용에 포함되었는지 의도를 이해해야 한다. 이건 아주 기초적인 경제 교육이라고 볼 수 있으며,

아이가 시행착오를 겪으며 그 과정에서 시장 논리를 배워야 한다. 그러나 정작 학부모들은 아이가 기분 상할 일이 생기는 것 자체를 두려워하며 완판시킬 수 있는 물건을 벼룩시장에 보낸다. 이 행동은 아이가 경제 공부를 할 수 있는 기회를 빼앗게 된다.

나는 부모가 아이와 함께 지역 내에서 열리는 벼룩시장에 판매자로 서보는 것을 권한다. 이 과정에서 부모가 제대로 가르쳐 주면 아이가 배우는 것이 많기 때문이다.

제일 첫 단계는 판매할 물건을 고르는 과정이다. 부모 중에는 벼룩시장에 욕심이 생겨서 이 물건 팔아 보면 어떻겠냐고 권유를 가장한 은근한 강요를 하는 경우가 많다. 이렇게 되면 아이가 처음에는 부모 말을 따라서 판매하게 되지만, 나중에 팔고 나서 그 물건이 없어진 것에 서운해서 울거나 마음의 상처가 되는 경우도 있다.

팔릴 만큼 좋은 물건은 아이에게도 소중한 물건일 경우가 많다. 명심해야 할 것은 우리는 벼룩시장에서 많이 파는 게 목적이 아니라 아이에게 시장 논리를 가르쳐 주기 위함이므로 판매할 물건 또한 아이가 직접 고르도록 자율성을 존중해 주어야 한다.

아이가 결정을 못해서 우물쭈물하는 경우도 있는데 부모가 인내심을 가지고 기다려 주자. 우리 아이 또한 자신감이 부족해서 고민이 많고 무언가 결정을 내리는 것을 힘들어했는데, 아이의 자율성을 최대한 존중해 주고 선택하는 시간이 길어져도 충분히 기다려 줬다. 덕분에 지금은 이런 상황에서 좀 더 자신감 있게 결정하게 되었다.

두 번째 단계는 판매 가격을 정하는 일이다. 여기서 사전 작업이 필요하다. 부모가 미리 인터넷에 검색하거나 다른 벼룩시장에 사전에 방문해서 물건의 판매 가격대를 대강이라도 조사한 다음 리스트를 만들어 놓자. 그런 다음에 아이가 물건의 가격을 스스로 정해 보게 하자. 이때 부모는 아이의 결정에 참견하거나 힌트를 주지 않고 충분한 시간을 주고 아이가 고민해 볼 기회를 준다.

아이가 가격을 다 정했다면 그 이후에 부모가 조사해 온 가격 리스트를 보여 준다. 여기서 가격 리스트는 일종의 참고 가격이지 꼭 그 가격이 정답인 것은 아니다. 그렇기에 아이가 정한 가격과 사전 조사한 가격 리스트에 차이가 나더라도 상관은 없다. 이 가격 리스트를 보고 나면 어떤 아이는 그 가격을 따라 수정하는 아이도 있을 것이고, 또 어떤 아이는 그래도 처음에 자기가 정한 가격을 고수하는 아이도 있을 것이다. 그럼 그 선택 그대로를 존중하고, 정한 가격대로 가격표를 예쁘게 같이 만들어 본다.

이렇게 모든 준비가 끝나면 드디어 벼룩시장에 참여할 수 있다. 현장에서 판매가 들어가면 두 가지 경우가 벌어진다. 하나는 지나치게 잘 팔리고, 다른 하나는 지나치게 안 팔린다.

지나치게 잘 팔리게 되면 대체로 아이들은 좋아한다. 아직 시장 논리가 익숙하지 않은 아이는 생각이 단순해서 물건이 잘 팔리면 좋은 것이고 안 팔리면 나쁜 것이라고 쉽게 생각하기 때문이다. 하지만 사실 그건 물건의 가격을 지나치게 저렴하게 책정한 것일 수도 있다. 이 부분은 현장에서는 말하지 말고 일단 마음속에 담아 두자.

지나치게 안 팔리면 아이는 울상이 된다. 앞에서 말했던 어린이집 친구들처럼 내 물건이 아니라 나 자신이 타인에게 외면받는 듯한 착각을 하기 때문이다. 이때 부모는 아이에게 이런 상황은 너의 잘못이 아니며, 물건의 가격 때문이라고 말해 주면 된다.

아이와의 협의하에 현장에서 가격을 살짝 조정해서 조금 더 잘 팔릴 수 있도록 해 보자. 그러나 지나치게 낮춰서 완판을 노릴 필요는 없다. 물건을 판매한다는 것은 재고가 존재할 수밖에 없는 일이므로 물건이 팔리지 않고 남는 것 또한 아이가 반드시 배워야 하는 상황이기 때문이다.

벼룩시장이 끝나면 집으로 돌아와서 오늘 했던 것을 복기한다. 물건이 잘 팔려서 좋아했던 아이에게는 빨리 팔려 나간다는 게 무조건 좋은 것만은 아니라는 것을 알려 주자. 좋아하고 있는 아이의 기를 죽이기 위함이 아니라 아이가 볼 수 없는 이면의 진실을 어른의 시선에서 알려 주는 것이다.

물건이 안 팔려서 속상한 아이에게는 격려를 해 주면 된다. 처음부터 모든 물건의 가치를 알 수는 없다고 말해 주고, 너뿐 아니라 어른도 본래 그 부분은 어려워한다고 해 주면 아이는 큰 위로를 받게 된다. 그리고 이번 경험을 바탕으로 다음에는 더 잘할 수 있을 거라는 것도 말해 주면 이번에 일이 잘 풀리지 않은 게 실패가 아니라 다음을 위한 경험이라고 긍정적으로 생각하게 될 것이다.

이런 복기를 통해 가치와 가격의 상관관계를 아는 것이 중요한 이유는 이후 주식이나 부동산 등 투자 자산의 가치와 그에 합당한 가격을 저울질 해볼 때 도움이 되기 때문이다. 모든 투자는 매수보다 매도가 어려워서 '매수는 기술이지만 매도는 예술이다'라는 말을 한다. 그만큼 판매 가격을 책정한다는 게 어려운 것이다. 그리고 이것을 어린아이의 눈높이에서 배울 수 있는 게 바로 벼룩시장이기에 복기를 하고 깨달음을 주는 것이다.

장점이 많은 벼룩시장이지만 아이가 판매자의 입장이 아니라 구매자의 입장에서 이용하는 것은 개인적으로 추천하지 않는다. 물건의 가격이 싸기 때문에 충동구매를 하게 될 확률이 높으며, 싸게 살 수 있다는 것 때문에 필요하지 않은 것도 살 수 있기 때문이다. 재테크하는 사람에게는 최악의 행동이며 오히려 소비 교육에 혼란을 줄 수 있다.

다만 그럼에도 아이가 참여해 보고 싶어 한다면 사전에 구매할 목록의 리스트와 최대 가격을 정해 보게 하자. 벼룩시장 현장에 도착해서 미리 적어 놓은 리스트와 가격 한도 내에서 구매해 보는 것은 가능하다. 이 상황에서 싼 가격 때문에 리스트에 없는 물건을 충동적으로 구매하려 하거나 최대 가격을 넘어선다면 절대로 용납해서는 안 된다. 제한이 없으면 절제를 배울 수 없다는 진리를 꼭 기억하자.

한 번의 여행으로
최대만족 얻는 방법

내가 처음으로 해외여행을 간 것은 대학생 때 일본 여행이었다. 당시에는 LCC 저가 항공사들이 막 태동하던 시기였지만 아직 해외 노선이 없을 때라서 선택지가 일반 항공사밖에 없었다. JAL이나 ANA 같은 일본 국적기 항공사의 가장 저렴한 티켓이 그 당시 가격으로 40만원 가량 하던 시절이다.

과외 아르바이트를 하면 한 달에 30만원, 일반 아르바이트 시급은 3천원 하던 시기였기에 비행기 값으로만 40만원을 내야 하는 일본 여행은 무척이나 부담이 되는 가격이었다. 이미 이 시기에 부모님으로부터 경제적으로 독립했기에 모은 자산은 작고 보잘 것 없었고, 그나마 번 돈의 대부분은 종잣돈을 불리기 위해 펀드에 투자하고 있었다. 그렇기에 한 번 여행을 하려면 1년에 한 번 정도 큰맘 먹어야 갈 수 있었다. 나는 그때부터 자연스럽게 어떻게 하면 한 번의 여행으로 최대 만족을 얻을 수 있을지 고민하였다.

무리해서 학업과 회사에서의 개발자 역할을 병행하고 있었기에 스트레스가 극에 달했던 시기였는데, 1년에 한 번 가는 여행이 유일한 나의 탈출구였다. 그래서 이때부터 나는 한 번의 여행을 위해 1년의 계획을 하는 게 버릇이 되었다.

한 번의 여행을 1년 동안 계획한다는 것은 여러 가지 의미가 있다. 첫 번째 장점은 오랜 기간 동안 일정과 동선을 수정하고 계획하기 때문에 여행이 짜임새 있어 진다. 나는 여행 계획표 짜는 것을 좋아하는데 날짜별·시간별로 최적의 동선을 짜고, 같이 가는 가족이나 동행인들이 모두 만족할 수 있도록 의견을 취합하며, 여행지에서 돌발상황이 발생했을 때 대처할 수 있을 만한 플랜B, 플랜C도 미리 마련해 놓는다.

그래서 한 번 여행을 가면 동일한 기간에 다른 사람보다 더 많은 곳을 둘러볼 수 있으며, 널리 알려진 관광지 외에도 독특한 체험을 할 수 있는 장소들을 찾아내서 동선에 포함할 수 있다. 이렇게 여행을 가면 한 번의 여행 비용으로 그 비용 이상의 결과물을 뽑아내기 때문에 돈이 아깝지 않은 여행을 다녀올 수 있게 된다.

이와 비슷한 패키지여행을 다녀오면 되지 않냐고 하는 사람들도 있을 것이다. 그러나 패키지여행은 여행비를 최대한 낮추면서 방문 장소는 최대한 많게 하기 위한 일정으로 짜여져 있다. 실제 이 여행지를 나의 가족의 특성과 호불호에 맞춰서 동선으로 짠 게 아니라 관광지를 최대한 많이 넣은 것이기에 느낄 수 있는 감동은 크지 않다.

짜여진 플랜으로 다녀오는 것이 중요한 게 아니다. 내가 플랜을 짜면서 해당 여행지를 낱낱이 파헤치고 최적의 컨디션으로 우리 가족들에게 맞춤한 일정을 짜서 본질적 즐거움을 100% 즐기기 위한 과정인 것이다.

두 번째 장점은 1년간 해당 여행지를 공부하면서 사전에 지리적, 역사적 배경 지식을 충분히 쌓고, 그 이후 실제로 여행을 가게 되면 남들이 볼 수 없는 사소한 디테일까지 볼 수 있다.

나는 해외 투자도 병행하는데, 주식 투자는 전 세계의 지리적, 역사적, 정치적 배경을 잘 알고 있을수록 유리한 부분이 있다. 하지만 책으로 공부하는 것과 현지에 가서 느껴지는 것들이 다르기에 기왕 여행을 가면서 이런 부분을 미리 공부해서 체험할 수 있으면 이득인 것이다.

투자자로서도 그렇지만 아이를 키우는 부모로서도 좋은 기회가 된다. 아이랑 함께 여행을 떠날 때도 놀러 가자의 느낌으로 가는 것보다는 우리가 갈 나라를 아이와 함께 1년 동안 공부해 보자. 아이가 어리면 나라 이름 정도만 알지 그 나라에 대해 아는 게 없기에 공부한 다음 가게 되었을 때 아이가 더 많은 것들을 배울 수 있고 기억에 오래 남기 때문이다.

세 번째 장점은 여행이 다가오는 그 기간의 설렘을 충분히 느낄 수 있다. 일이 힘들 때 바로 이 설렘으로 견뎌 낼 수 있었는데, 일하다가 막히거나 번아웃이 올 때 다음에 갈 여행지를 상상하고 계획을 짜면서 힘을 냈다. 여행은 사실 그 여행지에 갔을 때 누리는 기쁨보다 하나씩 준비하는 과정에서 마음속으로 카운트다운을 하면서 기다릴 때의 설렘이 훨씬 크기 때문이다.

20대부터 이런 여행을 했기 때문에 신혼여행도 이 컨셉을 유지하였다. 당시 신혼여행지를 고민하면서 아무 때나 갈 수 있는 동남아와 미국에서 오랫동안 자란 남편에게 의미 없는 북미 지역, 나이 들어서도 올 수 있는 유럽을 모두 제외했다. 결국 우리가 선택한 것은 아이가 없을 때 20대의 체력으로 마구 돌아다닐 수 있는 튀르키예(당시 국가명 터키)였다.

2008년의 터키는 여행지로서 우리나라에서 선호되지 않는 지역이었다. 당시 우리 부부에게 붙은 전담 가이드의 말로는 한인 교포들의 숫자도 적고 관광객도 성지순례 오는 기독교 관광객들이 있다고 했다. 그 덕분에 우리 부부는 보통의 관광객들이 가지 않는 지역에 갈 때마다 현지인들의 호의적인 관심을 받았다.

길거리를 지나가는데 스쿨 버스가 멈춰 서고 여학생들이 열렬히 손을 흔들며 인사해 준 일이나, 모스크에 들어갔을 때 현지인들에게 둘러싸여 이런저런 질문을 받았던 영화 같은 경험을 했다. 지금처럼 K-컬처가 유행했던 시기가 아니라 단순히 평소에 보기 힘든 동아시아 사람에 대한 호기심이었지만 일반적인 신혼여행 관광지에 갔다면 경험해 볼수 없었던 이런 일들이 매우 재밌었다.

이렇게 다녀왔기에 우리의 신혼여행은 지금까지도 부부 사이의 대화 주제가 되며, 리마인드 허니문으로 언제 한번 튀르키예에 다시 가자는 이야기를 자주 하곤 한다. 단 한 번의 신혼여행이 오랜 기간 기쁨이된 것인데 이런 식으로 여행을 다녀오게 되면 자주 가지 않더라도 그행복감을 오래도록 누릴 수 있는 것이다.

아이가 태어나고 자라면서 여행 계획을 짤 때 아이도 동참하게 했다. 먼저 여행지 후보군을 놓고 가족들이 의논하여 가 보고 싶은 곳을고르고, 갈 곳이 정해진다면 여행지를 미리 공부한다. 아이가 어릴 때는 부모가 먼저 공부하고 아이에게 설명해 줘도 되고, 아이가 크면 부모와 함께 여행지에 관련된 사진이나 영상을 보면서 의견을 나눠 보자.

여행 일정을 하나씩 짜면서 방문할 장소와 방문할 호텔, 맛집 등을골라보게 한다. 부모가 일방적으로 여행 계획을 짜서 아이를 데려가는것보다 준비 과정에서 아이를 동참시키고 아이의 의견을 충분히 반영한 계획을 짜면, 아이는 여행을 기대하며 가기 전 준비 단계에서부터행복을 느낀다.

여행지에서는 미리 공부했던 것들과 실제 이곳에 왔을 때 느낌을비교해 보는 것도 좋고, 여행지에서 돈을 쓰면서 한국과의 물가를 비교해 보는 것도 좋은 경제 공부가 된다. 특히나 나는 해외여행을 가면 해외 주식 투자 공부의 일환으로 그 나라의 마트나 시장에 가 보는 것을 좋아하는데, 파는 품목이나 가격에서 이 나라 상황을 느낄 수 있는 것들이 많기 때문이다.

어릴 때부터 엄마를 따라 마트를 구경하면서 경제 교육을 받았던 아이라면 해외에 나가서도 그 나라의 마트나 시장을 둘러보는 것을 분명 좋아할 것이다. 그리고 엄마의 가계부를 통해 물건의 가격들이 어느 정도 형성되어 있는지 경제 교육을 했다면 해외여행에서 들른 마트와 시장에서 다양한 것을 배울 수 있다.

같은 물건이 우리나라와 이 나라에서 얼마나 가격 차이가 나는지 비교해 보고, 왜 이렇게 차이가 나는지 아이와 이야기해 보자. 열대과일처럼 동남아에서는 저렴하지만, 우리나라에서는 비싼 것이나 우리나라에서는 싼 라면이 동남아 마트에서는 비싼 이유 등을 생각해 보면서 투자와 사업에 대한 아이의 생각을 넓힐 수 있다.

이 과정에서 자연스럽게 환율의 개념을 알려 줄 수도 있다. 경제 공부가 안 된 아이는 환율이라는 것은 여행 갈 때 돈을 바꾸는 비율 정도로만 생각하는데, 이렇게 해외 마트와 시장을 방문하면 환율이 어떤 영향을 주는지 아이의 눈높이에서 설명해 줄 수 있기 때문이다. 물건값에 영향을 주는 것은 물건뿐 아니라 나라 간의 환율 차이도 있는데, 환율은 변하는 것이고 나라 간의 역학 관계가 환율에 어떤 영향을 미치는 등의 설명을 해 주면 좋다.

만약에 아이가 아주 어리지 않고 세금의 의미를 어느 정도 배웠다면 물건이나 서비스를 살 때 물건값 외에 추가로 내는 돈이 있다는 것을 알려 주자. 예를 들어 일본의 경우 소비세가 가격표와 별도로 붙기 때문에 우리나라 편의점 영수증과 일본 편의점 영수증을 나란히 두고 비교하며 이야기해 볼 수 있다. 우리나라도 일본의 소비세에 해당하는 부가가치세가 있지만 일본처럼 별도가 아니라 물품 가격에 포함되어 있는데, 일본과 우리의 물가를 비교할 때는 이것을 감안해야 한다는 이야기를 해 줘야 한다.

우리는 은연중에 우리나라 기준으로 생각하기 때문에 여행지에서 쓴 돈을 계산할 때도 추가로 내는 돈을 생각하지 않고 싸다고 생각하는 경우가 많다. 이와 비슷하게 우리나라에는 팁이 존재하지 않기 때문에 미국이나 유럽 등 팁이 존재하는 국가를 갈 때 알려 줄 것들이 있다. 팁이 15~20% 이상 붙기 때문에 어떤 서비스를 제공받을 때, 이 서비스를 이용할 때 내가 치러야 되는 비용이 생각보다 더 비싸다는 것을 반드시 감안 해야 한다.

알차게 여행을 즐기고 한국에 돌아오면 또 해야 할 것이 있다. 아이와 여행을 다녀오면 여행의 추억을 포토북으로 만든다. 가기 전에 여행을 꿈꾸며 설레던 것처럼, 다녀와서도 아이와 함께 여행의 추억을 곱씹기 위함이다. 포토북에 들어가는 사진은 인물 사진도 있지만 그 나라에서 볼 수 있는 독특한 풍경이나 사소하지만 가족의 추억이 깃든 물건들도 담았다.

포토북을 만들어 놓으면 아이가 생각날 때마다 꺼내 볼 수 있고 그때의 추억을 떠올리며 서로 대화할 수 있다. 코로나 확산으로 인해 여행을 못 했고 그 이후로는 우리 부부가 바빠서 몇 년째 여행을 못 가고 있는데, 아이는 2019년에 마지막으로 간 하와이 사진을 보면서 그때 있었던 이야기들을 하며 행복해한다.

이렇게 우리 가족은 1년에 한 번 해외여행을 가더라도 쓴 돈 대비 여행을 깊고 충실하게 느낄 수 있다. 얼마나 좋은 곳을 가고 얼마나 비싼 것을 누렸는지보다 여행 그 자체를 집중해서 느끼고 오기 때문에 여행의 빈도를 높이지 않더라도 충분히 질적으로 만족스러운 여행을 다녀올 수 있는 것이다.

내 집 마련은
왜 중요한가

어릴 때 조부모님과 부모님, 그리고 나와 남동생 등 3대가 모여 살았는데 우리집은 그 당시에 ㅁ자 구조의 한옥 형태였다. ㅁ자 구조의 한옥은 마당을 공유하는 형태였기에 우리집에 살던 세입자들이 어떻게 사는지 자연스럽게 볼 수 있었다.

세입자의 고달픔(잦은 이사와 못 하나 박을 수 없는 자유 등)에 대해 부모님이 설명해 줬는데, 불편함이 충분히 예상되어 어른이 되면 내 집 하나쯤은 반드시 있어야 되는 거구나 하는 생각을 했었다. 이즈음 초등학생이었기에 집값이나 재테크 관점에서의 주택은 잘 몰랐지만 내 소유의 공간이 중요하다는 개념만 가지고 있었다.

재테크 관점에서의 내 집 마련을 눈뜨게 된 것은 셋째 이모(우리 엄마는 4녀 2남 중 둘째다) 덕분이었다. 당시 지방근무를 하던 이모네 가족이 본사로 발령 받아 다시 서울로 복귀하면서 집을 구해야 했다.

이모가 구한 집은 잠실 한강변의 아파트로 그 당시 잠실은 상당히 저평가된 지역이었다. 셋째 이모는 이 지역 아파트의 가치를 알아보고 엄마에게도 잠실로 이사할 것을 권했다. 엄마와 이모들은 재테크에 밝았기에 당연히 잠실로 이사가길 원했지만 정작 큰 방해꾼이 있었으니 바로 우리 아빠였다.

로버트 기요사키에게 《부자 아빠 가난한 아빠》(로버트 기요사키 지음, 안진환 옮김, 민음인, 2018)가 있었다면 내게는 부자 마인드를 가진 엄마와 가난한 마인드를 가진 아빠가 있었다. 엄마는 재테크를 매우 잘했고 경제 흐름을 읽는 눈이 있었던 반면에 아빠는 성실히 일하시기는 해도 투자에서는 '젬병'인 분이었다. 문제는 엄마는 성격이 유순한 편이지만 아빠의 성격이 불같아서 엄마가 투자 의향을 내비칠 때마다 아빠의 극심한 반대에 부딪혀야 했다.

이모와 엄마는 부자 마인드를 지녔기에 부동산의 미래가치를 내다보고 이사를 해야 한다고 생각한 것이다. 아이가 자라서 학교를 가게될 때 학군을 생각한다면 이사는 필연적이었다.

하지만 아빠는 가난한 마인드를 가졌기에 현재 상황만 생각했다. 아빠가 태어나서 나고 자란 동네기에 그 익숙함을 포기하고 이사해야하는 이유를 이해하지 못했다. 자산과 투자에 감이 전혀 없었기 때문에 잠실이 더 좋아지고 부동산이 상승할 거라는 말도 통하지 않았다.

결국 아빠의 반대로 셋째 이모네만 잠실로 이사를 가게 되었는데 그때의 기억이 얼마나 한이 되었는지 엄마는 평생 아빠의 투자 마인드를 한탄했다. 그리고 셋째 이모도 아쉬움에 그 이야기를 자주 하더니 나중에 우리 부부가 이모네에 방문하자 남편에게도 "이 아파트 구할 때 자네의 장인어른이 이랬다"며 농담 반 진담 반으로 흉을 볼 정도였다.

우리 아빠의 투자 훼방은 여기서 그치지 않았다. 2002년에 대치동 아파트가 처음 청약시장에 나왔을 때 우리 가족은 여전히 조부모님 명의의 집에 살고 있었다. 마침 우리 부모님은 청약만점자여서 엄마는 이곳에 청약하면서 전략적으로 경쟁이 덜한 대형 평수를 노렸다.

그러나 부동산 투자에 젬병이었던 아빠는 그 큰집에서 어떻게 사냐면서 엄마와 상의도 없이 대형 평수 청약을 취소했다. 당시에 아빠가 세대주였기에 청약통장의 명의 또한 아빠 것이어서 취소가 가능했고, 그렇게 절호의 기회가 말도 안 되게 날아가 버렸다.

엄청나게 좋은 조건과 혜택으로 청약 시장에 나온 그 아파트는 이후에 소위 말하는 대박을 터트렸다. 지금은 분양가상한제 등 여러 가지 규제들이 많기에 아마 앞으로도 이 아파트만큼의 성과를 낼 수 있는 곳은 없을 것이다.

잠실에 이어 대치동까지 실패하게 되면서 더 이상 참을 수 없었던 엄마는 모든 자산을 엄마 이름으로 돌리게 되었고, 그 덕분에 이후 투자들은 아빠의 훼방을 받지 않고 엄마의 의도대로 연이어 성공하게 되었다.

내 집 마련 이야기는 우리 부모님의 이야기가 워낙 스펙타클 하기에 주변 사람들에게 자주 들려 주곤 한다. 우리 가족에게는 아픈 이야기지만 남들에게는 흥미진진하기에 반응이 좋은 편인데 이 이야기를 하는 이유는 우리 부모님의 이야기에서 내 집 마련의 이유를 찾았으면 해서였다.

지금은 고도성장기가 아니기 때문에 잠실이나 대치동에서 기회를 잡을 수 없지 않느냐고 회의적으로 말하는 사람도 많을 것이다. 꼭 저 지역을 말하는 것이 아니라 우리 엄마처럼 내 집 마련에 대한 강한 의지를 놓지 말고 기회를 끊임없이 탐색하라는 뜻이다. 반대로 우리 아빠처럼 회의적으로 바라본다면 아무리 좋은 기회가 눈앞에 오더라도 그건 내 몫이 아니게 된다.

사람들이 말하길, 옛날에는 예금 금리가 높고 아파트 가격이 싸서 월급만 있어도 내 집 마련이 쉬웠고 지금은 그런 시대가 아니기 때문에 포기하는 거라고 말하는데 천만의 말씀이다. 어릴 때부터 부모님의 내 집 마련을 지켜봤기에 잘 알지만, 아파트 가격이 쌌던 이유 중 하나가 바로 그 예금 금리 때문이었다는 것을 알아야 한다.

예금 금리가 높았다는 것은 기준금리가 높았다는 것이고, 이는 조달금리가 높아서 서민은 내 집 마련할 때 대출을 전혀 이용할 수 없다는 뜻이다. 우리 부모님이 젊을 때 제1금융권 대출 이자가 20%가 넘었다. 지금으로 말하면 아무리 신용이 좋더라도 사채 이자를 감당해야 내 집 마련을 위한 대출을 이용할 수 있는 것이다.

그 이자를 감당할 수 있더라도 당시 우리나라는 개발도상국이었기에 한정된 자본을 기업에게만 몰아 주고 개인들에게 대출을 거의 내 주지 않았다. 내 집 마련을 대출 없이 그 돈을 다 모아야만 집을 살 수 있던 시절이라는 것을 감안해야 한다. 당연히 대출을 받아서 레버리지를 일으킬 수 없었기 때문에 아파트 가격 상승에 브레이크가 걸린다.

과거의 아파트 가격이 싸게 보이는 건 당연히 대출 받는 것을 가정하고 바라보기에 그렇게 보이는 것이다. 그 아파트 가격을 말도 안 되는 최저 시급이던 시절에 오로지 월급으로만 마련해야 된다고 생각하면 어느 시대나 내 집 마련은 쉽지 않았다.

현명한
레버리지 사용법

어릴 때 아빠는 남의 돈을 빌리는 게 얼마나 무서운 일인지 거듭해서 강조했다. 경제 감각이 탁월했던 나의 외가와 달리 친가는 돈에 무지했고 생각 없이 돈을 빌린 조부모님 때문에 엄마 아빠가 신혼 때 고생을 많이 했다. 그랬기에 아빠는 본인의 아이가 그런 것을 겪지 않았으면 해서 대출의 무서움을 가르친 것이다.

아빠는 본인의 부모와는 다른 삶을 살기 위해 노력했고 거의 성공했지만, 결정적으로 투자자의 마인드를 배우지 못했기 때문에 그 부분은 나에게 가르쳐 줄 수 없었다. 그러나 대출, 신용카드, 친구와의 돈 거래, 연대보증, 다단계 등 돈을 잃어버리는 함정들에 대한 강조는 엄마보다 더 강하게 했기에 내가 인생을 살면서 금전 관계나 투자 제의를 경계하고 함정에 걸러들지 않게 하는 센스를 기르는데 바탕이 되었다.

재테크에 한해서 외가는 나의 롤모델이었고 친가는 나의 반면교사였다. 외조부모님의 경제 교육으로 엄마는 투자자의 마인드까지 가진 사람이었고, 돈에 무지했던 조부모님 밑에서 성장한 아빠는 열심히 일하고 사업을 하는 것까지는 해도 투자에 대해서는 무지했다.

두 분의 결정적 차이는 바로 '레버리지'에서 드러났다. 엄마는 금융에 대한 이해가 있었던 사람이었기에 돈을 빌리는 것 자체는 부정적으로 봐도, 부동산 대출은 긍정적으로 보았다. 부동산 매수에 대출을 끼는 게 당연한 지금과 달리 우리 부모님이 젊었을 때는 대출 이자가 두 자리 수로 높았고, 서민들에게 대출이 거의 나오지 않을 때라 엄마처럼 대출을 감수하고 투자자의 마인드를 가진 사람 자체가 드물었던 것이다.

당연히 아빠는 극심한 반대를 했다. 조부모님으로 인해 아빠는 대출받는 게 트라우마였는데, 엄마가 대출을 받아서 부동산을 매수하겠다니 집안을 망하게 하는 게 아닐까 하는 극단적인 생각까지 했던 것 같다. 아빠와 마찰을 겪으며 엄마는 답답해했고, 나를 붙잡고 대출은 어떨 때 어떻게 써야 하는지 가르쳤다. 결국 똑같은 대출임에도 아빠가 나에게 가르쳐 줬던 대출의 개념과 엄마가 나에게 가르쳐 줬던 대출의 개념은 전혀 달랐다. 두 가지 모두 각자의 입장에서는 설득력 있는 이야기였기에 나는 양쪽 입장을 모두 수용해서 배웠고, 이로 인해 달라지게 된 미래를 보면서 여러 가지 생각을 하게 되었다.

아빠로 인해 엄마는 부동산을 매수하더라도 레버리지를 자유롭게 쓰지 못했고, 이로 인해 벌어진 격차는 이모들과 비교해 보면 알 수 있었다. 엄마와 이모들은 은퇴 후 각자의 명의로 건물을 세운 건물주가 되었는데 형제, 자매 중 엄마가 가장 고되게 일을 했음에도 엄마의 건물이 상대적으로 아담하다. 이것을 보면 장기적으로 누구의 가치관이 옳았는지는 말하지 않아도 알 수 있고, 자녀 세대 입장에서 큰 교훈을 얻을 수 있었다.

레버리지의 기본은 빌린 돈을 이용하는 것이다. 그러나 레버리지라는 단어에는 지렛대라는 뜻이 있듯이 사실 광범위한 부분에서 레버리지는 대출뿐 아니라 내가 가지지 못한 타인의 재화나 시스템의 힘을 이용하여 나의 자산이나 사업을 좀 더 규모 있게 굴리는 모든 행위를 말한다고 보면 된다.

부모님에게 대출에 대해 배우면서 자란 나는 성인이 되었을 때 또 다른 의미의 레버리지를 처음 깨닫게 되는데 바로 전세보증금이었다. 근로 소득을 모아 1차적으로 펀드로 불어난 내 돈은 큰이모의 인도로 아파트 갭투자에 들어갔는데 첫 부동산 투자라 겁이 나서 대출을 끼지 않고 진행했다.

그 당시 내가 산 아파트에는 신혼부부가 살고 있었다. 전세를 낀 상태에서 이전 주인에게 매수했는데, 그렇게 전세가 낀 매물을 매수하게 되니 생각보다 얼마 안 되는 돈으로 20평대 초역세권 아파트의 주인이 될 수 있다는 게 신기했다.

이런 경험을 하고 나니 누가 가르쳐 주지 않아도 나는 전세보증금에 함축되어 있는 의미를 깨닫게 되었다. 투자를 진행하기 전까지만 해도 매달 나가는 월세는 아까운 거고 집을 구하려면 돈이 나가지 않는 전세로 구해야 된다고 생각했었는데, 내 생각이 틀렸던 것이다.

내 아파트에 사는 신혼부부의 전세보증금은 내가 이 아파트를 살 때 지렛대 역할로서 이용당한 것이라고 생각하니 뒷통수를 한 대 세게 맞은 느낌이었다. 원래도 어릴 때부터 내 집 마련 의지를 마음에 품고 있었지만, 이 투자를 통해서 내가 배운 것은 레버리지를 일으키는 사람이 되어야지 레버리지를 당하는 사람이 되어서는 절대 안 되겠다는 생각을 하게 되었다.

세 번째 레버리지는 결혼 후 사업을 하며 깨닫게 된 인적 자원 레버리지다. 결혼 후에 우리 부부가 하게 된 사업이 직원을 많이 고용할 수밖에 없는 사업이었는데 그 일을 하면서 깨달은 것이다. '나 혼자서라면 24시간을 해도 절대 할 수 없는 양의 일인데 내가 돈을 주고 직원을 고용하면서 직원들의 시간을 사들인 거구나' 하고 말이다. 이 때문에 사업자의 시간은 24시간이 아니라 남의 시간을 빌려온 것만큼 더 늘어나고, 그렇기에 시간의 무서움을 새삼 깨닫게 되었다. 남의 시간을 사기 위해 내 돈을 직원들에게 월급으로 줘야 하는 것을 생각하면 본래부터 나에게 주어진 24시간이 얼마나 귀한 것인지 깨달을 수밖에 없었다.

레버리지는 인생을 살면서 다양한 형태로 존재하며, 어떤 이는 레버리지를 일으키지만, 또 어떤 이들은 레버리지를 당하면서 살고 있다.

그러나 레버리지의 사용이 반드시 정답은 아니며 나의 체급을 객관적으로 판단하지 못하고 레버리지를 일으키게 된다면 도리어 거기에 잡아먹히게 된다는 것을 알아야 한다.

그래서 나는 영끌(영혼까지 끌어모으는 투자)을 경계한다. 부동산에서 대출 레버리지를 일으킬 수는 있지만, 멘탈이 버틸 수 있는 정신적 힘과 자본이 버틸 수 있는 물리적 상환능력을 반드시 고려해야 한다.

또한 주식에서의 레버리지는 절대 금물이다. 주식은 부동산에 비해 변동성이 심하며 기본적·기술적 분석 외에도 멘탈 싸움이 매우 중요한 투자 자산이다. 워런 버핏은 주식 시장은 인내심 없는 사람의 돈이 인내심 많은 사람에게로 흘러가는 곳이라고 칭했다. 레버리지를 일으키게 되면 빨리 상환해야 한다는 부담감에 느긋하게 주식 시장을 지켜볼 수 없기 때문에 경거망동하게 되며, 그러한 움직임은 필연적으로 큰 손해로 이어지기 때문이다.

레버리지는 양날의 검이다. 잘 사용한다면 이보다 든든한 무기가 없지만 잘못 사용한다면 나 자신을 해하는 날붙이가 되기도 한다.

투자 가치를 보는
안목과 정신력

부동산과 주식은 투자 자산이라는 공통점이 있지만 결정적인 부분에서 차이점이 존재한다. 주식은 오로지 투자의 목적으로 보유하는 자산인 반면, 부동산은 투자 목적 외에도 실제로 그곳에 거주하거나 장사하거나 농사를 짓는 등 사람이 사용할 수 있는 공간이라는 것을 잊지 말아야 한다.

그래서 부동산은 주식과 달리 단순히 수치로는 설명할 수 없는 움직임이나 선호도를 보일 때도 있다. 이것은 책을 통한 공부로는 확실히 한계가 있으며, 좋은 환경과 입지를 볼 수 있는 안목과 센스가 요구된다. 그리고 부모는 이런 부분을 어릴 때부터 경제 교육을 통해 가르쳐 줄 수 있다.

나는 우리 동네를 중심으로 지역을 인식하기 시작했다. 아주 어릴 때는 지하철은 초록색 라인만 있다고 생각할 정도로 시야가 좁았는데,

내가 직접 경험한 지역과 부모님에게 들은 지역들이 합쳐지면서 내가 인지하는 세계가 점점 넓어지는 경험을 했다.

부모님에게 어릴 때 들은 것은 어느 지역은 어떤 이유 때문에 살기 좋고, 어떤 지역은 어떤 이유 때문에 살기 나쁘다는 이야기였다. 여기서 지역의 장단점은 단순히 잘사는 동네와 못사는 동네에 대한 이야기가 아니다. 그 지역의 특색을 부모님의 이야기를 통해 간접적으로 익히게 된 것이다.

어린 아이는 갈 수 있는 곳이 한정적이고, 경험도 그에 맞춰서 부족하다. 당연히 특정 지역을 판단할 수 있는 안목도 부족하다. 그래서 부모와의 대화를 통해 사람들이 지역에 살아갈 때 선호하는 요소와 불호하는 요소를 자연스럽게 배우게 되는 것이다.

인생을 오래 살고 경험이 많은 부모의 통찰력을 아이와 자주 공유하는 것은 부동산 고수가 분석한 임장 데이터의 요약본을 받아보는 것과 같다. 초보가 익히기 어려운 부동산에 대한 안목과 센스를 어릴 때부터 자연스럽게 기를 수 있다.

이 이야기를 시작하기 좋은 시기가 바로 초등학교 3학년이다. 아이들이 배우는 초등 교육 과정을 살펴보면 초등학교 3학년부터 교과목에 사회 과목이 들어온다. 여기서 처음 배우는 것이 우리 동네 이야기인데, 이 활동을 시작으로 다루는 지역이 점차 넓어지게 된다. 그에 맞춰서 아이와 함께 '어떤 곳이 살기 좋을까?'에 대한 이야기를 나눠 보는 것이 좋다.

이런 공부는 직접 체험하는 것이 교육 효과가 더 좋기에 여행 갔을 때도 활용해 볼 수 있다. 나는 국내 지역을 여행할 때 부동산 앱을 켜서 내 눈앞에 있는 곳이 실거래가 얼마인지 확인해 보고 이 정보를 가족과 공유한다.

특정 지역을 여행할 때 이곳이 어느 정도의 가치로 평가받고 있는지 아이에게 퀴즈를 내보자. 그리고 이 지역의 장단점을 눈에 보이는 대로 서로 말해 보고, 왜 그런 가치로 평가받는지 이야기를 나눠 보자. 어른들이 임장하듯 진지하게 대하면 공부가 되기 때문에 그런 분위기가 되지 않도록 조심하고, 어디까지나 가볍고 재미있게 실생활에서 이야기를 많이 나누는 것을 추천한다.

이건 해외여행을 할 때도 마찬가지다. 우리 가족은 관광지인 곳보다 현지인들이 사는 곳을 여행하는 것도 좋아한다. 이런 동네는 부동산 외벽에 매물의 가격과 사진을 붙여 놓는 경우가 있는데 그런 것을 발견하면 이야기거리로 삼을 수 있다. 우리나라와 여행지의 환율과 물가를 비교하며 이야기를 나누는 것처럼 부동산 또한 비교하며 이야기를 나눌 수 있는 것이다.

부동산 투자를 오랫동안 하신 시어머니께 부동산 투자를 가장 빨리 배우는 방법이 무엇인지 물어본 적이 있다. "많이 보면 볼수록 눈이 트이고 실력이 는다"고 답하셨는데, 단순하지만 진리인 말이다. 부동산을 공부하는 사람들이 손품(매물 정보)과 발품(임장)을 많이 할수록 실력이 늘어난다고 하는 이유가 여기에 있다.

그런 면에서 보면 부동산은 미술품 투자와도 유사성이 있다. 모를 때 보면 아예 뭐가 뭔지 분간이 되지 않지만, 아는 사람 눈에는 보인다. 모르던 사람도 자주 보다 보면 작품의 가치가 보이고, 사람들의 선호가 보이며, 실제로 거래되는 가격대까지 짐작할 수 있게 된다. 부동산도 마찬가지로 어릴 때부터 자주 경험하고 부모의 투자 인사이트를 나눠 주는 것이 큰 공부가 된다. 많이 경험할수록 가치를 구분하기 쉬워지는 것이다.

마지막으로 어떤 투자든 공통적으로 적용되는 단단한 정신력 또한 부모가 갈고 닦아 줄 수 있다. 요새 아이들이 가진 가장 큰 결함 중 하나가 자기 생각이 없고 주체적으로 결정하지 못한다는 점이다. 이건 사실 아이의 문제라기보다 부모의 문제에 가깝다. 모든 일을 부모가 대신해 주거나 도와주면서 실패 없고, 오점 없는 길을 아이 앞에 깔아 준 것이 이런 결과를 초래했다. 이 때문에 남들이 가지 않은 길이나 어려워 보이는 길 앞에서는 주저하거나 결정을 내리지 못하는 아이들이 너무나도 많다.

문제는 이런 성향이 재테크에서는 매우 큰 결함이 된다. 주식이든 부동산이든 모든 투자 자산은 남들과 비슷하게 움직이면 돈을 벌 수 없거나 도리어 잃게 된다. '공포에 사서 환희에 팔아라'라는 말이 투자의 진리인 이유가 여기에 있다. 남들이 공포에 질려서 판단을 내리지 못할 때 용감하게 한 발을 내딛는 사람이나 남들이 환희에 젖어서 자산을 마구 사들일 때 냉정하게 모든 것을 정리하고 뒤로 물러나는 사람만이 성공적 투자를 할 수 있다.

하지만 대다수는 투자 결정을 주체적으로 내리지 못하기 때문에 이와는 정반대로 행동한다. 선구자들이 먼저 한발 나갈 때 못 가는 건 당연하고, 대다수가 움직일 때도 결정을 내리지 못하고 우물쭈물한다. 그러다 소수만 남겨질 때쯤 되면 FOMO(남들보다 뒤처지는 것에 대한 두려움)에 시달리며 뒤늦게 허겁지겁 따라가다가 자산이 가장 비쌀 때 매수하게 된다.

반대의 경우도 마찬가지다. 대다수가 환희에 젖어 있을 때 선구자들은 모든 것을 정리하고 뒤로 물러난다. 이럴 때 다수의 군중은 선구자들의 판단을 비웃으며 샴페인을 터트리지만 정신 차리고 보면 그사이에 이미 상황은 변해서 자신이 가진 자산의 가치가 쪼그라들어 있다는 것을 발견하게 된다. 이렇게 비쌀 때 사고 쌀 때 파는 투자가 몇 번 반복되면 투자를 잘하는 사람과 아닌 사람의 자산의 격차가 돌이킬 수 없게 벌어지는 것이다.

그래서 아이가 성장할 때 작은 실수와 실패를 많이 경험해 보아야 한다. 용돈 교육에서 부모의 터치를 최소화하는 이유도 이 때문이다. 돈을 다루는 과정에서 용돈으로 실수를 많이 해 봐야 성인이 되어서 큰

돈을 다룰 때는 그 경험을 바탕으로 실패를 하지 않게 된다. 설령 실패를 하더라도 어릴 때 수많은 실수를 해 보고 그것을 극복해 보았기 때문에 회복탄력성이 좋아져서 주저앉지 않고 도전하는 힘을 지니게 된다. 누구나 경험해 보지 않았던 일은 두렵기 마련이다. 그러나 많은 실수를 해 보고 그보다 더 많은 극복을 해 봤던 아이는 생경한 상황이 눈앞에 와도 자신을 믿고 대담한 결정을 내릴 수 있게 된다. 이미 어떤 일이라도 극복해 보았기 때문이다.

이 과정을 통해 아이는 자신을 객관적으로 판단하는 능력이 길러지게 된다. 메타인지가 향상되어 자신의 장단점이 무엇인지 파악이 가능하며, 이게 재테크로 오면 자신에게 걸맞는 투자 방법을 찾을 수 있게된다.

투자자는 10인 10색이며 각자의 투자 전략이 다르고 정답이 없다. 세상에서 가장 좋은 투자 방법은 존재하지 않지만, 나에게 안성맞춤인 투자 방법은 존재한다. 나 자신을 정확하게 알아야 나의 단점은 보완하고 나의 장점을 최대한 발휘할 수 있는 투자 방법과 자산 포트폴리오를 구성할 수 있게 된다.

아이를 재테크를 잘하는 투자자로 기르고 싶다면, 투자 방법 자체를 가르치는 것에 얽매이지 말자. 그것은 누구라도 가르쳐 줄 수 있는 것이고, 아이가 혼자서도 배울 수 있는 방법이다. 부모만이 가르쳐 줄 수 있는 것들에 눈을 돌려 보자.

돈은
함정을 동반한다

아이에게 경제 교육을 한다고 하면 많은 부모는 어떻게 돈을 벌고 투자할 것인가에 집중하곤 한다. 그러나 나의 성장 과정에서 보탬이 된 가르침은 그런 것이 아니었다. 써야 될 돈을 보다 현명하게 사용하는 방법(소비 가치관 형성)에 이어 내가 배운 것은 어떻게 하면 돈을 잃게 되는가에 대한 것이었다.

부모님은 사업을 했던 데다가 인간관계가 넓었기 때문에 온갖 인간 군상들을 만났다. 그 때문에 사람의 어두운 면도 많이 볼 수 있었고, 돈과 관련되어 사람이 어디까지 저열해질 수 있는지 잘 알고 있었다. 그래서 돈 때문에 벌어지는 각종 사기, 기망 등의 범죄에 대해서 어릴 때부터 나에게 주의를 줬다.

좋지 않은 이야기라 아이에게 뭐 이런 것까지 말해야 하나 거부감을 느끼는 부모도 있겠지만, 적어도 나는 부모님이 말해 주신 주의사항이 인생을 살면서 큰 보탬이 된 것 같다. 경제 신문을 읽다 보면 돈과 관련된 사건들을 다양하게 접할 수 있었기에 관련된 내용을 간접적으로도 배울 수 있었고, 인생의 선배인 부모님들이 보고 들은 기가 막힌 사기 수법에 정신을 바짝 차리고 세상을 살아가는 데 도움이 되었다.

부모님은 내게 "어떤 서류를 읽고 도장을 찍거나 사인할 때가 가장 조심해야 할 순간이다"라는 말을 했다. 그게 어떤 서류이든 중요하지 않고, 도장이나 사인을 하는 순간 그 내용은 더 이상 돌이킬 수 없기에 행동하기 전에 반드시 여러 번 그 내용을 잘 읽어 보라고 말했다. 그래서 아주 사소한 사항이라도 내가 동의를 해야 한다면 늘 정신을 바짝 차리곤 한다.

너무나 당연한 이야기라고 생각하는가? 하지만 대수롭지 않게 넘기고 상대가 시키는 대로 서류에 도장을 찍고 서명을 하는 사람이 많다. 하다못해 인터넷 웹사이트를 가입할 때도 약관이 나오는데 그 약관을 다 읽어 보는 사람이 있는지 묻고 싶다. 나는 어릴 때부터 부모님에게 교육을 받았기 때문에 어떤 서류가 내 눈앞에 제시되더라도 반드시 그 내용을 신중하게 파악한 뒤에야 서명을 한다. 상황에 따라서는 상대 측에서 빨리 서명하기를 은근히 눈치 주는 경우도 많은데, 그럴 때에도 절대 상대 페이스에 휘말리지 않고 내용이 많다면 일단 서류를 집으로 가져가서 읽어 보고 다시 서명하러 오겠다고 한 템포 끊어서 페이스를 내 쪽으로 끌어온다.

신용카드는 10대 때부터 부모님에게 주의를 들었다. 부모님은 최대한 신용카드를 사용하지 않았고, 나에게도 나중에 어른이 되어도 절대 신용카드를 만들면 안 된다고 주의를 줬다. 그러면서 신용카드를 사용하면 소비 패턴이 얼마나 망가지는지, 그리고 할부가 얼마나 위험한 시스템인지 귀에 딱지가 앉도록 잔소리를 들었다. 그 이야기를 들으면서 어린 마음에 "어른이 되어도 그런 거 사용할 생각도 없는데 왜 저렇게까지 예민하게 말씀하시지?"라고 투덜거렸는데 이후에 나의 간담을 서늘케 하는 사건이 터졌다.

IMF 이후에 우리나라에서는 내수 진작과 투명한 세금 징수를 위하여 신용카드 사용을 독려했는데, 문제는 이때 자격이 안 되는 사람에게도 신용카드를 발급해 주었다. 별도의 소득이 없는 가정주부나 대학생 등에게도 신용카드가 마구 발급되었는데, 그 당시에 번화가나 대학 캠퍼스 안까지 카드 설계사들이 들어와서 현금을 주고 카드 가입을 권유할 정도였다.

TV에서는 신용카드 회사들이 연예인들을 섭외하여 '여러분 부자 되세요!'라는 슬로건을 내세운 CF를 내보냈고, 백화점에서 양손 가득 쇼핑백을 들고 멋지게 결제하는 모습을 보여 주면서 신용카드를 사용하는 모습 자체를 성공한 인생을 사는 사람들로 포지셔닝 하여 홍보했다. 신용카드가 무엇인지 잘 몰랐던 사람들은 그런 이미지에 속아 자신의 소비 한도를 벗어나 신용카드를 마구 결제했고, 결국 2002~2003년에 걸쳐서 수백만 명의 신용 불량자가 양산되는데 이게 바로 그 유명한 카드 대란의 발발이었다.

이 사건을 보면서 부모님이 왜 그렇게까지 신용카드의 위험성을 경고했는지 깨닫게 되었다. 어차피 당시에는 학생이었기에 신용카드를 발급할 수도 없었지만, 부모님이 잔소리를 하는 데는 다 이유가 있구나 하고 배웠던 사건이 아닌가 한다.

수능을 보고 대학교에 합격하여 입학을 기다리던 때에 부모님이 나에게 했던 경고도 기억난다. 대학에 들어가면 너에게 다가오는 선배나 동기 중에는 사이비 종교나 다단계를 권유하는 사람들이 있을 수도 있으니 조심하라는 거였다. 그러면서 그 사람들의 수법을 하나씩 알려 주셨다. 다단계라는 게 무엇인지 그게 왜 논리적으로 말도 안 되는 이야기이며 그것들이 어떻게 한 사람의 일상을 망가트리고 재정 상태를 파탄에 이르게 하는지 말씀해 주셨다.

부모님에게 주의를 들은 덕분인지 다단계를 권유받은 적은 없다. 하지만 다단계라는 명칭이 아니더라도 그와 유사한 형태를 지닌 함정들은 계속해서 이름만 바꾸어 나타나며 우리 주변에 널리 퍼져 있다. 네트워크 마케팅이라는 이름으로 슬쩍 접근하거나 요새는 경제적 자유, 파이프라인 구축이라는 그럴듯한 유행어들을 내밀면서 다가오는 경우도 있다. 껍데기를 벗겨 보면 그냥 다단계이기에 사실 본질만 잘 알고 있다면 속아 넘어갈 이유가 없다.

그런데도 아직도 많은 사람이 혹해서 저들의 마수에 걸려들곤 한다. 나이가 어리고 세상 물정을 잘 모르는 사회 초년생뿐 아니라 나이가 많은 사람들도 속아 넘어가는 것을 보면 돈 공부가 제대로 되지 않은 사람은 나이에 상관없이 돈을 잃게 되는구나 다시 한번 실감한다.

예전에 고용했던 직원 중에 이렇게 다단계의 늪에 빠진 사람이 있었다. 같이 일하는 사람들에게도 안 좋은 영향을 주기에 이 사람을 어찌해야 하나 고민했다. 다른 직원들에게 다단계 물건을 팔지 말라고 경고했지만, 우리가 모르는 뒤에서는 어떻게 했을지 알 수 없는 일이다.

아이가 대학을 가거나 사회생활을 하면서 처음으로 자취하게 된다면 부동산 계약과 관련된 교육을 부모가 해 주는 것이 좋다. 나는 대학교도 직장도 부모님 집에서 다녔기 때문에 사실 부동산 계약을 하게 될 일은 없었지만, 그래도 이런 내용을 대학생 때 엄마에게 배웠다. 그때 배운 건 등기부 등본을 떼서 보는 법과 근저당 설정이 되어 있는 집을 피해야 하는 이유, 그리고 거기서 발생될 수 있는 문제 등이었다.

엄마는 대학생이던 나에게 대학교 바로 앞의 빌라 전세와 멀리 떨어진 소형 아파트 전세를 비교하며 설명했다. 둘 중에 고른다면 거리가 더 멀리 떨어져 불편하더라도 아파트 전세를 택해야 되는 이유를 설명하면서 시세 형성이 어려운 빌라의 위험성을 경고했던 기억이 난다. 소형 아파트의 전세를 살 수 없다면 빌라는 월세로만 살아야 된다는 말을 덧붙였는데, 그 당시에는 이유를 몰랐다가 나중에서야 그게 무슨 말인지 이해할 수 있었다.

아파트는 규격화되어 있기에 시세가 비교적 투명한 편이지만 빌라는 생김새도 상황도 물건마다 천차만별이기에 이게 제대로 된 시세인지 알 수 없고 유사한 물건과의 비교가 상당히 까다롭다. 제대로 된 시세를 알 수 없기에 근저당이 얼마나 잡혀 있든 간에 리스크를 판단하기 힘들고, 전세보증금이라는 형태로 목돈을 집주인에게 맡길 때 위험성이 존재하게 된다.

전세 사기나 역전세 같은 경우도 방법만 달라질 뿐 최근에 생겨난 것이 아니라 부동산 하락장에서 매번 반복되는 일이다. 우리 부모님은 바로 이런 부분에 대해 대학교 바로 앞의 빌라 전세와 멀리 떨어진 소형 아파트 전세를 예시로 어느 쪽이 더 안전한 선택인지 설명해 주었다. 이런 부분은 대학생이나 사회 초년생들의 인생을 뒤흔들 수 있는 전세 사기와 같은 함정을 피할 수 있게 도와준다.

이 외에도 보험, 연대보증, 대출, 금전 거래 등 여러 가지 돈의 함정에 대한 지식을 부모님에게 배웠고, 어릴 때부터 배운 것들 덕분에 나의 자산을 지금까지 안전하게 지킬 수 있었다.

돈을 아무리 벌어봐야 이런 함정에 한 번이라도 걸린다면 그동안 모아 놓은 돈을 다 날리게 된다. 그래서 나는 부모가 아이에게 경제 교육을 할 때 돈을 어떻게 버느냐를 가르치는 것보다 소비를 어떻게 해야 하는지, 그리고 어떻게 해야 나의 돈을 지킬 수 있는지를 더 강조해서 가르치는 게 낫다고 생각한다.

타인과의 금전 거래, 대출과 보증

다른 사람과 절대로 금전 거래를 하지 않는다. 돌려받지 않아도 괜찮은 소소한 금액은 흔쾌히 내어 주지만, 본격적으로 돈을 빌리는 개념으로 접근하는 건 단호하게 거절하는 편이다. 애초에 내 친구 중에는 나에게 아쉬운 소리를 하면서까지 돈을 빌릴 만큼 금전 관리를 못하는 사람이 없기에 가능한 일이기도 하다.

반대로 나 또한 몇천원, 몇만원 정도 되는 소소한 금액은 잠깐 빌릴 때가 있어도 본격적으로 돈을 빌리는 것은 친구들에게 부탁해 본 적이 없다. 그리고 소소한 금액이더라도 빌릴 때 항상 친구들에게 당부하곤 한다. 바로 돌려줄 거지만 혹시나 내가 잊어버리게 된다면 망설이지 말고 바로 말해 달라고, 말을 해 주는 게 나를 위하는 길이라고 말한다.

누군가에게 돌려 줘야 할 돈이 있을 때 나는 목 안에 가시가 걸린 느낌이 든다. 그래서 신경이 예민해지고 이것을 빨리 돌려줘야 된다는 생각 때문에 스트레스를 받는다. 그래서 내가 빌린 돈이 있었는데 잊어버리고 있다는 것은 상상하기도 싫어서 돈을 빌릴 때 친구들에게 꼭 저런 당부를 하는 것이다. 내가 당하면 싫은 것을 남에게도 하기 싫다.

직원 중에 형편이 안 좋은 사람이 있었다. 착하고 성실하긴 한데 금전 감각이 없었다. 그 직원은 급전이 필요해져서 나에게 돈을 빌려 달라 했는데 처음에는 빌려주지 않으려 했다. 사람이 착하고 아니고를 떠나서 금전 감각이 정확하지 않는 사람과의 돈거래는 재앙이기 때문이다.

그러나 주변의 권유에 못받을 각오로 돈을 빌려줬고, 예상처럼 빌려준 돈을 받아야 하는 내가 더 전전긍긍하며 애를 먹었다.

돈은 부자에게도 가난한 사람에게도 모두 귀하고 필요한 것이다. 기본적으로 금전 감각이 있는 사람은 나에게 돈이 귀한 만큼 다른 사람에게도 돈이 귀하다는 것을 알기 때문에 저런 생각을 하지 않는다. 친구들에게 소액이라도 돈을 빌리게 되면 내가 마음이 불편해지는 이유이기도 하다. 돈을 빌렸으면 하루빨리 갚아야 하고, 돈을 갚는 데에는 상대방이 부자이든 아니든 중요한 게 아니다. 갚을 시기도 빌려준 사람이 정하는 것이지 빌려 간 사람이 정하는 게 아닌 것이다.

돈을 대하는 태도는 일관적으로 나타나기에 타인의 돈을 귀하게 여기지 않는 사람은 본인의 돈도 귀하게 여기지 못한다. 이런 사람은 부자가 될 수 없기에 나는 이런 사람에게는 재테크에 대해 조언을 하지 않고, 서서히 거리를 둔다.

타인과의 돈거래를 아이에게 제대로 가르쳐야 한다. 직접적으로 돈을 잃는 피해가 발생할 수도 있고, 돈은 받았지만 사람을 잃는 경우도 생기며 최악은 돈과 사람 모두를 잃게 될 수도 있기 때문에 매우 중요한 교육이다.

우리 부모님은 절대로 하지 않았으며 아이에게도 강조했던 것이 바로 보증의 위험성이다. 부모님은 아무리 친한 사람이라도 다른 방식으로는 도울지언정 절대로 보증은 서 주지 않았다.

그렇다면 보증이란 정확히 무엇일까? 어떤 사람이 돈을 빌리게 되었는데 채권자 쪽에서 그 사람의 담보나 상환 능력을 신뢰할 수 없기에 추가로 요구하는 것이다. 애초에 담보 물건이나 상환 능력이 충분하다 여겼으면 거기서 대출이 이루어지지 보증까지 요구하지 않는다.

즉 보증을 요구하는 시점에서 그건 그 사람의 능력을 벗어난 금액을 빌리고 있다는 이야기다. 그런데 능력을 벗어난 금액을 빌리게 되면 그 사람이 과연 제대로 상환할 수 있을까? 높은 확률로 제때 돈을 갚지 못하게 되는데, 이때 보증인이 인간 담보 물건이 되는 것이다.

보증을 들어준다는 것은 결국 채무자가 채무를 변제하지 못하게 되면 보증인이 그 돈을 대신 갚아 주겠다고 약속하게 되는 것이다. 그렇기에 보증은 친구가 아니라 가족이라도 들어주어서는 안 된다. 이런 내용 자체를 전혀 모르면서 정에 이끌려서 보증을 서 달라고 하는 요청을 들어준다면 한 사람의 인생이, 나아가서는 한 가정 전체의 삶이 무너질 수 있다.

우리가 어릴 때 IMF 외환위기가 있었고, 국가 전체에 자금경색이 오면서 많은 사업자가 도산하게 되었다. 이 과정에서 주채무자 외에도 그 채무자를 보증 혹은 연대보증 해 줬던 많은 사람이 함께 파산하게 되었다. 그래서 우리 세대의 부모님 중에는 아빠, 엄마가 보증을 잘못해 줘서 집안이 망했다는 이야기를 심심치 않게 들을 수 있었다.

양가 부모님이 모두 사업을 하시지만 한 번도 타인에게 보증을 요청한 적이 없다. 그건 각자가 가진 자본과 자산, 신용의 한도 내에서 사업을 했기 때문이다. 반대로 말하면 어떤 사람이 사업 때문에 보증이 필요하다고 요구한다면 그건 그 사람의 능력 밖의 일을 벌이고 있는 것이기에 더더욱 보증을 해 줘서는 안 된다.

보증이라는 개념 자체는 상당히 어렵지만, 위험성에 대한 경고만큼은 아이에게 비교적 이르게 해 줘도 된다.

친구와의
돈거래

10대와 20대는 친구가 무엇보다 소중한 시기이다. 내 친구는 너무나 착하고, 우리 우정은 영원할 거라고 믿을 수밖에 없다.

문제는 이렇게 친구가 소중하기에 돈을 빌려 달라고 하면 그 부탁을 거절할 수 있는 사람이 많지 않다. 아마 우리 아이들도 그런 요청을 받으면 "알았어. 나중에 갚아" 하면서 별생각 없이 친구에게 돈을 빌려주게 될 것이다.

하지만 용돈은 한정되어 있어서 혼자 쓰기에도 빠듯한 금액이고, 빌려 간 친구 또한 아이이기에 없던 돈이 금세 마련될 리 없다. 결국 좋은 마음에 빌려준 소액의 돈으로 친구를 원망하거나 큰 상처를 받게 된다.

20대 이후에는 성인이기에 빌려 달라는 돈도 커지고, 상대방의 태도도 뻔뻔해진다. 빌려갈 때는 굽신굽신하더니 한 달이 지나고 1년이 지나도 도무지 돈 갚을 생각을 하지 않는다. 언제 돌려줄 수 있느냐 물어봐도 갚겠다는 말만 할 뿐 확고한 상환 의지를 보여 주지 않은 채 날짜만 차일피일 미룬다.

어느 날 SNS를 들어가 보거나 들려오는 이야기에 따르면 돈을 빌려 간 친구는 여행을 가거나 맛집을 가거나 자기 하고 싶은 일은 다 하면서 나에게 갚을 돈은 없다고 말한다. 정말로 돈이 없어서 갚지 못하고 있는 사람이라면 속도가 느릴 뿐 열심히 아끼고 모아서 빌린 돈의 일부라도 조금씩 갚을 텐데 말이다.

그러나 이런 정성을 보이는 경우는 상당히 드물다. 돈을 빌려 가는 사람치고 금전 감각이 있는 사람이 없기 때문이다. 대부분은 쓸 거 다 쓰면서 남는 돈이 없으니 지금 갚을 수 없다고 말한다. 그야말로 돈 빌린 사람은 할 거 다 하고 발 뻗고 자고, 돈 빌려준 사람은 자신의 돈임에도 마음대로 사용하지 못하고 밤잠을 이루지 못한다.

우리나라 속담에는 '돈은 앉아서 주고 서서 받는다'라는 말이 존재한다. 돈을 빌려줄 때는 갑이 되지만, 그 돈을 돌려받을 때는 빌려준 쪽이 을이 되는 것이다. 참다못해 변제를 독촉하게 되면 빌려 간 쪽에서 도리어 성을 내거나 적반하장으로 독촉하는 사람을 나쁜 사람으로 만들며 서운해 한다.

이게 얼마나 고통스러운 과정인지 비슷한 경험을 해 본 사람은 알 것이다. 나는 10년을 기다려 준 일이 있었는데 그 돈을 받기까지 심한 마음고생을 했다. 돈은 돌려 받았지만 아직도 그때의 일을 떠올릴 때마다 감정이 요동칠 정도인데, 그 당시에 극심한 스트레스를 받아 잠을 못 이루는 날이 많았다.

아이가 이런 일을 겪지 않게 하려면 친구들과 돈거래를 하면 안 되는 이유를 부모가 솔직하게 말해 줘야 한다. 한번 돈거래가 이루어지면 그 이후에 어떤 안 좋은 일들이 일어나는지 부모가 겪은 일들을 예시로 말해 주면 더욱 좋다.

문제는 그런 설명을 해 주면 아이는 '내 친구는 착해서 그럴 리 없다'라고 생각한다는 것이다. 돈거래는 친구가 착한 것과 상관이 없다는 것을 아이에게 반드시 강조해야 한다. 심성이 착한 것과 금전 감각은 별개의 개념이다. 심성이 착한 사람은 돈을 돌려 달라고 말하는 사람을 나쁜 사람으로 만들고, 심성이 나쁜 사람은 화를 낸다는 것이 다를 뿐이다. 취하는 태도가 다를 뿐 빌려 간 돈을 갚지 않는다는 점에서 본질적으로 그들은 똑같이 나쁜 사람인 것이다.

그래서 친구들이 돈을 빌려 달라고 하면 받지 않아도 무방할 정도의 돈을 빌려주라고 가르쳐야 한다. 애초에 받지 못할 것을 상정하고 돈을 빌려 줘야 타격이 없기 때문이다. 그리고 반대로 아이가 타인에게 돈을 빌리는 일은 절대로 없도록 해야 한다. 그럴 일이 생기면 차라리 부모에게 빌리라고 말해 주자. 그렇게 하지 않으면 돈도 잃고 친구도 잃는다.

부모가 강조했음에도 아이가 돈을 빌려주고 받지 못하는 실수를 저지를 수 있다. 이럴 때 부모는 어떻게 해야 할까? 어떤 사람은 어릴 때 동생 친구들에게 돈을 빌려줬는데 한 명도 돈을 갚지 않았다고 한다. 나중에 돈을 돌려 받으려고 하니 일이 커졌는데 정작 그 사람의 부모님은 동생의 친구들에게 무슨 돈을 받으려고 하냐고 묵살 했다고 한다.

부모 중에는 아이가 다른 사람과 돈으로 얽히게 되었을 때 시시비비를 가려 억울함을 해소해 주는 게 아니라 어떻게 해서든 그 상황만 부드럽게 넘기려고 하는 사람들이 있다. 다툼과 분쟁이 싫어서 중재자로서의 부모 역할을 외면하는 것이며, 돈을 빌려준 피해자에게 이런 소란을 일으킨 원망의 화살을 돌리는 최악의 행위다.

먼저 돈을 빌려준 아이에게 이 일을 어떻게 해결했으면 좋을지 의견을 물어보자. 아이의 성향에 따라 어떤 아이는 이 일을 그냥 넘어가기를 바라는 아이도 있을 것이고, 또 어떤 아이는 끝까지 돈을 받아내길 원하는 아이가 있을 것이다. 그 의견에 따라 일이 해결되도록 부모가 도와주되, 해결되고 나면 아이에게 단호한 가르침을 주면 된다. 다음에는 부모가 해결해 주지 않을 테니, 돈을 빌려줄지 말지는 이제 네가 결정할 일이라고 말이다. 아마 한번 호되게 일을 겪었기 때문에 아이도 다시는 그런 일을 하지 않을 것이다.

아이가 성인이 되면 차용증 작성 방법을 가르쳐 주는 것도 좋다. 남에게 돈을 빌려주는 것을 아예 안 하는 게 좋지만, 정말 부득이한 경우가 생길 수도 있으니 미리 가르쳐 주는 것이다. 차용증은 정해진 형식이 있기 때문에 이 중 하나라도 빠지게 되면 나중에 돈을 돌려 받을 때 효력을 발휘하지 못한다는 것도 강조해야 한다.

차용증의 필수 요소는 돈을 빌린 사람과 빌려 간 사람의 인적 사항 (이름, 주소, 주민등록번호 등), 빌린 금액, 이자와 이율, 변제 기일 및 변제 방법, 빌린 돈을 실제로 받은 날짜, 돈을 빌린 사람과 빌려준 사람의 서명과 날인, 작성 날짜 등이 있다.

그러나 이것을 작성하더라도 상대가 돈을 갚지 않으려 한다면 얼마든지 차일피일 미룰 수 있다. 이 돈을 받아내기 위해서는 고소, 민사조정, 배상명령제도 등을 이용해야 하는데 굉장히 힘든 과정이며 돈을 돌려 받지 못할 수도 있다. 차용증이 만능이 아니라는 것을 알려 줘야 하며, 이 모든 것을 감수하고도 돈을 빌려준다면 그 이후의 결과도 감내해야 한다.

제일 깔끔한 것은 역시 돈은 빌려주지도 말고 빌리지도 말아야 하는 것이다. 돈을 빌릴 때는 은행에 가야 하는 것이지 사람에게 빌리는 것이 아니다. 그렇기에 친구가 돈을 빌려 달라는 이야기를 한다면 금융기관에 빌리도록 권유하거나 에둘러 거절하라고 알려 주어야 한다.

사실 이런 의미에서 나의 자산 현황을 다른 사람이 알지 못하도록 하는 것이 좋다. 금전적 여유가 있는 사람들에게는 돈을 빌려 달라는 사람들이 꼬이기 마련이며, 사람들의 심리가 참 이상해서 돈이 많은 사람의 돈은 이자 없이 천천히 갚아도 된다고 생각하는 사람들이 많기 때문이다.

소소한 용돈이더라도 아이가 돈을 잘 모은다면 그것을 다른 친구들이 알지 못하게 자랑하지 말라는 교육도 해야 하는 것이다. 그래야 아이들이 돈거래를 요구하는 친구들의 요청에 곤란해지는 상황을 미연에 방지할 수 있다.

신용카드는
돈의 노예로 만든다

어릴 때부터 부모님이 신용카드의 위험성을 경고하셨기 때문에 나는 누구보다 신용카드를 조심스럽게 사용했다. 회사를 다니면서 체크카드를 사용하다가 나중에서야 신용카드를 만들었는데, 어차피 그 당시 한 달에 쓰는 돈이 30만원 미만이었기 때문에 체크카드나 신용카드나 큰 차이가 없었다.

결혼하고 나서는 남편에게 신용카드가 있으니까 내 신용카드는 잘라 버리고 다시 체크카드로 돌아와서 열심히 돈을 모았다. 어차피 나는 할부를 전혀 사용하지 않고 신용카드를 체크카드처럼 사용하기에 평소에 신용카드가 필요할 일이 없다. 가끔 해외사이트에서 직구 할 때만 해외 결제 기능이 필요해서 남편의 카드를 빌려서 썼다. 그렇게 체크카드로만 생활하다가 종잣돈이 어느 정도 모이고 나서 다시 신용카드를 만들었다.

신용카드를 사용하는 사람들의 주된 변명 중 하나가 신용점수를 올리기 위해서 신용카드를 쓰는 거라고 하는데, 신용카드 사용이 신용점수에 결정적 역할을 한다면 나처럼 신용카드를 즐겨 사용하지 않았던 사람의 신용점수가 1,000점(등급제 기준 1등급)인 것은 어떻게 설명할 것인가? 신용점수는 다양한 금융 활동 점수의 총합이기에 반드시 신용카드를 써야만 신용점수가 올라가는 것은 아니라는 것을 일단 짚고 넘어가자.

신용점수를 구성하는 기본 개념 중 하나는 사용한 돈을 제때 상환하는 것이다. 애초에 밀릴 일이 없는 체크카드는 기본적으로 이 조건을 만족하며 6개월 이상 꾸준히 사용하면 신용 점수가 상승한다. 또한 공과금이나 통신비, 건강보험료 등을 연체 없이 성실히 납부하는 것도 플러스 요인이 된다.

신용카드도 카드 사용 자체가 신용점수에 유리한 게 아니라 성실한 상환에 점수가 더해지는 것이다. 그렇기 때문에 신용카드에 붙은 현금서비스, 카드론, 리볼빙 등을 사용하면 오히려 신용카드 사용 자체가 신용점수에 악영향을 주는 것이다. 신용카드에는 매우 많은 함정이 따른다. 그래서 조금이라도 어긋나게 사용하면 신용점수가 떨어질 만한 요인들이 많기에 신용점수를 올리기 위해 신용카드를 쓴다는 변명이 말이 안 되는 것이다.

나는 현재 신용카드를 두 개 사용하고 있다. 원래는 하나였는데 최근에 법인을 설립하면서 받게 된 사업자 대출 때문에 대출받은 은행에서 신용카드를 하나 더 발급받았다. 원하지 않게 발급된 이 카드는 차에 놔두고 톨게이트 비용이나 주차 비용만 결제하고 있으며, 여전히 나의 주 결제 카드는 단 한 개로 생활하고 있다.

그런데 주 사용 카드가 23년 12월을 마지막으로 유효 기간이 만료가 되었다. 하나의 카드를 장기간 사용하면서 꾸준한 신용점수를 쌓은 것인데, 그래서 이번에 카드사를 옮겨 새로운 카드를 발급받았다. 요새는 카드 발급이 모바일에서 가능하기에 카드사 앱을 통해 발급받았는데, 이 과정에서 정신을 바짝 차려야 했다.

신용카드에는 다양한 함정이 존재하기에 신청 과정에서부터 모든 텔레마케팅을 비동의했으며 리볼빙, 현금서비스, 카드론 등 모든 부가서비스를 금지했다. 또한 카드사에 내 금융 정보를 최소한으로 제공했다. 정보를 많이 제공할수록 카드 한도는 올라가지만 어차피 나는 그렇게 많은 돈을 쓰지 않기에 필요 없기도 하고, 정보를 최소한으로 제공해도 신용점수가 높아서 기본 한도가 높게 나오기 때문이다.

만약에 소비 절제가 잘 되는데 신용점수가 1,000점이 안 되는 사람이라면 신용카드 한도를 최대한으로 높여서 받는 것도 괜찮다. 왜냐면 신용카드 한도는 크고 사용 금액은 한도의 30~50% 미만이면서 제때 상환을 하는 사람이라면 신용점수가 올라가기 때문에 이것을 이용해서

점수를 올려봐도 좋다. 그러나 소비 절제가 안 된다면 한도가 크면 클수록 과소비하기 때문에 이런 경우 카드 한도로라도 브레이크를 걸어야 한다.

또한 선결제 제도를 잘 활용해 보는 것도 좋다. 나는 항상 매달 말일 가계부와 자산관리표를 정리하는데, 나의 총자산의 증감을 보기 위해서 항상 그달에 쓴 신용카드 금액은 그달에 선결제한다. 왜냐하면 신용카드는 빌린 돈을 쓴 것이기에 이번 달 금액을 이번 달에 선결제하는 것이 카드사나 신용평가사가 보기에도 상환이 조기에 이루어지는 것이기에 모양새가 좋다.

게다가 신용카드의 특성상, 1일부터 말일까지 쓴 돈이 다음 달 13일이라는 애매한 기간에 결제되기 때문에 내가 한 달에 얼마를 쓰는지조차 파악하지 못하는 사람을 많이 봤다. 자산관리나 가계부 관리가 잘 안 되는 사람이라면 선결제를 통해 자신의 씀씀이를 돌아볼 것을 추천한다.

신용카드 한도와 선결제를 잘 활용하면 도움이 되는 시스템인 반면, 사용한 돈을 제때 상환하는 것이 중요하다는 점에서 카드 할부는 무조건 반대한다. 나는 신용카드를 사용하면서 단 한 번도 할부를 해본 적이 없는데, 이 이야기를 하니 주변에서 "혼수 마련할 때나 휴대폰 같은 고가 전자제품은 어떻게 구매했어요?"라는 질문을 받았다. 그래서 당연히 일시불로 결제했고 그달에 바로 출금되게 했다고 답했더니 질린 표정을 지으며 도저히 이해할 수 없다는 반응이었다.

나는 할부 자체가 인간의 욕심이라고 생각한다. 그 정도의 돈을 한 번에 결제할 만한 경제적 능력이 안 되는데 군이 여러 달에 나눠서 구매하려고 한다는 것 자체가 과욕인 것이다. 꼭 사야 할 물건이 있다면 할부를 해서 살 게 아니라 그 기간만큼 몇 달이 되든 모아서 한 번에 사야 한다. 그게 안 된다면 그건 내 능력을 넘어서는 소비인 것이다.

내가 이 정도 소비도 못하나? 라는 생각이 들 수도 있다. 하지만 일시불로 낼 수 없다면 그 정도도 살 수 없는 게 맞다. 원래는 사지 못할 물건을 조삼모사로 기간을 늘리고 당겨서 살 수 있게 만들어 주는 게 신용카드인 것이다.

예를 들어 여행을 간다면 우리 부부는 여행 예산을 연초에 미리 잡아서 그 비용 내에서만 사용한다. 하지만 어떤 사람들은 항공비, 숙박비 등을 할부로 결제해 놓고 일단 여행부터 갔다 와서 미래에 메꾸는 식으로 소비하곤 한다. 냉정히 말하자면 지금 돈이 없는 사람은 미래에도 크게 돈이 들어오지 않는다. 수입이라는 게 지출과 달리 들어오는 금액이 한정적이기 때문에 그렇다. 반대로 지출이라는 것은 한계가 없이 마구 사용하는 것이 가능하다.

결혼하고 나서 남편이 돈이 있음에도 습관적으로 카드 할부를 하는 것을 보고 할부가 왜 좋지 않은지 설득했다. 모든 소비를 일시불로 결제하자 할부하지 않은 원래의 소비 금액을 마주한 남편은 초반에 상당히 고통스러워했다. 그동안은 할부하며 눈앞에서 회피했던 금액인데 그게 일시불로 눈앞에 보이니 당연히 심적 고통이 있을 수밖에 없었다.

하지만 그 덕분에 더욱 소비를 자제하는 긍정적인 효과를 낳았다.

마지막으로 현금 서비스와 리볼빙은 아예 카드 개설 단계에서 금지해야 한다. 현금 서비스는 돈을 빌리는 것이라는 생각을 하기에 오히려 피해가 덜한데, 리볼빙의 경우 자유 결제, 페이 플랜, 일부 결제 금액이 월약정이라는 여러 가지 이름으로 이미지가 세탁되어 그 악랄함을 모르는 사람들이 많다.

이 시스템은 전체 카드 결제대금 중 일부만 지불하고 나머지는 다음 달로 이월할 수 있는 지불 방법이다. 예를 들어 한 달에 100만원을 사용하는 카드 사용자가 10%의 리볼빙 비율을 설정한다고 해 보자. 그 달의 결제 대금인 100만원의 10%인 10만원만 결제되고 나머지 90만원은 다음 달로 미룰 수 있는 것이다. 다음 달이 되면 지난달에서 넘어 온 90만원과 이번 달에 소비한 100만원이 합쳐져서 190만원이 된다. 그런데 여기서 리볼빙 비율이 10%니까 이번 달에 낼 금액은 190만원의 10%인 19만원만 내게 되고 나머지 171만원은 또다시 그다음 달로 미뤄지는 것이다.

이게 편리한 제도라고 생각된다면 자신의 금전 감각을 의심해 보아야 한다. 내가 카드사에 갚아야 할 금액이 원금만 해도 100만원, 190만원, 271만원으로 불어나는데, 리볼빙 수수료가 통상 10~20% 고금리인 것을 생각해 보면 한 번 발을 헛디디는 순간 갚아야 할 금액이 대책 없이 불어난다는 것을 알 수 있다.

리볼빙을 쓰게 되면 카드 명세서에 적힌 이번 달의 카드값이 생각보다 크지 않아서 뇌의 착각을 불러일으키며 소비를 부추기는 효과까지 있다. 신용카드 회사들은 이런 효과를 노리고 사용자들이 더 많은 소비를 하길 바라며 감언이설로 꼬드겨 할부와 리볼빙을 하도록 한다. 기업들이 마케팅을 통해 자사의 물건을 사도록 부추기듯이 카드사들은 사용자가 조금이라도 돈을 많이 쓰도록 유도한다.

체크카드와 신용카드,
언제부터 쓸까

처음 체크카드를 써 본 것은 대학교에 입학해서 학생증과 연동된 은행 체크카드가 시작이었다. 초등학교 6년, 중고등학교 6년 동안 현금으로 용돈을 관리하다가 처음으로 전자 결제 수단을 사용하였다.

그러나 지금은 우리 때와 달리 아이들도 체크카드를 사용할 수 있다. 만 12세, 즉 초등학교 6학년이 되면 부모와 동반하여 체크카드를 발급할 수 있다. 그리고 만 16~18세에는 부모 없이 아이가 혼자 체크카드를 발급받을 수 있으며, 만 17세가 넘으면 방문하지 않고 온라인으로도 체크카드를 발급받을 수 있게 된다.

여기에 한 발 더 나아가서 이제는 카카오뱅크 mini나 토스 유스 카드처럼 선불 전자 지급 수단도 존재한다. 충전용 가상 계좌를 통해 선불카드를 충전하여 이용하는 시스템인데, 체크카드보다 만들기 쉬워서 용돈을 여기에 충전해 주는 부모도 있다.

하지만 잘 생각해 봐야 한다. 왜 세월이 지날수록 카드 사용 허가 연령이 내려갈까? 그리고 신용카드에서 체크카드, 체크카드에서 선불카드로 점점 더 개설이 쉬운 카드를 내놓는 걸까? 인터넷 은행들은 물론이고 시중은행들도 앞다투어 청소년들이 사용할 수 있는 카드를 내놓는 이유는 무엇일까?

금융 기관은 하나라도 많은 금융 상품을 팔기 위해 노력한다. 당연히 청소년용 체크카드나 선불카드를 통해 미래의 고객을 끌어들이기위한 것이다. 앞서 설명했듯이 기업은 아이들에 대한 마케팅에 특히 신경을 많이 쓰고, 이건 금융 기관도 마찬가지다. 일종의 락인 효과Lock in Effect(특정 제품이나 서비스에 소비자를 묶어두는 효과)를 노리는 것이다.

그렇기에 금융 기관에서 이런 상품들을 개발하여 홍보한다고 해서별 생각없이 편리하게 사용해서는 안 된다. 경제 교육을 해야 하는 부모는 체크카드의 의미와 이것이 아이의 소비 생활에 미치는 영향을 생각해 보아야 한다.

12년간 용돈 교육을 충분히 받았음에도 대학생 때 나는 체크카드를 사용하게 되자 금전 감각이 일시적으로 흐려지는 것을 경험했다. 성인이 되어 쓰는 금액도 커진데다, 직접 돈을 내지 않고 체크카드로 결제하다 보니 돈이 아니라 단순한 숫자로 느껴져서 결제를 할 때 상당히무감각해진 것이다.

실제로 많은 실험을 통해 밝혀진 사실이지만 인간의 뇌는 실물로 된 돈을 낼 때와 카드로 결제할 때 소비로 인한 죄책감의 정도가 달라진다고 한다. 우리 뇌는 동전과 지폐 같은 눈에 보이는 돈이 상대방에게 옮겨가는 게 보일 때 상실에 대한 고통을 강하게 느낀다. 반면에 카드로 결제하게 되면 카드를 긁는 행위와 내 돈이 사라지는 사실 사이에 직접적 인과관계가 눈에 보이지 않아 고통을 덜 느낀다고 한다.

용돈 교육을 하는 10대까지는 아이에게 체크카드나 선불카드를 만들어 주는 것을 반대한다. 현금만으로 연습하더라도 10대의 특성상, 소비를 절제하기 힘들 때가 많다. 그런데 여기에 소비에 죄책감을 덜어 주는 체크카드 사용까지 덧붙여지면 교육이 더욱 힘들어진다.

요새 카드를 사용하지 않는 친구들이 없다고, 불편하게 현금을 굳이 사용해야 하는 이유가 뭐냐고 반문하는 사람들도 있을 것이다. 현금 결제는 돈을 내고 거스름돈을 돌려받는 등 번거로운 과정을 거치다 보니 체크카드나 신용카드에 비해 불편한 게 당연하다.

그러나 과정 자체가 불편하기에 돈을 쓸 때 한 번이라도 더 생각하게 되는 과속방지턱 역할을 하게 된다. 같은 돈을 가지고 있더라도 현금으로 내면 소비를 덜 하게 되는 효과가 있다. 사실 굳이 소비가 편해야 할 이유가 없는 것이다.

고금리 고물가 시대가 지속되자 미국의 Z세대 사이에서 '캐시 스터핑Cash stuffing'이 유행하고 있다. 직역하면 현금 분류라는 뜻인데, 자신이 한 달 동안 쓸 금액을 모두 현금으로 바꾼 다음에 카드 대신 현금만 사용하는 방식이다. 소비 카테고리에 따라 클리어 포켓을 하나씩 만들어서 그 안에 현금을 담아 두고, 한 달 동안 그 돈을 넘기지 않도록 쓰는 것이다. 투명한 봉투에 담겨 있기에 돈이 줄어드는 게 눈으로 보여서 절약하게 되는 효과가 있는 것이다.

재스민 테일러라는 틱톡커가 이렇게 해서 각종 대출을 갚은 이야기가 유명해지면서 커뮤니티에 퍼져 나갔다. 우리나라에서도 '현금 챌린지'라고 해서 클리어포켓 바인더를 만들어 소비하는 모습이 유행처럼 퍼지고 있다.

이와 비슷한 건 예전에도 많았기에 대단히 새로운 개념은 아니다. 10여 년 전쯤에 재테크하는 사람들 사이에서 현금 캘린더라는 게 유행했는데 이것도 캐시 스터핑과 비슷한 개념이다. 서양에서 아이들이 크리스마스를 기다리며 날짜가 적힌 캘린더를 하나씩 열 때마다 선물이 나오는 어드밴트 캘린더가 있는데 이게 모티브가 된 듯하다. 날짜마다 주머니가 달린 캘린더에 그날에 쓸 수 있는 현금을 넣어 놓고 그 금액만 쓸 수 있게 하여 소비를 억제하게 한 게 바로 현금 캘린더인 것이다.

이 모든 것들은 세부 사항이 다를 뿐 결국 현금만을 이용한다는 점에서 일맥상통한다. 눈에 보이는 돈이 줄어드는 것에서 고통을 느끼는 원리를 이용하여 소비를 절약하고 돈 관리하는 습관을 길러 주기 위한 방법이다.

아이에게 용돈 교육할 때도 청소년용 체크카드나 선불카드가 아니라 현금으로 사용하도록 해야 교육의 효과를 볼 수 있다. 체크카드는 과거의 나처럼 대학생이 되어서 사용해도 늦지 않다.

쓰는 돈뿐만 아니라 받는 돈도 현금으로 받아야 수입이 들어온다는 것을 직관적으로 느낄 수 있기에 용돈을 줄 때도 계좌이체보다는 부모가 현금으로 직접 뽑아서 주도록 하자. 계좌에 찍히는 돈은 숫자에 불과하다.

체크카드가 성인이 되어 사용할 수 있다면 신용카드는 언제쯤 사용할 수 있을까? 현금이 없어지는 것을 눈에 보이지 않게 해서 돈 쓰는 죄책감을 흐리게 한 것이 체크카드라면 신용카드는 거기에 한 가지를 더했다. 돈이 없어도 돈이 있는 것 같은 착각을 불러일으켜서 소비를 부추기는 형태로 한 단계 더 진화한 것이다.

체크카드는 내 눈앞에서 지폐가 사라지지는 않지만 계좌에 있는 돈은 결제하자마자 차감된다. 그래서 계좌에 찍힌 숫자가 줄어드는 모습을 즉시 볼 수 있다. 그러나 신용카드는 지금 결제를 하더라도 내 계좌의 돈은 지금 사라지지 않는다.

이번 달 1일에 결제한 것은 다음 달 13일이 되어서야 계좌에서 빠져나가기에 결제한 행위와 돈이 나가는 결과 간의 시간 차이 때문에 인과관계가 흐려지는 것이다. 그래서 결제할 때는 내가 돈을 얼마 쓰는지 무감각하다가 카드 고지서를 보면 다른 사람이 쓴 것처럼 낯설게 느껴지는 것이다.

신용카드는 사실 안 쓸 수 있다면 안 쓰는 것이 좋고, 정 써야 한다면 돈에 대한 감각이 날카롭게 살아 있는 사람만이 사용하는 것을 권한다. 나는 사회 초년생 때 신용카드를 썼다가 결혼하고는 도리어 신용카드를 잘라 버리고 한동안 체크카드만 사용했다. 신혼 때 재테크를 좀 더 빡빡하게 하기 위함이었다.

아이의 카드 사용에 대해 질문하는 사람들에게 내 경험을 근거로 조언해 주곤 한다. 되도록 20살부터는 체크카드만 사용하게 하고, 취업하고 나서는 소비 절제가 잘 되는 사람에 한해서 신용카드가 가능하지만, 소비 절제가 잘 된다 하더라도 되도록 종잣돈이 일정 금액 이하라면 신용카드는 만들지 말라고 말이다.

재테크 전문가들은 종잣돈이 1억 모일 때까지 신용카드를 쓰지 말라는 말을 한다. 이 말의 의미는 단순히 종잣돈의 크기를 말하는 것이 아니라, 작은 돈을 모으고 불려서 1억까지 만들 동안 소비를 절제하고 재테크하는 방법을 배워야 한다는 뜻이다. 기본적인 금융의 원리를 이해하고 있으면 결제 수단이 현금이든 신용카드이든 쓰는 돈의 수준이 비슷하기에 신용카드를 써도 뒷탈이 없다.

아이에게 신용카드를 교육할 때도 편리한 결제 수단이 아니라 매우 잘 써야 하는 도구라며 그 위험성을 강조하는 것이 좋다. 우리 부모님은 지나치게 강조하시긴 했지만, 내가 아이를 키워보니 어떤 부분에서 그런 걱정을 했는지 이제는 이해할 수 있을 것 같다.

신용카드에는 다양한 혜택과 포인트가 존재하기에 쓰는 것이 더 이득이라는 사람들도 있다. 하지만 그 어떤 이유를 가져다 붙이더라도 차라리 혜택과 포인트를 누리지 않는 게 더 낫다. 그 혜택과 포인트 조건을 만족하기 위해 무의식적으로 돈을 더 많이 쓰기 때문이다.

물론 소비 통제가 잘되는 사람은 기왕 쓸 돈을 신용카드로 써서 포인트와 혜택까지 챙기는 체리피킹이 가능하지만, 그런 사람은 생각보다 많지 않다. 그렇기에 일정 액수 이상의 종잣돈을 모을 동안 지출을 획기적으로 잘 관리하게 된 사람만 신용카드를 쓰는 것을 권한다.

자산 축적의 적,
세금

중고등학생 때 엄마는 이런 말을 해 준 적이 있다. 예적금 중에는 '비과세'라는 옵션이 붙은 상품도 있는데 같은 금융 상품이면 그 옵션이 붙은 것을 택해야 하고, 같은 이율의 예적금이더라도 비과세가 붙은 것이 훨씬 많은 돈을 받을 수 있다고 말이다. 그 당시 나에게는 비과세라는 단어조차도 어려웠고, 세금을 면제해 주는 것이라는 설명을 들었어도 그게 얼마나 좋은 건지 피부로 실감하지 못하고 있었다.

정확한 의미는 몰라도 일단은 엄마가 가르쳐 준 대로 어떤 예금과 적금을 들더라도 은행 창구에 "이 상품 비과세 돼요?"라고 물어보고 되는 것이 있다면 그것으로 가입했다. 확실히 일반 상품보다는 만기 후에 이자가 많이 붙어서 오~ 하며 감탄하긴 했어도 정확히 비과세가 무엇을 의미하는지는 몰랐다. 그게 아마도 그 당시에는 미성년자라서 세금의 진정한 위력이 피부에 와닿지 않았던 것 같다.

취업이 빨라서 20대 초반부터 대학과 직장을 병행하느라 파김치가 되어 일하고 있던 중에 엄마에게 전화가 왔다. 빨리 국민은행에 가서 장마(장기주택마련저축)를 가입하라고, 비과세가 이제 없어지기 전에 가입해야 한다고 나를 채근했다.

대학생 나이라 아무것도 몰라서 그게 뭔데? 싶기도 하고, 회사가 너무 바빠서 점심을 굶고 은행에 갈 수밖에 없었던 터라 투덜거리면서 일단 엄마가 시키는 대로 장기주택마련저축 통장을 만들게 되었다. 장기주택마련저축은 이제 존재하지 않는 상품인데 지금으로 말하면 청약통장+재형저축·ISA 계좌가 합쳐진 형태였다. 청약도 할 수 있는 자격이 주어지면서 그 통장에 매달 적금처럼 쌓이는 목돈을 만기 10년까지 유지한다면 모두 비과세로 돌려받을 수 있는 조건이었다.

그 당시에 사람들은 장기주택마련저축이 다른 예적금보다 표면이자율이 낮고 만기가 10년이나 되기에 선호하지 않았다. 하지만 15.4%의 이자 소득세를 뗄 때는 과세 상품의 표면 이자가 아무리 높더라도 1.4%의 농특세만 뗄 때는 장기주택마련저축의 최종 수익률이 훨씬 높다는 것을 계산했던 엄마는 표면 이자율에 속지 않고 이런 좋은 상품이 없다 싶어서 나에게 빨리 가입하라고 채근하는 전화를 했던 것이다.

또 하나의 나비 효과가 있었으니 바로 가입 기간 10년 사이에 찾아온 글로벌 금융 위기였다. 미국 연준의 천재 의장인 벤 버냉키는 월스트리트에 닥친 위기를 탈출하기 위해 양적 완화라는 신개념을 도입하여 헬리콥터 머니를 살포했다. 그와 함께 미국의 기준금리는 가파르게 내려갔고, 그 영향으로 우리나라도 어쩔 수 없이 기준 금리를 1~2%까지 내릴 수밖에 없었다.

여기서 흥미로운 건 장기주택마련저축의 이자율은 10년간 고정금리였고, 일반적인 예적금은 가입 기간이 그렇게 길지 않기에 기준금리에 따라 점점 내려갔다. 당연히 내가 들고 있는 장기주택마련저축은 기준금리가 5%였던 시절의 이자에서 고정된 상태였는데 그렇게 10년 동안 모인 목돈에 비과세까지 적용되었다.

드디어 10년 만기가 끝나고 해지하기 위해 신혼집 근처에 있던 여의도 국민은행 본점에 들렀는데 은행원이 내 통장에 쌓인 이자와 최종 수익금을 보고 놀랐던 기억이 난다. 이미 저금리에 접어든 시기라 절대로 볼 수 없는 높은 이자에 비과세 혜택까지 붙어 단 1.4%의 세금만 내면 내가 다 가져갈 수 있는 실수령금이었기 때문이었다.

20대까지는 나이도 어렸고 근로 소득자였기에 세금에 대해서 지금만큼 알지 못했다. 근로 소득자는 월급이 지급될 때 회사에서 원천징수의 형태로 세금을 먼저 떼고 세후 수령금을 지급하기에 사업자에 비해서 세금에 둔감할 수밖에 없다. 그러나 그런 나에게 세금의 중요성을 일깨운 것이 있었으니 그게 바로 매년 12월이 되면 챙겨야 하는 연말정산이었다.

우리 부모님은 세금을 잘 알고 있었고, 직장인이 유리 지갑인 것을 알았기 때문에 절세를 위해 나의 연말정산도 초기 세팅을 해 줬다. 그리고 절세를 위해서 신용카드 영수증과 현금 영수증 등을 어떻게 처리하면 좋은지 꿀팁 등도 가르쳐 줬다. 이를 바탕으로 나는 연말정산과 세금에 대해서 관심을 갖게 되었고, 똑같은 소비와 투자를 하더라도 연말정산을 최대한 많이 받을 수 있는 방향으로 세금을 연구하기 시작했다.

매년 우리 회사에서 연말정산을 할 때마다 나는 직원들에게 관심을 받았다. 똑같은 월급을 받고 있고, 그렇다고 내가 돈을 많이 쓰는 것 같지도 않는데 다른 직원들은 다 세금을 더 낼 때 나만 몇십만원씩 세금을 환급받고 있었기 때문이었다. 연말정산에 가장 큰 공헌을 한 것은 위에 말한 장기주택마련저축이었는데 청약통장의 속성을 가지고 있었기 때문에 여기에 저축한 돈은 연말정산 공제도 받을 수 있었다. 그 외에도 부모님에게 배운 방법과 내가 연구한 절세 방법을 모두 사용해서 최대한의 환급을 받았다. 이에 절세 팁을 물어본 사람들이 많았고 방법을 가르쳐 줬지만, 조금 듣다가 머리가 아프다며 포기하고 돌아가는 사람이 부지기수였다. 그랬기에 그다음 해의 연말정산 또한 결과는 반복되고 말았다.

세금이라는 것은 사실 국가에서 한 푼이라도 더 징수하기 위해 애쓰는지라 내가 노력하지 않으면 그 누구도 내가 낼 세금을 줄여 주지 않는다. 이는 사업을 하면서 세무사의 도움을 받더라도 마찬가지여서 내가 절세 방안을 제대로 파악하고 있지 않다면 여러모로 한계가 있을 수밖에 없다.

30대부터는 남편과 함께 사업을 하고 그동안 열심히 불어난 나의 종잣돈 덕분에 자산도 커졌다. 그에 따라 자연스럽게 여러 가지 세금이 많이 노출되어 세무사와는 별개로 개인적으로 세금 공부를 열심히 하고 있다. 지금은 남편의 이름으로 된 개인사업자와 내 이름으로 된 법인사업자가 공존하는데 이렇게 되면 세무 일정이 1년 내내 돌아오기에 앞으로는 더 신경 써야 될 것 같다.

평생 근로 소득자로 남을 것이 아니라면 사업 소득과 자본 소득을 획득하는 위치로 올라가야 하는데 이때 중요해지는 것이 절세다. 재테크 하는 사람들이 초반에는 수익률이나 모이는 돈을 신경 쓰지만 나중 되면 절세 방안에 가장 많은 신경을 쓰게 되는 이유기도 하다. 부자들은 더 말할 나위 없이 세금을 어떻게 합법적으로 줄일 수 있을까 늘 고민한다.

세금은 어렵지만, 반드시 관심을 가져야 한다. 세금의 세부한 내용을 아이에게 바로 교육할 수는 없지만, 내가 부모님에게 배웠듯이 세금이 나의 자산과 수익률에 큰 영향을 줄 수 있다는 것을 아이에게도 가르쳐야 한다. 세금의 진정한 위력을 내가 절실하게 느낀 것은 30대 부터였지만 이는 10대 때 부모님에게 받은 교육이 기반이 되었기에 깨달을 수 있었던 것이다.

예적금으로 배워 보는
세금의 위력

거시경제에 가장 큰 영향을 미치는 두 가지 요소를 꼽으라면 금리와 환율이다. 재테크하는 사람들은 반드시 알아야 할 기본적인 개념인데, 나는 경제 신문을 읽기 시작한 중학생 때부터 어렴풋이 알게 된 것 같다.

아이에게 환율은 해외여행 갈 때나 일시적으로 인식하게 되는 개념이다. 해외여행지에서 부모가 결제하기 때문에 아이에게는 간접경험만 될 뿐이다. 그러나 금리는 좀 더 직접적으로 느낄 수 있는데, 예적금을 배우게 되면 거기에 붙는 이자를 알게 된다. 그리고 그 이자에는 반드시 세금이 붙기에 함께 가르치면 좋다.

"인간에게는 피할 수 없는 두 가지가 있는데 죽음과 세금이다."

미국 독립의 아버지로 불리며 미국인들에게 사랑받는 위인 중 하나인 벤자민 프랭클린이 남긴 말이다. 인간이 죽음을 거부할 수 없듯이, 세금 또한 그러하다는 뜻이다. 벤자민 프랭클린이 미국의 가장 고액권인 100달러 지폐에 얼굴이 새겨진 인물인 것을 생각해 보면 더욱 의미심장한 말이다.

인간은 죽음을 피할 수 없지만 건강 관리와 적절한 운동을 통해 최대한 죽음이라는 존재를 늦게 만날 수 있다. 마찬가지로 세금 또한 완벽하게 피할 수 있는 방법은 없지만 최대한 세금을 적게 내기 위해 노력할 수 있다. 부자들은 누구보다 이 원리를 잘 알기에 탈세는 안 되지만 최대한 절세하기 위해 부단히 노력하곤 한다.

뒤집어서 말하자면 자산 축적의 최대의 적인 세금 리스크를 잘 조절하는 사람만이 부를 거머쥘 수 있다. 소득이 있는 곳에 세금이 있는 것이기에 부자들이 평범한 사람들보다 당연히 세금을 더 많이 내지만, 그렇다고 해서 세금이라는 존재가 부자들에게만 타격을 주는 것은 아니기 때문이다.

그러나 상당수의 사람은 세금에 무지한데다 알려 하지 않고 별다른 의심 없이 고지서가 나온 그대로 세금을 낸다. 어차피 벌어들인 소득이 얼마 되지 않아 내는 액수는 크지 않은데, 그에 비해 세금 공부는 어렵기 때문에 기피하게 되는 것이다.

나는 부모님의 교육을 통해서 세금의 위력을 어릴 때부터 배웠다. 어떤 투자나 선택을 하든 거기에 딸린 부대비용과 세금을 따져보곤 하는데 이로 인해 최종 수익률이 완전히 달라지는 상황을 자주 경험한다. 그렇기에 부자가 아니더라도 세금을 민감하게 여기고 공부해야 하는 것이다.

세금은 어른에게도 어려운 개념이기에 아이에게 가르치더라도 금방 와닿지는 않는다. 나도 중고등학생 때 처음 배웠지만, 완전히 이해한 건 사회 초년생 때였으니 꽤 오랜 기간이 걸렸다. 첫술에 배부를 수 없기에 일단은 '모든 소득에는 세금이 따라붙는다'라는 개념부터 가르치는 것이 좋다.

만약에 일찌감치 가르치고 싶다면 아이가 중학생이 되면 예적금을 통해 세금의 위력을 가르쳐 줄 수 있다. 초등학교 6학년 수학 과정에서 처음으로 백분율을 배우게 되는데, 그때부터 퍼센트에 대한 개념 이해가 시작되기에 빨라도 중학생 이후에나 가능하다.

본격적으로 세금을 가르치려면 두 개의 적금 통장이 필요하다. 한 달에 만원씩 1년 동안 적금을 넣는데, 통장 하나에는 일반적인 적금을 들고 다른 하나는 비과세 또는 세금 우대 적금으로 저축해 보자.

여기서 비과세 또는 세금 우대 적금을 설명하자면, 내가 어릴 때는 시중은행에 일반인도 쉽게 가입할 수 있는 비과세저축 상품이 많았기에 부모님에게 그것으로 교육을 받았지만, 지금은 그런 상품이 거의 사라진 상황이다. 특수한 조건(만 65세 이상, 독립유공자, 기초생활수급자, 장애인 등)을 만족하는 경우에만 이런 상품을 가입할 수 있기에 이런 조건을 가지고 있다면 비과세를 선택하면 된다.

그러나 조건이 해당하지 않을 경우에는 세금 우대 적금을 들어야 하는데, 새마을금고, 농협, 수협, 신협 등에 조합원으로 가입할 경우에 가능하다. 조합원이라고 하니 거창한 것 같지만 사실 어려운 것은 없다.

새마을금고나 신협 등의 협동조합에는 출자금 통장이라 해서 다른 금융 기관에는 없는 독특한 통장이 있다. 이는 새마을금고나 신협이 일반적인 금융 기관과 달리 협동조합의 형태기 때문에 조합원을 따로 모집하고, 그 조합원들에게 여러 가지 혜택을 주고 있는데 조합원이 되기 위한 조건 중 하나가 출자금 통장이기 때문이다.

출자금 통장이 배당률도 좋고 비과세이기에 그 자체에 투자하는 사람들도 있지만, 그보다는 고금리 예적금 특판이나 세금 우대 예적금을 들기 위해 조합원이 되는 경우가 많다. 그래서 부모가 먼저 아이의 이름으로 출자금 통장을 만들어서 조합원으로 등록하면 되는데, 나는 5만 원을 넣어 출자금 통장을 만들고 아이를 조합원으로 등록시켰다.

한번 조합원이 되면 해당 새마을금고나 신협에서 나온 예적금 상품을 가입할 때 세금 우대를 받을 수 있다. 보통의 예적금은 만기가 되었을 때 수익금의 15.4%를 이자 소득세로 내야 하는데, 세금 우대 예적금은 1.4%의 농어촌특별세(농특세)만 내면 되기에 세금 차이가 크게 난다. 그래서 출자금 통장을 만들어 조합원이 된 뒤 세금 우대 적금을 들어서 교육하면 된다. 한 달에 만원씩 1년간 12만원을 두 개의 통장에 모으고, 동시에 만기가 되었을 때 아이와 함께 금액을 비교해 보자. 일반 적금에서는 이자 소득세 15.4%인 18,480원을 세금으로 내야 하지만, 세금 우대 적금에서는 농특세 1.4%가 적용되어 단돈 1,680원만 세금으로 내면 된다. 이게 백분율이기 때문에 저축하는 금액이 커질수록 내야 하는 세금의 절대적 액수는 더욱 커지게 된다.

부모 눈에는 별것 아닌 금액일 수 있으나 아이에게는 굉장한 깨달음이 될 수 있다. 내가 중고등학생 때 처음 이 개념을 이해했을 때 세금 하나로 이렇게 받는 돈이 달라질 수 있다는 것에 놀랐다. 똑같은 돈을 저축했는데 단지 세금 때문에 이런 차이가 생긴다는 것에서 세금이라는 존재가 최종 수익에 영향을 준다는 것을 깨달았다. 세금이 얼마나 수익률에 영향을 주는지 이해하고, 표면이자율에 속지 않고 최종 수익률을 계산하는 방법을 부모에게 배운다면, 아이는 유리하고 불리한 금융 상품을 판별하여 체리 피킹할 수 있는 능력을 갖게 된다.

비슷한 경우를 국내 주식 투자와 해외 주식 투자 비교에서 찾을 수 있다. 2024년 기준, 국내 주식은 대주주가 아닌 이상 추가적인 세금을 내지 않아도 되지만 해외 주식은 22%의 양도 소득세를 내야한다. 그렇기에 해외 주식의 표면 수익률이 국내 주식보다 높더라도 최종적으로 나에게 들어오는 돈이 꼭 그렇지 않을 수도 있다는 것을 항상 감안 해야 한다.

따라서 해외 주식에 투자할 때는 아무거나 투자할 게 아니라 22%의 양도 소득세 패널티를 감수하고도 높은 수익을 낼 수 있는 확실한 종목을 잘 판별해서 내 포트폴리오에 담아야 한다. 반대로 국내 주식은 표면 수익률이 좀 낮더라도 수익을 낼 수 있는 종목이라면 어설픈 해외 주식 종목보다 최종 수익이 더 나을 수도 있다. 농특세 1.4%를 뗐던 세금 우대 적금처럼 국내 주식은 거래세만 약간 내면 되는 일종의 세금 우대 주식이기 때문이다.

문제는 대부분이 세금을 대수롭지 않게 보고 표면 수익률에 혹해서 국내 주식은 무조건 안 되고 해외 주식이 무조건 정답이라고 생각하는 경우가 많다는 것이다. MTS에 찍힌 수익률만 보고 속아서는 안 된다. 최종적으로 이 종목이 얼마의 돈으로 돌아올지를 반드시 계산할 수 있어야 하며 해외든 국내든 종목 선정시에 유의가 필요하다.

세금은 그래서 복병과도 같다. 평소에 이를 신경 쓰지 않으면 판단력이 흐려져서 투자 대상의 유불리를 잘못 판단하게 되며, 결정적 순간에 세금은 반드시 내 뒷통수를 때리고 자산 축적을 방해하게 된다. 세금을 원천징수 당하는 직장인은 세금에 둔감해지기 쉽고, 사업을 처음 하는 사람들은 종합 소득세, 부가세 등의 세금을 생각하지 않고 사업을 한다면 잘못된 판단을 내릴 수 있다.

우리 아이에게 반드시 세금과 관련된 교육을 해야 하는 이유다. 죽음과 세금은 피할 수는 없지만, 죽는 시기를 늦추기 위해 노력하는 것처럼 세금을 줄이기 위해 노력해야 자산가로 향하는 길이 열리게 된다.

금융 기관을
의심하라

어릴 때부터 은행에 놀러 가는 일이 잦았던 나에게 금융 기관은 아주 친숙한 공간이다. 그러나 친숙함은 공간에 대한 느낌일 뿐, 나는 거기서 일하는 사람들의 말을 신임하진 않는다. 다만 그들이 해 주는 말을 경청하고 판단할 뿐이다.

은행이나 증권사에는 일정 규모 이상의 자산을 위탁한 고객들에게 PBPrivate Banker 서비스를 제공한다. 한 자리에서 모든 금융 관련 서비스를 간편하게 이용할 수 있고, 금융 기관의 본래 업무인 금융과 증권 서비스 외에도 세무, 법률, 노무 관련 상담 서비스도 제공하며 재무관리 및 자산 포트폴리오에 대한 조언을 해 주곤 한다. 그들은 이 과정에서 여러 가지 상품을 고객들에게 권유하곤 하는데 궁극적 목적은 하나라도 많은 금융 상품을 팔기 위해서다.

금융 기관에서 일하는 사람들을 무시하거나 험담하기 위해 이런 이야기를 하는 것이 아니다. 그들은 누구보다 이 방면의 전문가이며 실력 또한 대단하지만, 본래 고객들을 대면하는 금융 기관 직원의 본질은 결국 금융 상품 셀러Seller라는 것을 금융 소비자인 우리가 감안해야 한다는 것이다.

이들은 이 과정에서 고객에게 도움을 주기 위해 노력하지만, 이 목적 자체가 고객의 돈을 불려 주기 위함이 아니다. 재테크를 하는 사람들은 이들을 의심하거나 적대할 필요는 없지만 너무 신뢰해서도 안 된다. 금융 기관에서 제안해 주는 상품은 활용하기에 따라 좋은 것도 나쁜 것도 있을 수 있다. 그래서 최종적인 투자 판단은 은행 직원을 믿고 하는 게 아니라 내가 해야 하는 것이다.

엄마는 내가 20대 초반에 아르바이트로 번 돈을 펀드에 투자했다. 당시에 일반인들에게 거의 알려지지 않았던 펀드라는 존재를 엄마가 알게 되신 것은 단골로 거래하던 은행 직원에게 상품 소개를 받아서였다. 그 은행 직원이 내 돈을 불려 주고 싶어서 엄마에게 펀드를 권유했을까? 아니다. 내가 펀드에 가입하면 내 펀드의 자산운용사는 운용보수를 받고, 판매사인 그 은행은 판매 수수료를 받고, 가입시킨 그 은행 직원도 판매 실적이 인사고과에 반영되기 때문에 우리 엄마에게 권했던 것이다.

엄마는 은행 직원이 설명해 준 펀드 상품에 귀를 기울였고, 자체적으로 괜찮은 상품이라 판단해서 최종적으로 투자 결정을 내렸다. 그 이후 내가 벌어 온 돈은 엄마에 의해 한국과 중국의 주가 지수를 추종하는 펀드에 투자가 되었고, 글로벌 금융 위기 직전까지 200%의 수익률을 거둘 수 있었다.

하지만 똑같은 펀드로 전혀 다른 성과가 난 사람들이 있었다. 나처럼 펀드로 대박 난 성과가 알려지면서 펀드라는 투자 상품이 유명해졌고, 그로 인해 2007년 즈음에 사람들 사이에서 펀드 투자 붐이 일어나기 시작한다.

그 시기에도 여전히 금융 기관 직원들은 우리 엄마에게 추천했던 것처럼 고객들에게 펀드 상품을 추천했다. 뒤늦게 뛰어든 사람들이 엄마와 달랐던 것은 직원들의 추천만 믿고 대박을 바라며 무슨 상품인지도 모르고 펀드에 마구 가입했던 것이다. 하지만 이들의 펀드는 2008년 글로벌 금융 위기가 와서 -50% 이상의 손실을 보게 된다.

두 유형 모두 금융 기관 직원들의 추천을 받고 펀드를 선택했지만, 결과는 전혀 달랐다. 이 당시에 미래에셋 차이나 솔로몬 펀드(미차솔)가 막대한 손실로 악명이 높았는데, 반대로 나는 중국 펀드에 투자해서 큰 수익을 거둔 것을 생각해 보자.

미차솔이라는 상품 자체가 문제가 있던 것도 아니었고, 금융 기관 직원들의 추천도 문제가 아니었다. 그들은 금융 상품 판매원이기에 본분을 다했을 뿐이다. 선택은 투자자 본인이 한 것이기에 -50% 이상의 펀드 손실을 금융 기관 직원들에게 화살을 돌려서는 안 된다.

문제는 사람들이 은행과 같은 금융 기관을 희한하게 관공서 느낌으로 신뢰한다는 것이다. 이런 어긋난 신뢰 때문에 자산 관리 상담 같은 것을 받고 별다른 의심 없이 금융 상품이나 보험 등을 가입해서 그들의 실적을 올려 준다. 그러다가 문제가 생기면 큰돈을 날리고 은행을 원망하지만 한 번 잃어버린 돈을 되찾을 방법은 존재하지 않는다.

이런 사건 사고는 아주 빈번히 발생한다. 최근 몇 년 사이에 가장 유명한 것은 옵티머스·라임 사태일 것이다. 옵티머스 사태는 운용사인 옵티머스 자산운용이 상품을 안전하게 설계했다고 속이고 판매사인 증권사들을 통해 사모펀드 투자자들에게 팔아서 증권사와 투자자들이 모두 피해를 입은 사건이다.

반면에 라임 사태는 운용사인 라임자산운용의 부실함을 판매사인 은행·증권사도 알았으나 모른 척하고 고객들에게 열심히 영업해서 판매 수수료를 챙기기에 여념이 없었다. 심지어 이들은 투자자들의 투자 성향 조사서를 조작하면서까지 라임자산운용에 투자를 권유했고, 투자자들은 은행이니까, 증권사니까 하고 별다른 의심 없이 투자하다가 자산의 대부분을 날리게 되었다.

이 사건들은 불법적인 행위가 있어서 그리된 것이지만, 법적 책임을 물을 수 없이 고객들은 큰 손해를 입게 되는 사건도 많다. 2020년의 독일국채금리 연동 DLS/DLF나 2023년의 홍콩H지수 ELS/ELF가 대표적으로 여기에 속한다.

앞에서 언급한 펀드와 마찬가지로 DLS/DLF나 ELS/ELF는 상품 자체에 문제가 있는 것은 아니다. 다만 금융 회사 직원들은 시기와 상관없이 금융 상품 판매원의 본분에 충실하고자 언제든지 이 상품을 고객들에게 권한다. 여기서 안일하게 '좋은 상품이니까 추천했겠지' 하고 가입하게 되면 투자 시기나 상황에 따라 얼마든지 큰 손해가 나게 되는 것이다.

다시 한번 말하지만 제1금융권이라 하더라도 엄연히 공기업이 아닌 사기업이며 그곳의 직원들은 소속된 금융 기관의 이득을 위해서 움직이는 사람들이라는 것을 잊어서는 안 된다. 좋은 상품을 추천해 주긴 해도 내 재정 상황을 걱정해 주고 내 자산을 불려 주기 위해 노력하는 사람이 아니라는 것이다. 내 돈을 나만큼 걱정해 주는 사람은 나 자신 이외에는 없다는 것을 명심해야 한다.

그래서 아이는 금융 기관에 친숙하면서도 금융 기관을 완전히 믿지 않도록 교육해야 한다. 내 돈을 지킬 수 있는 것은 나 자신뿐이다.

보험은
저축(+)이 아닌 비용(−)

보험과 관련된 내용은 항상 많은 논란을 불러일으킨다. 실제로 블로그에 관련 글을 썼을 때도 보험설계사나 계리사 등의 반발을 많이 받았지만, 이것은 어디까지나 관점의 차이일 뿐이다. 그들 생각에 보험은 꼭 필요한 것이며 만약을 위한 대비책으로서 각 가정에 필수 불가결한 존재라 말하지만, 자산 전체를 관리해야 하는 재테크적 관점에서 해석해보면 돈 모으는데 가장 큰 방해물이 바로 보험이다.

한마디로 재테크 하는 사람들에게 보험은 최악의 상품이다. 이건 비단 나만의 주장이 아니고 재테크 좀 한다는 사람들은 대부분 이렇게 생각하며, 그래서 내가 아는 부자들은 최소한의 보험 외에는 쓸데없는 보험을 거의 들지 않는다.

 내가 어릴 때 부모님은 보험은 함부로 가입하면 안 된다고 주의를 줬고, 실제로 실비 보험만 가지고 계셨다. 보험이라는 것 자체가 내용이 어렵기에 구구절절 설명해 주지는 않았지만, 보험 잘못 들어서 돈 낭비를 하고 있는 주변인들 예시를 들려 주며 주의를 줬기에 경계할 수 있었다.

 어떤 대상을 이해하기 위해서는 그 본질을 파헤쳐 보는 것이 좋다. 나는 앞에서 금융 기관의 본질이 금융 상품을 파는 것이기에 금융 기관 직원들을 너무 믿지는 말고, 그 대신에 그들이 추천해 주는 상품은 좋고 나쁜 게 섞여 있으니 옥석은 개인이 가려야 한다고 했다. 또한 카드사의 본질이 고객들의 소비에 대한 죄책감을 눈속임하여 한 푼이라도 더 쓰게 만들려고 하는 것이기에 리볼빙, 현금서비스를 배제하고 선결제나 카드 한도 등을 나에게 유리하게 쓰는 방법으로 활용하라 했다.

 그렇다면 보험의 본질은 무엇인가? 사교육과 아주 유사한데 불확실한 미래에 대한 공포 마케팅이 중심이다. '내 아이의 미래를 위해 이것을 해야 하고, 하지 않으면 좋은 학교 좋은 직장에 가지 못한다'라는 공포심과, '나중에 몸이 아플 때를 대비해서 이것을 해야 하고, 하지 않으면 치료비 때문에 곤란해진다'라는 공포심은 놀랍도록 닮아 있다.

 이성의 영역이 아니라 감성의 영역으로 자꾸 소비자를 몰아가기 때문에 사교육도 보험도 그 공포심의 크기만큼 한도 끝도 없이 돈을 쓰게 되는 것이다. 필요해서 돈을 쓴다고 생각하지만, 실상은 '당신의 불안함을 돈을 써서 잠재우세요'라는 느낌인 것이다.

사교육비를 써서 성적이 실제로 얼마 올랐는지 직접적 상관 관계를 보기보다는 이렇게 해 줬으니 우리 아이도 다른 아이들만큼 하겠지 하는 막연한 안도감을 가지곤 한다. 이와 비슷하게 보험이 실제로 얼마나 병원비에 보탬이 되었는지 보기보다는 보험을 들어 놨으니 이제 아파도 안심이라는 막연한 안도감을 가지게 되는 것이다.

그렇다면 실제로 암에 걸렸을 때 어떤 상황이 벌어질까? 우리나라의 의료보험제도가 잘되어 있기에 암에 걸리면 실제 발생한 비용 대비 내가 부담해야 될 돈은 확 줄어든다. 게다가 암 환자는 산정특례 대상자로 선정되어 추가로 감면받아 자기부담금이 10%까지 줄어든다.

암보험을 홍보하는 보험사들은 무시무시한 암 치료비를 이야기하면서 암에 걸리면 그 치료비를 대느라 온 가족이 고생하며 돈에 쪼들린다며 공포감을 조장한다. 그러나 실제로는 의료보험이 치료비의 상당수를 경감시키며, 자부담마저 부담된다면 실비보험이 커버할 수 있다. (여담이지만 다른 게 섞이지 않은 순수 실비보험은 보험사가 적자를 보는, 사용자에게 유리한 보험이다. 그래서 보험사들은 자꾸 다른 보험에 실비보험을 결합해 묶음판매를 하는 것이다)

암보험은 암 치료비를 부담하기 위함이 아니라 암에 걸려 일을 못하게 되었을 때 사용하기 위한 자금에 불과하다. 그리고 이것은 보험을 가입하는 것보다 그 돈을 모아 재테크를 하는 게 훨씬 더 큰 효과를 볼 수 있다. 게다가 암보험을 들었는데 암에 걸리지 않고 다른 원인으로 사망한다면 암보험에 낸 돈은 고스란히 사라진다는 점에서 최악이다.

이런 이야기를 하면 돈을 돌려받는 구조의 보험도 있다고 반박하는 사람도 있을 것이다. 그런데 소멸형보다 환급형이 더 최악인 것을 아는 가? 그렇게 돌려받는 돈은 내가 낸 돈에서 사업비를 빼고 나서 굴려진 돈의 일부를 돌려받는 것이다. 빌려준 내 돈에 이자를 받아도 모자랄 판에 도리어 사업비까지 주면서 보험사에 빌려줘서 그들의 자산을 불릴 레버리지 자금으로 활용된다는 것을 생각하자.

세계 최고의 주식 투자자 워런 버핏이 이끄는 버크셔 해서웨이는 투자지주회사이지만 이 회사의 중심은 보험업이다. 사람들이 낸 보험료를 회사의 레버리지로 활용하여 종잣돈의 크기를 키워 투자 수익을 창출하는 것이다. 마찬가지로 우리나라의 생명보험사나 손해보험사도 보험 가입자들의 돈을 종잣돈으로 활용하여 레버리지를 일으켜 투자하고 수익을 거두고 있다.

나라면 보험 회사에게 돈을 공짜로 빌려주느니 내가 직접 재테크를 하여 자산을 불리고 이를 병원비에 활용할 것 같다. 실제로 우리 아빠가 암투병을 할 때 병원비도 엄마가 재테크로 불린 돈이 사용되었기 때문이다. 현명한 투자자는 레버리지를 본인이 활용하지 남에게 레버리지를 당해서는 안 된다.

암에 걸리지 않으면 보험료를 받을 수 없는 암보험처럼 모든 보험은 벌어질 사건에 대한 확률에 배팅하는 도박과 본질이 맞닿아 있다. 보험의 설계 구조를 보면 기본적으로 벌어질 확률이 낮은 이벤트는 보험비가 저렴하게 책정되지만, 벌어질 확률이 높은 이벤트일수록 보험비가 높게 형성되어 있다. 당연히 보험회사는 사기업이고 이윤추구가 목적이기에 자신들이 손해 볼 일은 하지 않기 때문이다.

만약에 번개에 맞아서 사망하는 보장보험을 만든다면 벌어질 확률이 희박하기에 보험료는 싸고 보장 금액은 크게 만들어진다. 반대로 말하면 사람은 누구나 죽기 때문에 사망하면 무조건 보험료가 지급되는 종신보험은 말도 안 되게 비싼 것이다.

본래 종신보험은 자산가들이 본인이 죽고 나서 자식들이 상속세를 내야 할 때 상속세 재원 마련을 위해서 활용하는 보험이다. 그래서 내가 자산이 많아서 상속세가 부담스럽다 생각하면 자식들과 의논하여 종신보험에 가입하는 것은 괜찮다. 그러나 상속세가 없거나 소액이라면 이 보험에 가입할 필요가 없는 것이다.

이렇게 사실 종신보험의 활용법은 한정적이기에 진짜로 가입이 필요한 사람은 거의 없다. 그러나 보험사에서 챙길 수 있는 수수료가 높은 보험이기에 별로 필요가 없는 20대 사회 초년생이나 비혼인 2030에게조차 별의별 구실을 붙여서 끈질기게 가입 권유를 하는 것이다. 그래서 나는 최악의 보험으로 종신보험을 꼽는다. 이 보험은 자산가가 아닌 이상 가입하는 순간 바로 호구가 되기 때문이다.

항상 명심해야 할 것은 금융 상품, 신용카드, 보험 등 돈과 관련된 상품에서 판매하는 쪽에서 적극적으로 나오는 이유는 그들이 유리한 상품이라는 뜻이기에 경계해야 한다. 반대로 판매 사실을 감추거나 단

종시키거나 자꾸 개편하려 하는 것은 소비자에게 유리한 상품이다. 보험사 측에서 4세대 실손보험으로 갈아타기를 권유하는 것도 이와 비슷한 맥락에서 생각해 보면 좋다.

종신보험에 들지 말라고 하면 사망보험금을 걱정할 수도 있을 것 같다. 그렇다면 정기보험을 추천한다. 아마 정기보험이라는 상품이 있는지도 몰랐던 사람들이 대부분일 것이다. 왜냐하면 위에서 말했듯이 보험사보다는 소비자에게 유리한 상품이기 때문에 홍보하지 않고 감춰져 있다.

정기보험은 종신보험처럼 전 생애에 걸쳐서 보장되는 게 아니라 특정 나이 구간을 내가 지정하여 보험료가 결정되기 때문에 비용이 싸다. 정기보험으로 나의 아이가 기반을 자리 잡기 전에 부모인 내가 사망하는 것을 대비해두는 것은 괜찮다.

보험을 드는 것은 비용이 소모되는 행위일 뿐 자식들에게 물려줄 유산이나 저축이 아니라는 것을 명심해야 한다. 마찬가지 의미에서 저축보험이라는 상품도 말이 안 된다. 보험은 비용이 발생하는 것이지 가치를 저장하는 수단이 아니므로 저축보험은 마치 뜨거운 아이스크림과 같이 성립하지 않는 두 개념을 합쳐 놓은 존재이므로 해서는 안 되는 상품이다. 내가 사망하면 사망보험금이나 저축보험을 자식들에게 돌아가도록 세팅하는 것은 부모로서 아이에게 가진 애틋함과 미래에 대한 두려움을 자극하는 보험 회사에게 이용당하는 것이기에 주의하자.

종종 주변 지인들의 재무 상담을 해 주곤 하는데, 돈을 모으지 못하는 가정의 가계부를 들여다 보면 거의 대부분 보험이 문제가 되는 경우가 많다. 보험비 내느라 현재의 돈을 모으지 못하는 경우를 볼 때마다 너무 답답하다. 미래에 물려줄 돈이 별로 없을 것 같다면 더욱 열심히 모아야 한다. 보험사 배를 불려 주면서 얼마 안 되는 사망보험금을 바라는 건 부모로서 힘든 현실을 도피하는 것이다.

우리 부모님은 보험에 대해서 알려 주면서 "엄마, 아빠 죽고 나서 사망보험금 필요해? 그런 거 속지마"라고 말했다. 당연히 나도 어릴 때부터 배운 게 있어 보험회사에 속지 않고, 아이에게도 내가 배운 것처럼 보험에 함부로 가입하지 말라고 가르칠 예정이다.

아이의 주머니를
호시탐탐 노리는 자들

내가 어릴 때는 돈에 대한 이야기를 들을 수 있는 루트가 한정되어 있었다. 경제 신문과 TV 뉴스 그리고 어른들과의 대화에서만 접할 수 있었기 때문에 시야가 좁을 수밖에 없었다. 하지만 우리 아이들의 시대는 정보가 부족해서 재테크를 못 하는 때가 아니다. 오히려 정보의 홍수 속에서 어떤 것이 진짜 정보이고 어떤 것이 눈속임인지 구분해 내는 통찰력이 더 중요한 시대다.

문제는 이런 시대가 되다 보니 돈을 벌 수 있는 방법이 많아진 것과 비례해서 돈을 잃을 수 있는 방법 또한 많아졌다. 과거에 부모님이 나에게 조심하라 당부했던 것들보다 지금 우리의 아이들이 조심해야 할 것들이 더 늘어났다. 실제로 내가 부모님에게 배우지 못했던 것이지만 우리 아이들에게는 새롭게 가르쳐야 할 것들이 많아졌기에 아이에게 경제 교육을 할 때 놓치지 않도록 우리 때보다 좀 더 많은 당부가 필요하다.

돈의 함정을 가르칠 때 아이에게 가장 먼저 알려 줘야 할 기본 개념은 노벨경제학상을 받은 미국의 경제학자 밀턴 프리드먼의 '공짜 점심은 없다There ain't no such thing as a free lunch'이다. 지나치게 호의적인 조건에는 반드시 함정이 숨어 있다는 뜻인데, 이와 같은 격언은 사실 전 세계이곳저곳에서 그 나라에 맞는 속담이나 격언으로 존재한다. 러시아 속담에서는 '공짜 치즈는 쥐덫에만 놓여 있다'라는 말로 표현되며, 탈무드에도 이와 유사한 경고가 존재한다.

우리 부모님은 나에게 "세상에는 절대 공짜가 없다"라는 말로 가르쳤다. 누군가가 지나치게 호의를 베풀거나 어떤 상품이 지나치게 좋은 조건이라면 반드시 함정이 존재한다. 표면적인 모습에 혹해서 달려들어서는 안되며, 오히려 한발 물러나 경계하며 왜 이런 게 있는지 자세히 살펴보아야 하는 것이다.

이 개념만 제대로 장착되어 있어도 돈의 함정을 상당수 거를 수 있으며, 호의적인 현상 뒤에 가려진 대상의 본질을 파악할 수 있다. 앞서 거론한 금융 기관, 신용카드 회사, 보험 회사가 무엇을 노리는지, 기업이 마케팅으로 소비자에게 무엇을 팔고 싶어 하는지 내가 파악할 수 있었던 것도 이런 생각이 기저에 깔려 있기에 그들의 공짜 점심을 덥석 먹지 않는 것이다.

　넓게 보자면 이것은 투자에도 적용이 된다. 나는 주식과 부동산에 투자할 때 하락장은 무서워하지 않지만, 상승장에서는 경계심이 높아진다. 공짜 점심은 없기에 내가 보유한 자산의 가격이 지나치게 오르면 그 상승세에 취하기보다는 오히려 '왜 오르지?' 하는 생각과 함께 머리 속에서 적색경보가 커진다. 그 이후로는 가격이 상승할 때마다 돌다리를 두드리듯 정기적으로 자산을 점검하면서 납득 가능한 이유를 찾곤 한다. 이러한 경계심은 높은 가격에 자산을 매입하려는 욕심을 억제해서 FOMO의 함정에 빠지지 않게 도와주며, 이 덕분에 투자 포트폴리오의 손실 가능성이 줄어들게 된다.

　다단계나 피라미드 판매 또한 이런 논리로 보면 아주 쉽게 본질을 볼 수 있다. 다단계는 유서 깊은 현혹 수단으로서 현란한 발언과 복잡한 구조로 눈속임을 하여 다단계가 아닌 척하며 피해자들을 끌어들인다. 하지만 '이렇게 돈을 벌 수 있는 좋은 시스템이 있을 수 있는가?'라는 생각이 들면 바로 공짜 점심을 생각하며 경계해야 한다. 차갑게 식은 냉정한 판단으로 생각해 보면 결국은 나를 위해 다른 피해자를 끌어들어야 내가 본전, 혹은 이득을 취할 수 있는 다단계 구조라는 것을 알 수 있기에 함정에 걸려들지 않게 된다.

　최근 청소년을 노리고 행해지는 범죄인 대리 입금(댈입) 또한 이렇게 포장된 이미지로 다가와 아이를 함정에 빠트린다. 대리 입금은 아이들에게는 널리 알려진 존재지만, 어른들은 존재 자체를 처음 들어본 사람도 많을 것이다. 사고 싶은 것은 많지만 돈이 부족한 청소년들에게 소액을 단기에 빌려주겠다고 SNS로 접근하여 현혹하는 사람들의 수법이다. 주로 자신이 좋아하는 아이돌의 앨범, 굿즈, 콘서트 티켓이나 게임 아이템 소액 결제 등으로 인해 돈이 필요해진 아이에게 10~30만원 정도의 돈을 일주일가량 빌려주는 대신에 수고비(원금의 20~50%)를 받고 있다.

이들의 수법을 보면 악랄하게도 아이의 가장 취약한 부분을 노린다. 아이가 원하는 물건들은 대부분 기한이 정해져 있어서 그 기간이 지나면 사고 싶어도 살 수 없는 것들인데다가, 아직 대뇌의 발달이 덜 되어 충동 조절이 약한 청소년기에는 갖고 싶은 욕구를 절제하지 못해 걸려들기 쉬운 함정이기 때문이다.

이들은 아이에게 친근하게 접근하여 곤란에 처한 아이를 도와준다는 식으로 자신들의 의도를 선하게 포장한다. 하지만 이들이 말하는 수고비란 결국 대출 이자이며, 연이율로 환산하면 최대 1,000%에 이른다. 우리나라 법정이자율이 24%인 것을 생각해 보면 말도 안 되는 고금리 사채를 아이가 이용하는 셈이다.

아이가 돈을 제때 상환하지 못한다면 지각비라는 명목으로 돈을 더 요구하는데 이게 바로 연체이자에 해당한다. 이들은 이렇게 수고비나 지각비라는 친근한 단어로 포장하여 공짜 점심을 주는 척하면서 아이의 돈을 갈취하고 있는데, 이미지 메이킹 때문에 그 뒤에 감춰진 금융 범죄의 본질을 아이는 쉽게 눈치채지 못한다.

만약에 아이가 계속 돈을 갚지 못한다면 그때부터 본색을 드러낸다. 돈을 빌렸을 때 입수한 개인정보를 바탕으로 가족이나 지인들에게 이 사실을 알리고 찾아가겠다고 협박을 하게 되고, 아이는 이러한 상황을 피하고자 주변 친구들에게 돈을 빌리거나 다른 대리 입금을 이용해서 돌려막기를 시도한다. 결국 부모가 알게 되었을 때는 일이 완전히 커져서 수습하기 어려울 지경까지 빌린 돈이 늘어나게 되는 것이다.

나도 용돈을 받고 생활하며 그 시기를 지나왔기에 누구보다 아이의 마음을 이해할 수 있다. 엄마에게 경제 교육을 어릴 때부터 받았음에도 정해진 용돈 내에서 소비를 조절하는 게 쉽지 않았다. 성인이 되어서 생각해 보니 그때는 사춘기 뇌의 발달 단계상 충동 조절이 어려워 당연히 그럴 수밖에 없는 시기였다. 또한 소비 절제라는 게 본래도 어려운 것이라 체득하여 자유자재로 활용하기까지는 당연히 시간이 걸릴 수밖에 없는 것이다.

이런 상황을 막기 위해서는 앞서 언급한 용돈 교육을 통해 제한을 통한 절제를 배우고, 한정된 상황에서 최선의 소비를 하는 방법을 익혀야 한다. 당연히 이것저것 다 가지고 싶겠지만 세상에 원하는 것을 모두 가질 수 있는 사람은 없기에 최대의 만족을 얻을 수 있는 제한된 소비를 하는 방법을 어릴 때부터 체득하는 게 중요하다.

하지만 이런 과정을 거치더라도 이런 시기의 아이는 분명히 실수하여 함정에 걸러들 수 있다. 이런 함정이 존재한다는 것을 부모가 미리 알려 주고, 급한 돈이 필요하다면 차라리 부모에게 요청할 수 있는 길을 열어 줘야 한다. 부모에게 돈을 달라고 하면 혼날 것을 알기에 아이가 부모에게 말하지 못하고 이런 함정에 걸려드는 것이기 때문이다.

또한 보이스 피싱, 스미싱 등은 당장은 아이에게 금전적 피해를 입히진 못하더라도 어른이 되어서 겪게 될 수 있으므로 꾸준히 경각심을 불러일으켜 주는 것이 좋다. 금융 범죄는 날로 진화하고 있기에 이런 것들을 우리 부모님은 나에게 알려 주지 않았지만, 나는 내 아이에게 가르쳐야 한다. 시대가 달라졌기 때문이다.

보이스 피싱과 스미싱을 아이에게 가르칠 때는 본질부터 가르쳐야 한다. 전화, 문자, 인터넷 등 어떤 매개체를 이용하여 사람의 취약한 심리를 파고들어 돈을 갈취하는 모든 행위를 통칭한다고 말이다. 수법이 다양하고 진화하기에 어떤 방법으로 너에게 접근할지 모르지만 경계하고 하지 말아야 할 행위가 있다고 말이다.

첫 번째로 가족들의 목소리나 공공기관 사칭 등 그럴듯한 상황이 벌어지더라도 그 자리에서 무언가를 결정하지 않아도 되니까 교차검증을 해봐야 한다는 것, 두 번째로 휴대폰이나 PC를 사용할 때 검증되지 않은 무언가를 함부로 클릭하거나 다운로드 받지 말라는 것, 세 번째로 누군가가 돈을 요구한다면 바로 응하지 말고 반드시 가족들과 상의하라고 말이다.

특히나 아르바이트나 구직활동을 하는 사회 초년생들에게 보이스 피싱과 스미싱은 돈을 입금하라는 방식 외에도 구직 사이트를 통해 보이스피싱 현금 수거책을 모집하는 경우도 있고, 사무직을 구하는 척하면서 이력서나 구직 공고를 메신저로 주고받는 과정에서 스미싱 피해자가 될 수 있으니 주의를 주어야 한다.

물론 최신 유행하는 보이스 피싱과 스미싱 수법을 가족끼리 공유하는 것도 좋다. 그러나 앞서 말했듯이 그들의 수법 자체가 상당히 다양하고 또 빠르게 진화하고 있기에 단순히 그 수법만 공유해서는 새로운 수법이 나왔을 때 당할 수 있기 때문에 본질을 가르치는 게 중요하다.

나는 요새 가족들에게 앞으로 나올만한 보이스 피싱에 관해서 말해 주고 있다. 투자자로서 기술의 발달에 항상 주목하고 있는데 음성 AI 기술이 빠르게 진화하고 있다. 딥페이크의 발달로 이제는 가족의 실제 목소리를 얼마든지 조합해서 보이스 피싱에 활용할 수 있고, 나중에는 영상 또한 조작하여 범죄가 가능해질 것이다. 이런 부분도 아이에게 알려 주면서 위험에 대한 경고와 함께 투자의 근본이 되는 산업에 대한 지식을 나눠 보는 것도 좋을 것이다.

이처럼 과거에는 존재하지 않았지만, 이제는 새롭게 경제 교육으로 가르쳐야 할 것이 많다. 그중에서도 내가 특별히 강조하는 게 바로 공인인증서와 OTP 관리다. 우리 부모님이 가르쳐 주신 것은 도장(인감도장 포함), 신분증, 통장을 다른 사람에게 내 줘서는 안 된다는 당부였는데, 이제는 시대가 달라져서 두 가지가 더 추가되었다.

도장, 통장, 신분증 등은 워낙 널리 알려져서 당연히 다들 조심하지만, 온라인상에서 금융 범죄의 피해자가 될 수 있는 공인인증서와 OTP 관리를 교육하는 부모는 상대적으로 드물다. 그러나 디지털 네이티브인 아이에게 핀테크와 연관된 교육은 필수다.

이게 다른 사람 손에 넘어가면 어떤 결과가 생기고 어떤 금전적 피해를 입을 수 있는지 부모가 반드시 가르쳐야 한다. 요새는 신분증과 공인인증서 OTP 등이 있으면 모든 금융 활동과 대출이 가능하며, 오픈뱅킹 시스템이 도입되어 있기에 공인인증서 보안이 뚫리면 은행 하나, 증권사 하나가 아니라 내가 가진 금융 자산 전체가 위태로워진다.

도박으로는
왜 돈을 벌 수 없을까

2023년에 보도된 자료에 따르면 인터넷이나 모바일을 통해 불법 도박사이트가 초등학생에게까지 마수를 뻗쳤다고 한다. 10대 아이들의 70%가 그 존재를 알고 있으며, 25%는 한 번이라도 이용을 해 봤다고 하니 생각보다 심각한 상황이지만 아직 어른들은 그 심각성을 인지하지 못하고 있다.

옛날에는 도박이라고 하면 화투나 포커, 카지노 등이었기에 성인 중 일부의 중독자들에게나 해당되는 이야기였다. 그러나 인터넷과 모바일 환경의 발달로 아이들도 아무런 장벽 없이 이런 불법 사이트를 접하고 있다. 그렇기에 아이들이 이런 것들을 접하기 전에 경제 교육의 일환으로 도박의 위험성을 가르치는 것이 필요해졌다.

아이에게 이런 경고를 하려면 먼저 도박이 무엇인지 정의하는 것이 중요하다. 먼저 아이에게 네가 생각하는 도박이 무엇인지 물어보자. 아이들이 생각하는 도박은 영화 〈타짜〉에서 나오는 모습을 연상하기에 본인들과는 관련 없다고 생각하는 경우가 대부분이다.

그러나 도박은 결과를 알 수 없는 어떤 것에 확률에 기대어 돈을 거는 모든 행위를 칭하는 말이다. 즉 아이들이 생각하는 전통적인 의미의 도박 외에도 로또나 스포츠 토토, 인형 뽑기, 온라인·모바일 게임의 확률형 아이템이나 강화 아이템 등도 넓은 의미에서는 도박에 해당하는 것이다.

이렇게 말하면 아이는 그런 게 왜 도박이냐고 반발할 것이다. 인형 뽑기나 게임 아이템 같은 것은 놀이라고 생각하기 때문이다. 아이는 특히나 게임과 도박의 경계를 구분 짓기 어려워하기에 부모가 이 부분을 명확히 말해 줄 필요가 있다.

게임 자체는 도박이 아니다. 정확히 말하면 게임 자체를 구입하는 비용이나 확정 지급되는 게임 내 아이템도 도박은 아니다. 이건 콘텐츠 결제에 가깝기 때문이다. 그러나 똑같이 결제를 하더라도 원하는 아이템을 확률로 얻어야 하거나 더 강해지기 위해서 확률에 의지해 아이템을 강화해야 한다면 이 부분은 도박에 해당되는 것이다.

이것을 명확하게 가르쳐 주지 않으면 불법 도박사이트에 속아 넘어갈 수 있다. 도박 사이트에는 바카라나 불법 스포츠 토토 같은 본격적인 도박도 존재하지만, 홀짝이나 사다리 타기 같은 것들도 존재하기 때문이다.

이것들은 쉬운 룰을 가지고 아이 눈높이에 맞춰 게임 화면처럼 보이게 꾸며져 있기 때문에 아이들은 자신이 하는 게 도박이 아닌 게임이라 여기게 된다.

앞에서 다룬 대리 입금에서 수고비나 지각비 등 용어를 친근감 있게 바꾸어 아이의 판단을 흐린 것처럼, 도박도 친숙한 게임으로 여기게끔 설계한 것이다. 그래서 아이는 자신의 행동이 무엇을 의미하는지 모른 채 도박에 중독되는 것이다. 이렇게 단순한 것들에 한 번 중독되면, 그 이후에는 불법 스포츠 토토나 바카라 등의 본격적인 도박도 손대게 된다.

아이에게 어릴 때부터 경제 교육을 해 왔다면 기본적인 금전 감각이 존재하기에 일단 1차 방지턱은 존재한다. 하지만 그럼에도 한 번 더 엄격하게 경고해야 하는 이유는 이러한 도박이 대부분 친구 따라 시작하게 되기 때문이다. 이 시기의 아이들은 또래 집단과의 관계가 중요하기에 친구들의 문화를 무비판적으로 수용한다. 그 때문에 미리 가르쳐서 예방하지 않는다면 부모가 인지하지 못하는 사이 휩쓸리기 쉽다.

이런 것을 접하다 보면 돈을 따는 순간부터 중독이 시작된다. 다른 사람은 힘들게 일하는데 자기는 그 돈을 한 번에 딴 거라 노동의 가치와 노력의 가치를 폄하하게 되고, 금전적 가치관이 망가지게 되어 더욱 도박에 빠져들게 된다. 그래서 아이에게 도박은 돈을 절대 딸 수 없는 구조임을 꼭 알려 줘야 한다.

초심자의 행운Beginner's luck이라는 말이 있다. 도박은 확률에 의해 좌우되는 것으로 보이지만 실제로는 조작에 의해 결과를 바꾸는데, 초심자를 도박의 재미에 중독되게 하기 위해 초반에 돈을 딸 확률을 높여 놓는다. 이 수법에 걸려들어 계속하게 되면 확률은 낮아지며 결국 모든 돈을 잃게 된다.

이걸 아이가 이해하기 쉬운 게임 아이템을 예시로 설명해 주면 된다. 게임 회사에서 아이템 확률을 정할 때 회사가 최대한의 매출을 올릴 수 있고, 유저들이 최대한 많은 금액을 결제할 수 있도록 설계된다. 기업은 이윤을 추구하는 곳이기에 당연한 것이지만, 문제는 아이템 확률 공개 의무화 이전까지는 처음에 정한 이 확률을 건드리는 일도 많았다. 아이템이 잘 나오는 것 같으면 확률을 줄이고, 안 나오는 것 같으면 확률을 늘리기도 했던 것이다.

제도권 내의 게임도 이러한데 불법 도박 사이트는 오죽할까? 절대로 돈을 딸 수 없는 구조로 설계되어 있으며, 심지어는 돈을 벌더라도 그 돈을 출금해 주지 않고 차일피일 미루다가 사이트가 폐쇄되는 경우도 있다. 그래서 도박으로 돈을 따 본 기억이 있는 사람은 있어도 딴 돈을 가지고 있는 사람은 아무도 없다. 결과적으로 모든 돈을 잃고 빚을 지게 되기에 이 세상에 일확천금은 존재하지 않는다는 것을 명확하게 가르쳐야 한다.

또 다른 이유는 청소년기에 가치관이 어떻게 정립되느냐에 따라 추후의 투자 스타일도 영향받을 수 있기 때문이다. 투자 자산은 가치 중립적이기에 그걸 투자하는 사람의 스타일에 따라 정석적으로 할 수도 있지만 얼마든지 도박처럼 할 수도 있다.

이 차이를 모르는 아이는 오를지 내릴지 모른다는 점에서 주식 투자도 도박이 아니냐고 반문하게 된다. 스포츠 토토에서 방향성에 배팅하는 방식이 있어서 상승과 하락을 반복하는 주식도 비슷하게 여기는 것이다. 이런 아이들이 성인이 되면 투자도 도박처럼 하게 된다.

처음 시작할 때는 우량주로 시작하더라도 점점 자극적인 것을 찾아 옮겨간다. 테마주와 단타 투자를 하다가 나중에는 주식이 시시해져서 가상화폐로 넘어가며, 거기서도 처음에는 비트코인이나 이더리움 같은 메이저 코인을 하다가 나중에는 알트코인으로 넘어가며 끝없이 자극을 추구하게 된다. 당연히 투자가 아닌 도박을 하니 자산을 모으지 못하고 가진 돈이 모두 사라질 수밖에 없다.

아이가 이런 질문을 한다면 도박과 주식이 어떻게 다른지 설명해 주자. 주식은 단순히 숫자가 움직이는 것을 따라 상승과 하락에 배팅하는 것이 아니다. 실존하는 기업이 있고 그 기업의 내재가치와 성장성에 따라 가격이 부여되는 것이다. 주식 투자자는 산업과 기업을 분석하여 좋은 회사에 투자한 뒤 성장에 따른 이익을 나눠 받는 형태이기에 도박의 판돈이 아닌 투자 자금에 가깝다는 것을 말이다.

인생을 사는 데 있어서 돈은 반드시 필요한 것이지만
돈 자체가 목적이 되어서는 안 된다.
돈은 나의 최종점을 위한 수단이어야 한다.

THE MIND
OF RICHES

부록

부모의 경제적 가치관과 삶의 태도는 아이에게 대물림된다. 돈 공부는 국어나 수학처럼 부모가 아이를 붙잡고 가르칠 수 있는 과목이 아니다. 아이는 부모가 가르쳐 준 것을 학습해서 행동하는 것이 아니라 자신의 눈앞에서 행하는 부모의 행동을 무의식적으로 따라 한다.

출생 이후

소비를 가르쳐라

❶ 마트와 시장을 방문하라
❷ 은행에 함께 방문하라

초등 저학년

부모의 가계부를 보여 줘라

❶ 용돈에 참견 하지마라
❷ 세뱃돈 쓰임새를 결정하라

초등 고학년

예적금 교육을 시작하라

❶ 마케팅의 속임수를 알려 줘라
❷ 도박의 위험성을 알려 줘라

중학생

청약통장에 가입하라

❶ 세금의 기초를 알려 줘라
❷ 경제 신문을 보여 줘라

고등학생

돈의 함정을 강조해라

❶ 신용카드, 보험, 다단계의 위험성을 알려 줘라
❷ 시사문제에 관심을 유도하라

대학 · 사회 초년생

실전 경제 지식을 가르쳐라

❶ 고용 계약서 작성 방법을 가르쳐라
❷ 대출과 전세 사기를 경고하자

나이별 꼭 가르쳐야 할
실전 재테크 총정리

아이의 교육 과정이나 지식의 깊이가 어느 정도 수준에 올라와야 가르칠 수 있는 것들이 있다. 또한 기본적인 내용을 먼저 배워야 확장되거나 심화되는 내용을 이해할 수 있기에 순서도 중요하다.

만약에 아이의 연령이 중학생이라 하더라도 연령대보다 어릴 때 가르쳐야 할 경제 교육 내용(소비 교육, 용돈 관리 등)을 부모가 시킨 적이 없다면 경제 신문을 읽게 해서는 안 된다. 연령대가 맞지 않더라도 기초가 되는 앞 내용들을 충분히 소화하고 나서야 비로소 이후의 교육을 시도해볼 수 있다.

마지막으로 이 모든 경제 교육은 학습의 형태가 아닌 재미있고 흥미롭게 가르쳐야 한다.

출생 이후
아이가 태어나 학교에 들어가기 전까지의 기간은 집중적으로 소비 교육을 할 시기다. 아이와 함께 마트나 시장을 자주 방문하여 실생활에서 교육하는 게 중요하다. 이

때는 부모에 대한 모방 효과가 가장 뛰어난 기간이기에 부모의 올바른 소비 습관을 아이가 자연스럽게 따라 하며 배울 수 있도록 하자.

또한 어릴 때부터 은행에 함께 다니며 금융 기관을 친숙하게 여길 수 있도록 해야 한다. 이때 좋은 기억을 많이 쌓아 두어야 나중에 저축 및 투자도 적극적으로 할 수 있다.

초등 저학년

금전 감각을 익히기 위해 다양한 경험을 해야 하는 시기다. 부모의 가계부를 보여 주며 물건의 가격을 인식하게 하고, 별 생각 없이 물건을 사게 되면 얼마나 많은 돈을 쓰게 되는지 간접 체험할 수 있도록 한다. 또한 이를 바탕으로 자신이 가진 물건을 정리 정돈하며 소중하게 쓰는 법을 익혀야 한다.

초등학교에 입학하면서 처음으로 용돈을 받게 되기에 많은 시행착오를 겪게 되는 시기이기도 하다. 아이가 좌충우돌 하더라도 부모가 바로바로 해결해 주기보다는 스스로 충분히 고민해서 해답을 찾아볼 수 있도록 유도해야 한다. 또한 세뱃돈의 쓰임새를 결정하고, 그중 일부를 저축해 보는 경험을 시작하자.

초등 고학년

같은 초등학생이더라도 고학년은 저학년 때와 비교해서 생각이 쑥 자라게 된다. 그래서 본격적인 경제 교육이 가능해지는 시기이기도 하다.

저축의 시작은 초등 저학년 때부터지만, 기본적인 금융 상품인 예금과 적금에 대한 교육은 초등 고학년부터 시작하면 좋다. 초등 저학년 수학은 사칙연산에 집중되어 있는 반면, 초등 고학년부터 수에 대한 개념이 좀 더 확장되기에 이 시기에 가르치기 좋은 것이다.

초등 저학년 때는 눈앞의 용돈을 관리하는 데 급급했다면 초등 고학년이 되어 용돈 관리가 좀 능숙해진다. 이럴 때 부모가 아이의 소비 선택에 부연 설명을 해 주면 좋다. 기업이 어떤 식으로 마케팅하여 우리에게 소비를 유도하는지 재밌게 설명해 주면 좋은데, 이 시기의 아이들은 음모론을 듣는 것처럼 흥미로워 한다.

초등학교 사회 과목에서 지역에 대한 인식이 생겨나기 때문에 이 시기부터 아이에게 지역을 보는 눈에 대한 인사이트를 제공해 보자. 너무 본격적인 부동산 이야기보다는 아이가 흥미를 가질 수 있도록 여러 지역의 이야기를 들려 주면 좋다.

마지막으로 도박과 요행으로 돈을 벌 수 없는 이유를 설명해야 한다. 아이들이 처음 도박에 직간접적으로 접하는 시기가 평균나이 11.3세다. 그렇기에 이 시기에 충분히 위험성을 경고할 필요가 있다. 이와 더불어서 대리 입금 등 청소년기의 아이를 노리는 함정에 대해서도 자세히 설명해 주어야 한다.

중학생

만 14세를 기점으로 청약 통장을 만들어 주면 좋기에 이것을 계기로 중학생부터는 예금과 적금에서 확장하여 다양한 기초 금융 교육을 시작하면 좋다.

또한 초등학교 6학년 수학 시간에 백분율을 배우기 때문에 중학생부터는 세금이 수익률에 미칠 수 있는 영향을 교육할 수 있다. 다만 세금은 성인도 이해하기 어렵기 때문에 세금 자체를 교육하는 것이 아니다. 모든 수익에는 반드시 세금이 따라붙고, 이 존재가 최종 수익률에 타격을 줄 수 있음을 가르쳐야 한다.

이 시기는 경제 신문을 읽기 시작해도 괜찮은 시기기도 하다. 당연히 너무 어려운 내용이기에 교과과목 공부하듯이 깊게 파고들지 않아도 되며, 이해하는 부분보다 이해 못하는 부분이 더 많아도 괜찮다. 한번에 많은 내용을 이해하는 게 목표가 아니라 시계열을 길게 늘려 오랜 기간 동안 경제에 관심을 가지고 지켜보는 과정이 중요하다. 어제보다 오늘 더 많이 이해할 수 있도록 매일 조금씩 읽는다. 어려운 부분이 있다면 부모에게 질문하도록 하고, 부모는 어려운 경제 이슈를 최대한 쉽고 재밌게 아이에게 설명해 주자.

고등학생

이 연령대의 아이는 몇 년 뒤면 성인이 되어 사회에 나가게 되기에 돈을 모으는 방법보다 돈 때문에 빠질 수 있는 함정을 강조해서 가르쳐야 한다.

대표적으로 신용카드, 보험, 다단계 등이 있는데 이것들의 이면을 설명해 주려면 생각보다 상세한 설명이 필요하다. 어른 중에서도 신용카드, 보험, 다단계 등이 왜 문제인지 이해하지 못하는 사람들도 많다. 그렇기에 고등학생이 된 아이에게 여러 번의 설명이 필요할 것이다.

이 시기는 사회나 시사 문제에 관심을 유도해야 하는 시기기도 하다. 나는 이 시기에 시사 프로그램을 많이 봤는데, 부모가 설명이 어려우면 시사 프로그램에서 나오는 사기 사건을 함께 보는 것도 도움이 된다.

대학생 & 사회 초년생

이제 완연한 성인이기에 실전에서 도움이 되는 경제 지식을 가르쳐 주어야 한다.

이 시기에 아르바이트를 처음 시작하거나 취업하는 아이를 위해 고용계약서를 작성하는 방법과 기본적인 노동법을 가르쳐야 한다.

그리고 부모 곁을 떠나 자취하는 아이도 있기에 부동산 계약하는 방법과 등기부 등본에서 근저당 설정된 것을 함께 보면서 어떤 부분을 유심히 봐야 하는지, 어떤 집을 구해야 하는지 알려 주어야 한다. 이때 교육이 제대로 이루어지면 사회 초년생을 노리는 가장 큰 범죄인 전세 사기를 최대한 피할 수 있다.

마지막으로 혹시 모를 금전 거래를 위해 차용증 쓰는 방법과 대출에 대해서 알려 주어야 한다. 이 둘은 사실 안 하면 안 할수록 좋지만, 만약을 위해 방법 자체는 가르쳐 주어야 한다.

　특히나 대출은 받아도 되는 대출과 아닌 대출의 종류를 부모가 구분해서 가르쳐야 하며, 대출을 받게 되더라도 시도하는 순서도 가르쳐 줘야 한다. 실제로 사회 초년생들은 이에 대해 잘 몰라서 신용카드사나 제2금융권에서 돈을 빌려 신용점수가 내려가고 제1금융권을 이용할 기회를 박탈당하는 경우가 많다.

만 14세 생일선물은
청약통장으로

"청약통장은 가입 기간이 중요한 거 아시죠? 1살이라도 어릴 때 만들어 주세요."

아이 계좌와 관련된 일을 보기 위해 은행에 들렸을 때, 부모는 은행원으로부터 가끔 이런 권유를 받는다. 주택청약을 하는 데 있어서 청약통장의 가입 기간이 중요하다는 것은 너무나 잘 알려진 사실이기에 은행원의 말에 솔깃한 생각이 든다.

부모라서 아이의 미래를 걱정할 수밖에 없는 게 당연하기에 은행원의 권유에 덜컥 청약통장에 가입을 하게 된다. 그리고는 그 통장에 차곡차곡 아이를 위한 돈을 쌓아서 모아 준다. 아이 이름으로 나온 각종 수당도 모두 그 통장에 모아두는 사람들도 있다.

그러나 미성년자의 청약통장에 제한이 있다는 사실과 그 내용에 대해 자세히 알고 있는 부모는 생각보다 드물다. 2022년까지만 해도 미성년자는 몇 살에 청약통장을 가입하든 간에 딱 2년 만 가입 기간으로 인정되었고, 매달 납입하는 금액도 2만 원까지만 인정되었다. 그렇기에 아이의 청약통장을 일찍 만들어 줄 필요가 없고, 만 17세가 되었을 때 만들어 주는 게 최상의 전략이었다.

그러나 2023년 관련 정책이 바뀌면서 미성년자의 청약통장 납입 인정 기간이 최대 5년으로 늘어났다. 즉, 이제부터는 만 17세가 아니라 만 14세 생일이 있는 달부터 청약통장의 납입 인정이 가능해진 것이다.

만약에 부모가 만 14세에 바로 아이의 청약통장을 만들어 주면 만 15세에는 가입 기간 가점이 0점에서 3점으로 오르고, 만 29세가 되면 가입 기간 최고 점수인 17점(15년 이상 가입자)를 받을 수 있게 된다.

청약가점제에서 가장 중요한 청약통장 가입 기간 만점을 결혼 적령기인 만 29세에 달성할 수 있는 것이다. 이렇게 해 놓으면 아이가 내 집 마련을 위해 청약을 넣을 때 동년배에 비해 상당한 위력을 발휘하게 된다. 그렇기에 만 14세의 청약통장 개설은 부모가 해 줄 수 있는 가장 큰 선물이 될 것이다.

또한 납입 인정 금액도 늘어나게 되었다. 기존에 월 2만원인 것에서 월 10만원까지 가능해졌는데, 이로인해 공공분양과 민간분양 모두 청약에 유리해지는 금액인 월 10만원을 온전히 인정받을 수 있다. 미성년자일 때 월 10만원씩 5년간 60회 납입하면 600만원을 청약통장에 모을 수 있는 것이다.

이는 2023년 민간분양 기준, 서울에 102제곱미터 이하 아파트에 청약이 가능한 금액에 해당한다. 세월이 지나 아이가 청약을 넣을때 요구 금액이 달라지더라도 미리 600만원이 들어가 있기에 다른 사람들에 비해 청약에서 유리한 고지를 점유할 수 있을 것이다.

만약에 아이의 청약통장에 납입 횟수를 채우지 못하고 다음 달로 넘어갔다면 돈을 은행에 가져간 뒤, 10만원씩 회차를 나눠서 입금해달라고 하면 미납 기간도 나중에 인정받을 수 있으니 이 부분도 알아두면 좋다.

다만 이러한 청약통장에도 반드시 유의해야 할 점이 있다. 부모가 청약통장을 가입하고 매달 10만원씩 그 통장에 적립시키는 것은 가능하나, 이 또한 부모가 아이에게 증여하는 금액에 포함된다는 것이다. 해당 돈을 아이가 번 것이 아니라 부모가 넣어 준 돈이므로 매달 10만원씩 넣는 금액은 반드시 국세청에 증여 신고를 하여야 한다.

부동산은 특히나 취득 시에 자금출처조사가 철저하게 이루어지고, 취득자의 나이가 어릴수록 더 세밀한 검토 대상이 된다. 청약통장 또한 깨끗하게 증빙자료가 마련되어 있어야 한다. 10만원이 얼마 아닌 금액이라 생각할 수 있어도 혹시 모를 나중을 위해 증여 신고를 잊지 말도록 하자.

10년마다
증여 플랜

부모가 아이에게 자산을 물려줄 때 두 가지 형태가 있다. 하나는 부모가 죽고 나서 물려주는 상속이 있고, 다른 하나는 부모가 살아 있을 때 물려주는 증여가 있다. 상속은 생에 단 한 번, 부모의 사망 시에 이루어지지만, 증여는 기간을 잘 계산하면 여러 번 줄 수 있다.

증여는 오랜 기간에 걸쳐서 물려줄수록 세금을 덜 내거나 안 낼 수 있어서 유리하다. 이 때문에 아이의 미래를 위해 증여를 생각하는 부모가 있다면 첫 증여의 시점을 하루라도 빨리 시작하는 게 절세하는 지름길이다.

아이에게 증여하려 한다면 미성년자는 10년간 2천만원, 성년은 10년간 5천만원을 세금 없이 증여할 수 있기에, 이 기간을 잘 활용해서 증여하면 좋다. 그래서 부자들은 아이가 태어나자마자 증여를 시작하여 2천만원, 초등학교 3학년 때 2천만원, 성인이 되어서 5천만원씩 총 9천만원을 증여세 없이 물려주곤 한다.

10년이라는 기간을 오해하여 10살 이전에 2천만원을 증여하면 10살에 다시 2천만원을 증여할 수 있다고 생각하는 사람도 있다. 증여할 수 있는 나이가 정해진 것이 아니라 최초 증여한 시점에서 카운트되는 것이다. 아이의 나이가 3살일 때 2천만원을 증여하면, 다음 증여는 13살 때 2천만원이고, 그다음 증여는 23살 때 5천만원이 된다.

만약에 한 번에 2천만원이라는 목돈을 증여하는 게 아니라 첫 달부터 적금하듯이 매달 10만원씩 증여한다고 해 보자. 그럼 3살의 첫 달에 준 10만원의 공제액은 10년 뒤인 13살의 첫 달에 소멸하며, 3살의 두 번째 달에 준 10만원의 공제액은 13살의 두 번째 달에 소멸이 된다.

즉 최초 증여 시점에서 10년이 지나면 순서대로 공제액이 소멸해서 다시 그 금액만큼 증여해 줄 수 있는 것이다. 더 쉽게 이해하려면 내가 특정 시기에 증여할 때 그 시기를 기점으로 이전 10년간의 증여금액이 2천만원을 넘는지 계산해 보면 증여세를 내야 하는지 아닌지 알 수 있다.

이렇게 증여 신고를 거듭해서 강조하는 이유는 일단 증여 신고를 하게 되면 증여 후에 불어난 자산은 별도의 세금을 물지 않기 때문이다. 아이에게 2천만원을 증여한 뒤, 이 자산을 주식에 투자하여 1억 2천만원으로 불어났더라도 세금이 붙지 않기에 상당한 이득을 볼 수 있다.

그러나 증여 신고하지 않고 주식 투자를 해서 1억 2천만원이 되었다면, 2천만원을 공제하고 남은 1억원의 10%, 즉 1천만원을 세금으로 내야 하는 것이다. 그래서 증여를 결심했다면 빨리 국세청에 신고할수록 나중에 더 많은 금액을 줄 수 있기에 거듭 강조해도 지나치지 않다.

물론 증여를 반드시 해야 하는 것은 아니다. 각 가정마다 상황이 다르고 여유 자금이 다르기에 증여해야 할지 말아야 할지, 한다면 어느 정도의 금액을 물려줘야 할지는 부부가 의논해서 결정하면 된다.

만약 증여한다면 어떤 목적으로 돈을 모으고 불릴지도 미리 생각하면 좋다. 대부분 부모는 막연하게 언젠가 필요하겠지 싶어서 아이에게 증여한다. 그러나 미성년 자인 아이에게 증여하게 되면 거기서 끝나는 게 아니라, 아이가 스스로 돈을 굴릴 수 있는 나이가 될 때까지 부모가 돈을 관리해 줘야 한다. 이 과정에서 막연하게 하는 것과 명확한 목적을 지니고 모으는 것은 결과가 달라지기 때문이다.

어떤 부모님의 경우, 아이가 대학에 들어갈 때 학비로 사용하기 위해 증여했다고 한다. 그러나 이것은 잘못된 판단이다. 세법상, 부모가 아이를 기르는데 필요한 양육비, 교육비, 병원비 등은 굳이 증여를 하지 않아도 부모의 돈을 사용해도 되기에, 이런 용도로 증여 자금을 사용하는 것은 너무도 아깝다.

반대로 용돈이나 세뱃돈 같은 경우는 증여 신고의 대상인데도 간과하는 부모가 많다. 정확히는 용돈이나 세뱃돈을 본래의 목적대로 아이가 무언가를 소비하는 데 사용하는 것은 괜찮지만, 그 돈으로 주식이나 부동산 등의 자산을 구입할 때 보태게 되면 반드시 증여 신고를 해야 한다.

그렇다면 무엇을 목적으로 증여하면 좋을까? 개인적으로 추천하는 것은 아이가 결혼하거나 독립할 때 내 집 마련을 위한 근거 자금으로서 증여를 활용하면 좋다. 나이가 어린 사람이 부동산 등의 등기자산을 구입하게 되면, 반드시 자금출처를 입증해야 하는데 여기에 국세청에 증여 신고를 한 자산이 존재한다면 너무나 명확한 근거가 된다.

아이가 만 14세 이전까지의 증여분은 투자를 통해 불려 주고, 만 14세가 되어 청약통장을 만들게 되면 그곳에 매달 10만원을 넣고, 남는 돈은 종잣돈으로 활용하면 좋다. 이런 식으로 청약통장을 포함하여 최대 9천만원을 부모에게 증여세 없이 증여 받게 되면, 이후 아이가 성인이 되어 청약으로 내 집 마련을 할 때 그 돈을 유용하게 사용할 수 있을 것이다.

세대를 초월하는
부의 마인드

펴낸날   초판 1쇄 2024년 4월 26일

지은이   세렌시아

펴낸이   강진수
편 집   김은숙, 설윤경
디자인   이재원

인 쇄   (주)사피엔스컬쳐

펴낸곳   (주)북스고   **출판등록**   제2017-000136호 2017년 11월 23일
주 소   서울시 중구 서소문로 116 유원빌딩 1511호
전 화   (02) 6403-0042 **팩 스** (02) 6499-1053

ⓒ 세렌시아, 2024

ISBN   979-11-6760-068-4   03320

책 출간을 원하시는 분은 이메일 booksgo@naver.com로 간단한 개요와 취지, 연락처 등을 보내주세요.
Booksgo는 건강하고 행복한 삶을 위한 가치 있는 콘텐츠를 만듭니다.